VENEDIG

NATIONAL
GEOGRAPHIC
TRAVELER

VENEDIG

Erla Zwingle

INHALT

Benutzerhinweise

Ein Verzeichnis der Symbole finden Sie auf der hinteren Umschlagklappe.

Dieser Reiseführer bringt Ihnen die schönsten Seiten von Venedig anhand von Text, Bildern und Karten nahe. Er ist in drei Großkapitel aufgeteilt, beginnend mit einem Überblick über die Geschichte und Kultur. Es folgen acht Kapitel, von denen sieben den einzelnen Stadtteilen gewidmet sind; das achte bringt Ihnen reizvolle Ausflugsziele in der Umgebung Venedigs näher.

Jedes Kapitel enthält zu Beginn eine eigene Karte. Darin sind alle Sehenswürdigkeiten des Kapitels verzeichnet. Spaziergänge – mit zusätzlichen Karten – lassen den Besucher die schönsten Flecken entdecken. Zahlreiche Specials bieten eine Fülle weiterführender Informationen. Das abschließende Kapitel Reiseinformationen enthält alle Hinweise, die zur Vorbereitung und Gestaltung Ihrer Reise notwendig sind, dazu eine Auswahl an Hotels, Restaurants, Geschäften und Unterhaltungsmöglichkeiten. Die Informationen waren bei Drucklegung dieses Buches auf dem neuesten Stand. Trotzdem empfiehlt es sich, in Zweifelsfällen vorher anzurufen.

6 **Farbkodierung**

Jeder Stadtteil ist durch eine eigene Farbe gekennzeichnet. Wählen Sie in der Inhaltsübersicht das Viertel aus, das Sie interessiert, und blättern Sie dann bis zu den Seiten, die in der oberen Ecke in derselben Farbe markiert sind. Auch die zugehörigen **Reiseinformationen** weisen die jeweilige Farbgebung auf.

Palazzo Venier dei Leoni (Collezione Peggy Guggenheim)

 Karte S. 67

✉ Calle San Cristoforo

☎ 041 240 5440

🕐 Di geschl.

💲 €€€

🚤 1, 2, N bis Accademia; 1 bis Salute

Besucherinformation

Die Hauptsehenswürdigkeiten werden in der Marginalspalte durch praktische Hinweise ergänzt (Zeichenerklärung siehe hintere Umschlagklappe). Der Kartenverweis gibt die Seite an, auf der die jeweilige Sehenswürdigkeit steht. Zu den weiteren Informationen zählen Adresse, Telefonnummer, Öffnungszeiten, Eintrittsgebühr – von € (unter 5 Euro) bis €€€€ (über 20 Euro) – sowie die nächste Vaporetto-Haltestelle. Bei kleineren Sehenswürdigkeiten finden Sie diese Informationen in Klammern im Text.

Hotel- und Restaurantpreise

Die Preiskategorien sind im Abschnitt Hotels & Restaurants (siehe S. 246ff) aufgeschlüsselt.

REISEINFORMATIONEN

■ **SAN MARCO** — Stadtteil

🏨 **GRITTI PALACE**
€€€€€ ★★★★★
SAN MARCO 2467, CAMPO SANTA MARIA DEL GIGLIO
TEL. 041 796 611
www.thegrittipalace.com
Der einstige Palast einer bedeutenden Familie ist immer noch eines der schönsten Hotels Venedigs. Schon Hemingway war hier zu Gast.
ℹ 82 🚤 Giglio 🔄 🛗
💳 Alle gängigen Karten

— Name des Hotels, Preiskategorie und Sterne
— Adresse, Telefon und Website
— Kurzbeschreibung des Hotels
— Hotelausstattung,
— Kreditkarten

🍴 **HARRY'S BAR**
€€€€
SAN MARCO 1323, CALLE VALLARESSO
TEL. 041 528 5777
Der Speisesaal über der Bar bietet neben einer guten Karte makellosen Service.
🪑 80 🚤 Vallaresso 🔄
💳 Alle gängigen Karten

— Name des Restaurants, Preiskategorie
— Adresse, Telefon
— Kurzbeschreibung des Restaurants
— Restaurantausstattung, Kreditkarten

ÜBERSICHTSKARTEN

Wichtige beschriebene Sehenswürdigkeit

Sehenswürdigkeit

Vaporetto-Haltestelle

- Eine zusätzliche Orientierungskarte zeigt die Lage des Viertels in der Stadt.

SPAZIERGÄNGE

Beschriebener Ort (fett gedruckt) an der Strecke

Spazierweg

Empfohlene Richtung

Ziffern in roten Kreisen verweisen auf Beschreibungen im Text

Lage des Gebäudes

Sehenswertes abseits des Weges

Ausgangspunkt

- Eine Infobox nennt Ausgangs- und Endpunkt, Dauer und Länge des Spaziergangs sowie Sehenswürdigkeiten, die man unterwegs nicht versäumen sollte.
- Sind auf der Karte zwei Spaziergänge verzeichnet, ist die zweite Route orangefarben unterlegt.

AUSFLÜGE

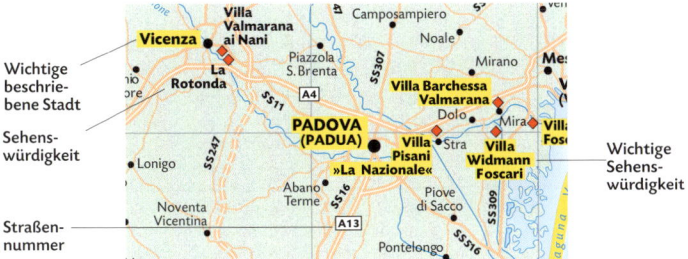

Wichtige beschriebene Stadt

Sehenswürdigkeit

Straßennummer

Wichtige Sehenswürdigkeit

- Städte und Sehenswürdigkeiten, die im Kapitel Ausflüge (S. 211ff) behandelt werden, sind auf der Karte gelb unterlegt. Andere sehenswerte Orte sind durch ein kleines rotes Quadrat gekennzeichnet.

Top 10 **Tipps**

Bootsfahrt über den Canal Grande

Der 3,8 km lange Canal Grande (siehe S. 51ff), der sich s-förmig durch Venedig schlängelt, zählt zu den atemberaubendsten Wasserstraßen der Welt. Bei einer Vaporetto-Fahrt gleitet man unter Venedigs ältester Brücke, dem Ponte di Rialto, hindurch, vorbei an Kirchen und rund 200 Palästen, deren Fassaden höchst repräsentativ zum »Canalazzo« hin ausgerichtet sind. Die wahre Schönheit der gotischen, barocken und klassizistischen Palazzi offenbart sich erst von der Wasserseite aus.

Das Wahrzeichen Venedigs: die Basilica di San Marco

Sie ist nicht nur das bedeutendste Kirchenbauwerk der Stadt (siehe S. 78ff), sondern mit dem größten zusammenhängenden Mosaik der Welt auch eine wahre Schatzkammer. Die Pala d'Oro, ein aus Gold, Silber und Edelsteinen gefertigtes Altarbild, zählt zu den prächtigsten christlichen Retabeln überhaupt. Und im Museum locken neben der Quadriga, die einst eine Rennbahn in Konstantinopel schmückte, zahlreiche weitere Kostbarkeiten.

Venedigs berühmte Prachtstraße war ursprünglich ein Nebenarm des Flusses Brenta

Wie kein anderes Bauwerk spiegelt die Markusbasilika Ruhm und Macht der venezianischen Republik wider

3 Die einstige Machtzentrale Venedigs: der Dogenpalast

Im eindrucksvollen Wohn- und Regierungssitz der Dogen (siehe S. 88ff), wo der auf Lebenszeit gewählte Herrscher Venedigs prunkvoll residierte, hatte zugleich auch die Justiz ihren Sitz. Gegner der Serenissima, die schuldig gesprochen worden waren, wanderten vom Palazzo Ducale aus direkt in die *prigioni*, die düsteren Gefängniszellen.

Hinter der dekorativen Fassade verbergen sich Kunstschätze wie Tintorettos *Paradies* – und eine Waffenkammer

4 »Tintoretto-Museum«: die Scuola Grande di San Rocco

Rund 24 Jahre arbeitete Jacopo Tintoretto, der »kleine Färber« aus Cannaregio, an der Ausgestaltung des Sitzes der Laienbruderschaft des Heiligen Rochus (siehe S. 166ff), die wie alle *scuole* ein hohes Repräsentationsbedürfnis besaß. Entstanden ist ein überwältigender, in düsteren Farben gehaltener Bilderzyklus, bestehend aus 56 Werken.

Tintorettos meisterhafte Szenen des Alten und des Neuen Testaments schmücken die *scuola*

5 Blick vom Campanile von San Giorgio Maggiore

Das Panorama ist grandios: Man blickt von dem 70 m hohen Kirchturm von San Giorgio Maggiore (siehe S. 210) nicht nur auf die Klosteranlage der kleinen Insel, sondern auch auf die berühmte Stadtsilhouette Venedigs, den Giudecca-Kanal, durch den noch immer Ozeanriesen geschleppt werden, und die faszinierende Lagunenlandschaft.

Der Campanile ist ein Pendant zum Kirchturm auf dem Markusplatz und bietet einen mindestens so guten Blick

Die Venezianer sind kritische Konsumenten: Frisch muss der Fisch sein, der auf ihren Tellern landet

Auf dem Fischmarkt von Rialto

6

Im Herzen der Stadt, nahe der Rialto-Brücke, wo sich von Beginn an das Wirtschaftszentrum Venedigs befand, wird unter der Woche Markt (siehe S. 146f) abgehalten. Fangfrischer Fisch aus der Lagune, aber auch Importware aus Übersee, werden in der Pescheria, der neogotischen Fischmarkthalle, feilgeboten. Venedig ganz authentisch!

Im prachtvollen Opernhaus La Fenice finden nach dem jüngsten Wiederaufbau wieder etwa 1000 Zuschauer Platz

Opernhaus der Superlative: Teatro La Fenice

7

Wie ein Phönix (ital. *fenice*) aus der Asche ist das berühmte Opernhaus (siehe S. 95) nach mehreren Bränden, zuletzt 1996, wieder auferstanden. Hinreißend erzählt wird die Geschichte dieses Hauses, in dem Maria Callas sieben Jahre lang im Rampenlicht stand, bei der Audioguide-Führung, die auch in die prunkvolle Kaiserloge führt.

Moderne Kunst: die Collezione Peggy Guggenheim

8

Die Sammlung moderner Kunst (siehe S. 65f), untergebracht im einstigen Wohnhaus der amerikanischen Kunstmäzenin Peggy Guggenheim (1898–1979), ist ein Magnet für Kunstfreunde. Zu den Meisterwerken, die im unvollendet gebliebenen Palazzo Venier dei Leonie zu sehen sind, zählen Bilder von Marc Chagall, Piet Mondrian und Pablo Picasso.

Die Sammlung Peggy Guggenheim residiert in einem unvollendeten Palazzo aus dem 18. Jh. am Canal Grande

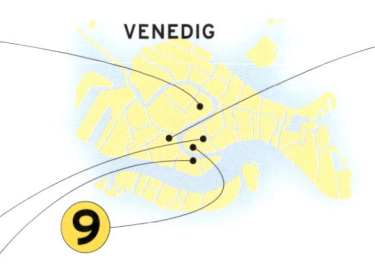

VENEDIG

9

Masken gestalten bei Ca' Macana

Sie sind zauberhaft und geheimnisvoll zugleich: die venezianischen Masken. Wer nicht einfach eine kaufen, sondern vielmehr seine ganz persönliche Maske kreieren möchte, der sollte bei Ca' Macana (siehe S. 188) an einem Kurs teilnehmen – auch Kinder sind willkommen. Unter den wachsamen Augen der erfahrenen Maskenkünstler, die nach traditionellen Verfahren arbeiten, entstehen wunderbare Arbeiten, wobei auch der Spaß nicht zu kurz kommt.

Konzert der »Interpreti Veneziani« in San Vidal

Antonio Vivaldi gehört neben Monteverdi und Rossini zu den bedeutendsten Komponisten Venedigs. Seine Musik erklingt allabendlich in vielen Kirchen und Konzertsälen der Stadt. Doch kaum ein Orchester weiß die Musik des »Roten Priesters« so eindrucksvoll zu interpretieren wie das weltweit gefeierte Ensemble »Interpreti Veneziani«, das abends in der Kirche San Vidal (siehe S. 98) auftritt.

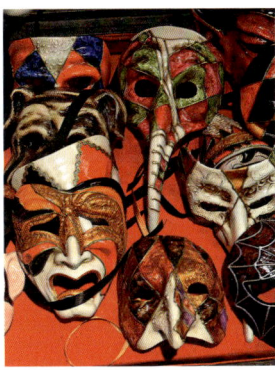

Der Fantasie sind keine Grenzen gesetzt beim beliebten Masken-Workshop von Ca' Macana

Die vier Jahreszeiten sind das wohl berühmteste Vivaldi-Opus, das an vielen Abenden in San Vidal gespielt wird

Top 5 **Foto-Tipps**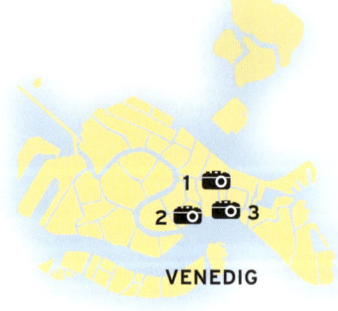

Die National Geographic **Your** **Shot** Community, 2006 gegründet, hat mehr als eine halbe Million Mitglieder aus 196 Ländern. Sie steht allen Interessierten offen, ob Hobbyfotograf oder Profi. Dieser Traveler präsentiert Ihnen die fünf schönsten Fotos zum Thema Venedig – als Inspiration oder zum Nachfotografieren.

1 **Melancholie einer Stadt im Wasser**

Gondeln, die lautlos durch die Kanäle gleiten und hinter der nächsten Ecke verschwinden, morbide wirkende Hausfassaden, die sich im Wasser spiegeln ... Gerade an nebligen Wintertagen präsentiert sich Venedig voller Melancholie. Nora De Angelli hat diese besondere Stimmung in der Lagunenstadt eingefangen.

Brennweite: 35 mm – Belichtungszeit: 1/400 s – Blende: f/2,8 – ISO 200

VENEDIG

Startschuss für den größten Maskenball der Welt

Venedigs Karneval ist offiziell eröffnet! Mit einem bunten Konfettiregen, der über den versammelten Gästen am Campanile auf dem Markusplatz niedergeht. Claudia Cavalcanti hat den Auftakt zu dem geheimnisvollen Carnevale mit der Kamera festgehalten. Brennweite: 24 mm – Belichtungszeit: 1/500 s – Blende: f/5,6 – ISO 100

Die Seufzerbrücke in der Glaskugel

Das Ziel war, ein ungewöhnliches Bild zu schießen. Und so hat Davide Vezzoli den Ponte dei Sospiri, den man verschwommen im Hintergrund sieht, durch eine Glaskugel fotografiert! Das größte Problem war, die Kugel am Wegrollen zu hindern. Brennweite: 50 mm – Belichtungszeit: 1/8000 s – Blende: f/1,4 – ISO 100

4 **Kunst meets Glas – goldene Skulptur auf Murano**

Für den Fotografen Craig Hadfield, der diese Aufnahme an einem Augusttag auf Murano gemacht hat, ist es immer wieder ein Spaß zu hören, was Betrachter in dem Bild sehen. Handelt es sich um einen Heuballen aus Glas? Oder eine Spirale? Die Skulptur war 2009 Teil einer Ausstellung von Glaskunstwerken.

Brennweite: 18 mm – Belichtungszeit: 1/50 s – Blende: f/6,3 – ISO 100

 5

Winterstimmung auf der Rialto-Brücke

Selbst bei Regen und Sturmböen bietet Venedig zauberhafte Ansichten. Michael Filippoff hat an einem nasskalten Februarabend den magischen Moment eingefangen, als sich das goldene Licht auf dem Pflaster spiegelte. Brennweite: 19 mm – Belichtungszeit: 4/10 s – Blende: f/5,6 – ISO 400

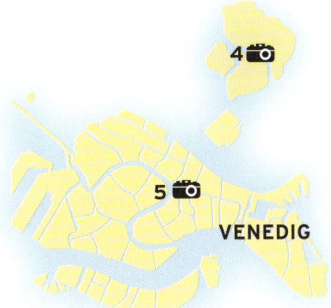

Your Shot

Sie wollen mit Ihren Fotos Teil der Your Shot Community werden? Nähere Infos finden Sie unter yourshot.nationalgeographic.com

VENEDIG

ÜBER DIE AUTORIN

Erla Zwingle wurde in Kansas City, Missouri, geboren. Nach einem Studium der Kunstgeschichte an der State University of New York in Albany arbeitete sie als Redakteurin in New York – zunächst für das Magazin *American Photographer*, dann für *Vis-A-Vis*. Schließlich wechselte sie als Redakteurin zu NATIONAL GEOGRAPHIC nach Washington.

Seit 1994 lebt Erla Zwingle in Venedig, wo sie als freiberufliche Autorin für zahlreiche Magazine schreibt, darunter NATIONAL GEOGRAPHIC; für eine Reihe von NATIONAL GEOGRAPHIC-Publikationen hat sie darüber hinaus Beiträge verfasst. Aus ihrer Feder stammt auch eine Biografie über den Fotografen William Albert Allard. Unter *iamnotmakingthisup.net* betreibt sie einen Blog über Venedig.

Geschichte
& Kultur

Eines der vier Bronzepferde
von San Marco

Venedig heute

Venedig mag Besuchern als unwirklichste Stadt der Welt erscheinen. Vielen gilt sie als die schönste. Wie immer Sie die Stadt erleben – als launisch oder geheimnisvoll, verwirrend oder sogar beängstigend eng –, fraglos ist sie eine der faszinierendsten und genialsten Schöpfungen des Menschen.

Gebaut auf über 100 kleinen, sumpfigen Inseln, verbunden durch fast 400 Brücken, die über 177 Kanäle führen, bedeckt Venedig eine Fläche von nur acht Quadratkilometern. Aber haben Sie einmal Ihren Fuß in die Stadt gesetzt, so scheint sie sich unendlich auszudehnen. In immer neuen Ecken, Sackgassen, geheimnisvollen Hinterhöfen windet sich Venedig um sich selbst. Die Stadt ist genauso verschlungen wie ihre 1500-jährige Geschichte. Hier gibt es nur wenige Dinge, die für den Besucher nach gewohnten Regeln ablaufen, und das gefällt den Venezianern sehr. »Gehen Sie nur geradeaus«, bekommen Sie zu hören, wenn Sie sich verlaufen haben. Das Komische ist allerdings, dass es in Venedig kein Geradeaus gibt.

Mit seinen 95 Kirchen und über 20 Museen, die alle reich an Gemälden und Skulpturen sind, ist Venedig eine der bedeutendsten Kunststädte der Welt. Doch auch die Stadt selbst ist ein Kunstwerk. Millionen von Touristen besuchen sie jedes Jahr, und die Venezianer selbst lieben ihre Stadt genauso wie Kunsthistoriker oder Frischvermählte in den Flitterwochen.

Venezianer sind sich über die erstaunliche Schönheit ihrer Stadt im Klaren – und sie geben zu, dass sie häufig etwas entdecken, was sie vorher noch nie bemerkt haben. Sie haben ein tiefes Verständnis für die Faszination und die Eigenheiten Venedigs, die dem Besucher entgehen, wenn er zu schnell ankommt, zu kurz bleibt, sich zu stark an Stadtplan und Reiseführer orientiert: die Atmosphäre, der Wechsel der Gezeiten, das Leben in der Lagune, die Ankunft des *seppie* genannten Tintenfischs im Frühling und die der *fisole*, der kleinen Enten, im Herbst. Auch schätzen Venezianer den Rhythmus und den Puls des Lebens, die plötzliche Begegnung an einer Straßenecke, die gelassene Gangart, die Intimität einer Stadt, in der man immer nahe beieinander ist. Und sie sind umgeben von den Zeugen ihrer großartigen Vergangenheit. Das verleiht ihnen Stolz, sogar ein Gefühl der Überlegenheit, das Einwohner aller großen Städte kennzeichnet – wenngleich der Stolz auch von kritischen Untertönen begleitet wird: Ist ihre Stadt doch längst zu einem Freilichtmuseum geworden. Venedig ist eine mit vielen Problemen kämpfende Kleinstadt und doch einer der pulsierendsten Orte der Welt.

Stadtgebiet & Bevölkerung

Der Stadtplan zeigt sechs *sestieri*, Stadtteile, die schon im 12. Jahrhundert festgelegt wurden. Diese sind wiederum in über 30 Bezirke unterteilt. Obwohl man Venedig in einer Stunde zu Fuß durchqueren kann, hielten sich in der Zeit vor dem

Was wäre Venedig ohne Gondeln und Gondoliere? In dieser Stadt geht nichts ohne Boot, ob traditionell oder modern

Zweiten Weltkrieg die meisten Venezianer nur in ihrer unmittelbaren Nachbarschaft auf. Überall gab es kleine Geschäfte, sodass kaum ein Grund bestand, sein Viertel zu verlassen und zum Rialto oder nach San Marco zu gehen. Die Venezianer konnten sofort am Akzent hören, aus welchem *sestiere* der Sprecher kam, und das war ihnen auch wichtig. Obwohl solche Feinheiten nun langsam schwinden, kann man durchaus noch eine aufgeregte Mutter in Dorsoduro ihren ungezogenen Sohn mit den Worten ausschimpfen hören: »Hör auf zu schreien! Du klingst ja wie einer aus Castello!«

Außerdem sollte man nicht vergessen, dass mehr zu Venedig gehört, als man auf den ersten Blick sieht, namentlich die Stadt Mestre mit ihren 200 000 Einwohnern. Mestre liegt gleich auf der anderen Seite des Damms und gehört seit 1926 zu Venedig. Da viele Venezianer dorthin gezogen sind, erzählen die Einwohner von Mestre Fremden meist, sie stammten »aus Venedig«. Das ist für Kunstliebhaber nicht von Belang, doch für die Zukunft der Stadt ein entscheidender Faktor, da die Einwohner von Mestre wie die von Venedig selbst um die Unterstützung und Aufmerksamkeit des Rathauses am Canal Grande kämpfen. Einem Einwohner von Mestre erscheint das Ausbaggern der Kanäle keine sonderlich dringende Angelegenheit, umgekehrt stellt die Luftverschmutzung durch Lkw für Venezianer kein großes Problem dar.

Vom Campanile aus gesehen erscheint Venedig als das, was es ist: ein kompaktes Inseluniversum

Die Welt fragt sich, ob Venedig langsam verschwindet; tatsächlich schrumpft die Stadt jedes Jahr um 1500 Einwohner (diese Entwicklung hat sich erst im Jahr 2000 verlangsamt). Heute liegt die Bevölkerungszahl bei rund 58 000, vor gut 50 Jahren waren es noch 138 000. Dafür gibt es mehrere Gründe: die hohen Kosten für Lebenshaltung, Unterkunft und Geschäftsbetrieb (Venedig ist die teuerste Stadt Italiens) sowie der sehr begrenzte Arbeitsmarkt. Außerdem hat die Stadt jungen Menschen wenig zu bieten, es gibt keine Autos und kein wirkliches Nachtleben. Untersuchungen haben gezeigt, dass Venedig von allen italienischen Städten den höchsten Anteil älterer Menschen hat – dabei ist es doch gerade ein Ort, der einem viele körperliche Anstrengungen abverlangt.

Venedig & seine Wirtschaft

Venedig ist nach Rom die meistbesuchte Stadt in Italien: Zwischen 20 und 30 Millionen Touristen besuchen die Lagunenstadt jährlich. Genaue Zahlen dazu gibt es nicht, da die Tagestouristen statistisch nicht erfasst werden. Der Tourismus ist wirtschaftlich gesehen für die Stadt von großer Bedeutung. Venedigs Flughafen Marco Polo ist, bezogen auf die Anzahl der Passagiere, der fünftgrößte Italiens.

Der Karneval im Februar bringt Gäste aus aller Welt nach Venedig, und viele Maskierte posieren vor der Seufzerbrücke für Fotografen

Viele Touristen kommen in Reisegruppen; die meisten bleiben nur für ein oder zwei Tage. Die Venezianer nennen das den »Fastfood-Tourismus«, und der bringt eine Reihe von logistischen und ästhetischen Problemen mit sich, die die fragile Gestalt der Stadt weit mehr belasten als die berüchtigten Hochwasser.

Obwohl Venedig wie ein lebendes Museum erscheint, war die Stadt in den letzten 45 Jahren immer noch eine wirtschaftliche Macht, eine Stadt, die arbeitete. Die Molino Stucky, eine Pasta-Fabrik auf der Giudecca, florierte; die Schiffswerft war noch in Betrieb, Fabriken produzierten Zigaretten, Feuerwerkskörper, Klaviere oder Uhren und verarbeiteten Baumwolle. Es gab Brauereien, Schlachthäuser und sogar Molkereien. Die Straßennamen (die man mit Hilfe eines venezianischen Wörterbuchs lesen kann) zeigen die ganze Welt handwerklicher Tätigkeiten: Wollwebereien, Färbereien (das venezianische Scharlachrot war ein streng gehütetes Geheimnis), Bäckereien, Goldschmiede, Gewürzhändler, Gerber. Kerzen, Münzen, Gondelkabinen und Ruder wurden produziert. Im 18. Jahrhundert gab es nicht weniger als 71 Betriebe, die nichts anderes taten, als Gold auf Leder zu prägen, ein Luxusgut, das vor allem für die Verzierung von Büchern, Stühlen und Palastwänden gebraucht wurde. Es gab 90 Apotheken, die auf die Mischung von *therica* spezialisiert waren, eine Allzweckmedizin, die überall in Europa zu haben war, deren venezianische Variante aber begehrt war.

Heute hingegen gibt es nur noch wenige Unternehmen und Geschäftsleute, die nicht vom Tourismus leben. Die Stadt hat zwei Universitäten, die Università Ca' Foscari di Venezia (kurz Ca' Foscari) und die Hochschule für Architektur, beide mit insgesamt 20 000 Studenten, die für die kleine, aber lebendige Jugendszene verantwortlich sind. Die bedrängte Glasindustrie auf Murano lebt nicht so sehr vom Verkauf von Ketten oder teuren Gläsern als vielmehr von unprätentiösem Industrieglas.

Vitale Rossi und seine Frau Anna repräsentieren in Dorsoduro zwei weitere Traditionen: den Tante-Emma-Laden und den letzten Schinkenmacher von Venedig

Der Hafen von Venedig, der fünftgrößte Italiens und zweitgrößte (nach Triest) an der Adria, profitiert nach wie vor vom anhaltenden Kreuzfahrtboom, wobei es aufgrund des Protests seitens der Bevölkerung nun Pläne gibt, den Kreuzfahrthafen auf eine künstliche Insel nahe dem Lido zu verlegen.

Venedig ist immer noch das administrative Zentrum des gesamten Großraums. Es haben hier also nicht nur die Stadtverwaltung und die angeschlossenen kommunalen Ämter ihren Sitz, sondern auch die Büros der Regierung des Veneto, Gerichte und die Polizei. Außerdem sind die in allen Städten üblichen Berufe vertreten. Aber die größeren Unternehmen haben fast alle das Stadtzentrum verlassen, um sich moderner und billiger auf dem Festland niederzulassen. Geblieben sind Besitzer von Hotels, Restaurants und Lagerhäusern oder selbstständige Handwerker. Sie schlagen sich vor allem herum mit dem nie endenden Problem der Miet- und Unterhaltskosten, der Preise für Gas und Elektrizität und der Steuern, die bis auf 60 Prozent des Bruttoeinkommens steigen können.

Moto Ondoso

Die Stadt wurde von Menschen erbaut, die ruderten. Praktisch jeder Palast und jede Kirche entstand in einer Epoche, als Boote nur mit Hilfe von Rudern und Armkraft angetrieben wurden. Sand, Steine, Marmor und Holzpfähle – alles wurde auf Ruderbooten herangeschafft. Die Gezeiten kamen und gingen, und die Stadt brauchte das sie umgebende Wasser nicht zu fürchten.

Heute treibt außer den Gondolieri, Rennruderern und einer unerschütterlichen Gemeinde von Freizeitsportlern niemand mehr sein Gefährt mit Muskelkraft an. Seit den 1960er Jahren dominieren mehr und mehr Motorboote jede Bewegung auf dem Wasser, von Familien, die im Sommer einen Sonntagsausflug machen, bis zu den Taxis, Lastkähnen, Vaporetti, Barkassen für 100 Passagiere und Motoscafos. Niemand hält sich an die Geschwindigkeitsbegrenzungen, und

die dadurch entstehenden Wellen richten Schäden an, die eine ernste Gefahr für die Umwelt darstellen. Die Venezianer nennen sie *moto* (Motor) *ondoso* (von *onde*, Wellen).

In den letzten zehn Jahren haben sich die Probleme verstärkt und eine kritische Grenze erreicht. Man hat festgestellt, dass auf dem Canal Grande alle anderthalb Sekunden eine Welle die anliegenden Gebäude trifft. In der ganzen Stadt gibt es keinen Kanal, dessen Uferbebauung keine Schäden aufweist. Und auf beiden Seiten des Giudecca-Kanals klaffen große Risse zwischen den Gebäuden und den Straßendämmen, da der gesamte Fußgängerbereich von unten her ausgehöhlt wird.

Die erste Schutzmaßnahme der Stadt war die Installation von Senkkästen, die die Wellen brechen und weitere Schäden verhindern sollen. Dann begann ein teures Programm, das die komplette Erneuerung der Gehdämme umfasste, ein

Noch passieren Kreuzfahrtschiffe San Marco – sie gefährden die Bausubstanz der alten Stadt

Unternehmen, das die Verantwortlichen als einen großen Sieg der Stadtverwaltung feierten, während sie wiederum den wahren Ursachen der Schäden kein Augenmerk schenkten. Wenn man nicht den motorisierten Verkehr auf ein vernünftiges Maß zurückschraubt, wird wohl kein noch so großes Wiederaufbauprogramm die Stadt auf Dauer über Wasser halten können.

Venezianisches Leben

In den 1500 Jahren seiner Geschichte hatte Venedig immer eine wichtige Stellung inne: zunächst als wirtschaftliche und politische Drehscheibe des gesamten östlichen Mittelmeers, dann als politisches Pfand in den europäischen Machtkämpfen und heute als ein unvergleichliches Mekka für Touristen, das die Grenze

des Erträglichen jedoch bald überschritten hat. Venedig ist eine Stadt der Superlative; aber nicht alle sind positiv, und die Bürger der Stadt haben ihre eigenen Probleme. Wohnungen sind ein Paradebeispiel: Viele Häuser sind verbarrikadiert, weil die Eigentümer aufs Festland gezogen oder verstorben sind und die Erben hier nicht leben wollen. Mietwohnungen sind rar und teuer, weil die komplizierten Gesetze die Mieter begünstigen und die Eigentümer deshalb auf die Vermietung verzichten. Einer Kaufabsicht stehen hohe Preise entgegen, und Unterhalt und Nutzung sind noch teurer.

Arbeitsplätze? Die sind in ganz Italien schwer zu finden, und in Venedig ist es besonders schwer. Beim Spagat zwischen Jobsuche und bevorzugtem Wohnort sind die Venezianer geradezu zum Pendlerdasein gezwungen: Etwa 20 000 Menschen fahren jeden Tag zur Arbeit aufs Festland, und fast die gleiche Anzahl kommt vom Festland in die Stadt.

Im Caffè Quadri auf der Piazza San Marco kann man die herrliche Kulisse und die Passanten wie auf einer Bühne in Ruhe betrachten

Das Resümee: In Venedig zu leben ist wie eine Berufung – und trotzdem nicht jedermanns Sache. Denn es ist anstrengend: Man braucht festes Schuhwerk und gesunde Beine, weil man dauernd zu Fuß unterwegs ist, außerdem starke Lungen, die Sommerschwüle, Winternebel, Mehltau und Schimmel ertragen müssen – und den Wind.

Man kann sich in der Stadt extrem isoliert fühlen. Eine in Venedig lebende Französin beschrieb ihre ersten Jahre hier als einen »geistigen Rückzug«. Aber wer durchhält, den werden die Stadt und ihre Menschen allmählich für sich einnehmen. Wie ein Venezianer es einmal so schön formulierte: »Jeder, der Venedig liebt, ist Teil von Venedig.«

Venezianer halten nur allzu gern einen Schwatz in einem der zahllosen Cafés

Die Venezianer *(veneziani)* grenzen sich gern von allen anderen Bewohnern der Region Veneto *(veneti)* ab. Ihrer Überzeugung nach dürften sich die Einwohner von Mestre *(mestrini)* nicht selbst Venezianer nennen (was in der Realität aber oft geschieht), auch wenn beide Orte zur selben Verwaltungseinheit gehören. Sie sind stolz, Venezianer (und folglich Insulaner) zu sein, und das bestimmt ihren Blick auf die Welt.

Das Schlimmste, was ein Venezianer über einen anderen sagen kann, ist, er sei ein Klatschmaul. Denn Venezianer sind freundlich und haben einen trockenen Humor, der sich oft in Witzen und Bonmots über sie selbst (aber lieber noch auf Kosten der nichtvenezianischen Nachbarn) niederschlägt. Venezianer können gesellig, neugierig und – was Geld und Zeit angeht – außergewöhnlich großzügig sein. Obwohl sie seit Jahrhunderten im Ruf stehen, gerissene Geschäftsleute zu sein, werden sie in einem altmodischen Knittelvers, der die Haupteigenschaften jeder Stadt der Region Veneto beschreibt, als *grand signori* (große Herren) bezeichnet – das ist nicht wörtlich gemeint, sondern beschreibt einen Menschen, der gern die Rechnung übernimmt.

Venezianer in der Freizeit

Das Freizeitverhalten der Venezianer unterscheidet sich nicht sehr von dem ihrer Nachbarn auf dem Festland. Zwar existieren immer noch die Treffpunkte in der Nachbarschaft, an denen – wie anno dazumal – alle Männer zum Rauchen und Kartenspielen zusammenkommen, und es gibt auch noch einige *bocce*, Clubs. Die etwas jüngeren Venezianer aber treten häufig Sportvereinen bei, von denen viele auf dem Lido beheimatet sind. Sie reiten, spielen Tennis oder Golf, üben Bogenschießen, rudern und angeln an den Kais zur Adria hin. An Wochenenden radeln viele Menschen durch die Straßen auf dem Lido, und besonders morgens und abends begegnet man Joggern.

Touristen aus aller Welt und unzählige Tauben beherrschen den Markusplatz

Wenn im Winter Skier durch die Gassen Venedigs geschleppt werden, sind die Träger unterwegs zu den Skigebieten auf dem Festland. Die Schulen schließen dann für eine »weiße Woche«.

Bootsport bedeutet in Venedig Rudern, Segeln oder Angeln (oder alles drei an einem Nachmittag). Eine kleine Zahl passionierter Venezianer – die meisten zugegebenermaßen älteren Semesters – gehört einem der 42 privaten Rudervereine an, und viele von ihnen rudern nur in der venezianischen Art wie die Gondolieri: aufrecht stehend, den Blick geradeaus gerichtet. Es ist kein Rudern im eigentlichen Sinne, sondern das Boot wird durch einen langen Schlag mit dem Ruder (und gelegentlich mit einem kürzeren beim Zurückholen) vorwärts getrieben. Kajakfahren und Skullen sind bei jungen Leuten beliebt, aber der hohe Wasserstand in den Gewässern rund um die Stadt machen diese Sportarten zunehmend schwieriger und auch gefährlicher.

Es gibt mehrere Jachthäfen für gewöhnliche Segelboote, die die Adria befahren. Die Lagune ist jedoch meist übersät von bunten Gaffelsegeln (vela a terzo), die auf traditionellen flachkieligen Holzbooten wie der sampierotta gesetzt sind.

Gegen eine geringe Gebühr erwirbt man die Erlaubnis, in der Lagune zu fischen, und die alten Venezianer, die nur allzu gern über Fische reden, haben ausgezeichnete Kenntnisse über die günstigsten Jahreszeiten und Bedingungen zum Angeln. Im Frühling kann man abends immer noch Männer sehen, die seppie (Tintenfische) fangen; auf den Steinen hinterlässt dies viele schwarze Tintenflecke. Nachts sind im Bacino di San Marco Fischer mit Booten unterwegs in der Hoffnung, branzini (Wolfsbarsch) oder passarini (Scholle) zu erwischen. Und ganze Familien marschieren mit Kind und Kegel zu bestimmten Sandbänken hinaus und verbringen einen Sommertag damit, nach winzigen Muscheln zu graben, die man capparossoli nennt. Es steht außer Frage, dass die meisten Venezianer sich lieber in der Natur aufhalten als zu Hause. ■

Essen & Trinken

Die Venezianer sind besonders stolz auf ihre reiche kulinarische Tradition. Jahrhundertelang hatte Venedig einen der wichtigsten Häfen Europas, und so erlebten viele neue Nahrungsmittel hier ihre europäische Premiere, etwa Kaffee, Zucker und Reis. Während im privaten Umfeld meist bestens gekocht wird, halten nicht alle Restaurants in Venedig, was sie versprechen.

Die venezianische Küche kann auf einen großen Reichtum an saisonalen Köstlichkeiten zurückgreifen, von frischem Fisch aus der Lagune bis zu den örtlichen Obst- und Gemüsesorten von der nahe gelegenen Insel Sant' Erasmo, der »Garteninsel«: Artischocken, frische Erbsen, Saubohnen und die kleinen, kurzlebigen Frühlingspflanzen namens *carletti* und *bruscandoli*, die im Risotto hervorragend schmecken. Im Sommer setzt eine Schwemme von saftig-süßen Früchten ein: Kirschen, Aprikosen, Melonen, Pfirsichen und wilden Erdbeeren.

Die Lagune (siehe S. 218f) wimmelt von über 30 Fischarten. Sie werden mit Netzen gefangen oder »gezüchtet«: Scholle, Meergrundel, Goldmakrele, Barsch, Garnele, Aal und *seppie* (Tintenfische), die gebraten oder gekocht auf Spaghetti oder im Risotto köstlich schmecken. Außerdem gibt es Krabben, Mies- und andere Muscheln.

Essen gehen

Die Preise in den Restaurants sind hoch, aber die Zutaten nicht immer frisch. *Seppie* haben im April und Mai und dann wieder von Juli bis Oktober Saison. Wenn in anderen Monaten Gerichte mit der Tinte der *seppie* auf der Speisekarte stehen, dann ist die Soße ein Fertigprodukt.

Nutzen Sie jede Gelegenheit, statt der üblichen Touristenkost etwas typisch Venezianisches zu essen. Schauen Sie nach *bigoli in salsa* (gesalzene Anchovis und Zwiebeln auf Vollkorn-Spaghetti); *sarde in saor* (Sardinen aus der Adria in einer süß-sauren Zwiebelsoße, einst das Standardessen der Seeleute, da es nicht verdirbt), Spaghetti mit *capparossoli* (heimische Muscheln), *seppie* mit *polenta, risi e bisi* (Risotto mit frischen Erbsen, *das* Gericht im Mai). *Cichetti* sind kleine Snacks, die man in den meisten Bars bekommt, besonders in den *bacari*, den typisch venezianischen Weinstuben. In Glasvitrinen an der Theke sind die Leckerbissen aufgereiht: *tramezzini* (Sandwiches) mit *prosciutto* oder Mortadella, Käselaibe, frittierte *polpette* (Fleischbällchen), junge Artischocken mit Knoblauch und Olivenöl, kleine geröstete *seppie* und nicht zuletzt Holzspieße mit gerösteten Kartoffeln und Oliven. Man bestellt stückweise und kann so eine sättigende Mahlzeit zusammenstellen. Das ist das wirkliche venezianische »Fastfood«; üblicherweise isst man es stehend an der Bar, auch wenn Sitzgelegenheiten frei sind.

Wein & Spirituosen

Wein, ob aus dem Veneto oder aus ferneren Gegenden, gehörte zu Venedigs

wichtigsten Handelsgütern. Die Weine aus dem Veneto sind leicht, weder besonders süß noch besonders trocken und haben einen relativ geringen Alkoholgehalt (11 %).

Zu den Weißweinen gehören Tokaier, Soave, Sauvignon und Chardonnay. Bianco di Custoza, ein Wein aus Verona, ist ebenfalls sehr populär. Prosecco, der moussierende venezianische Weißwein, ist leicht und erfrischend. Aber sein süßliches Aroma und das Perlen passen eher zu einem Dessert als zu einer Vorspeise oder als Aperitif. Die häufigsten Rotweine sind Raboso di Piave, Cabernet, Merlot und Valpolicella. Im November wird in den Bars die noch nicht in Flaschen abgefüllte

erste Kelter des Jahrgangs glasweise verkauft. Der trübe Weißwein heißt *torbolino*, der Rotwein *fragolino*.

Die venezianischen Klassiker für ein Gläschen zwischendurch sind *ombra* und *spritz*. Die *ombra* (wörtlich Schatten) ist ein kleines Glas Weißwein, das normalerweise am späten Vormittag getrunken wird. Der Name stammt angeblich aus jenen Zeiten, als auf der Piazza San Marco noch Markt abgehalten wurde. In der Nähe des Campanile gab es einen Weinstand, der im Laufe des Tages seinen Standort so verschob, dass er stets im Schatten des Turmes und somit relativ kühl blieb. Von der Aufforderung »Lass uns im Schatten etwas trinken« war es kein

Viele venezianische Häuser haben eine *altana*, eine Dachterrasse, manche mit grandioser Aussicht

weiter Weg bis zu »Lass uns einen Schatten trinken«.

Der *spritz* ist Weißwein mit einem Schuss Bitter (man kann zwischen Campari, Aperol, Select oder Cynar wählen) und Mineralwasser. Es gibt ihn auch mit Prosecco. Der Name dieses erfrischenden Getränks verweist auf die österreichische Besatzungszeit.

Viele venezianische Sprichwörter nehmen auf den Wein Bezug. »Es kommt und geht wie Wein aus Zypern« bedeutet, dass etwas (oder eine Person) sehr unbeständig ist, und ist von einem »großen Weinberg, aber mickrigen Trauben« die Rede, dann gibt ein

Mensch vor, mehr zu sein, als sie tatsächlich ist.

Der bekannteste *digestivo* der Region ist der Grappa. Er ist an sich farblos, mitunter wird ihm durch Zusätze eine Braunfärbung verliehen. Es gibt auch mit Kräutern und Früchten versetzten Grappa. Der Geschmack – bitter und scharf – wird fast sofort von seinem starken Alkoholgehalt überlagert. Hinter einer Bar stehen noch viele andere *digestivi*: Fernet, Ramazotti oder Elisir, je bitterer, desto besser.

In Restaurants wird zuweilen ein *sgroppino* serviert; Hauptbestandteil des schaumigen Cocktails ist Wodka.

Venedig damals

Wie eine Fata Morgana aus gotischen Bogen schwebt Venedig über dem Wasser. Seine Schönheit verband sich einst mit großer Macht. Über ein Jahrtausend lang rief der Name der Stadt Ehrfurcht hervor. Venedig war eine unabhängige Republik, die Politik und Handel im östlichen Mittelmeerraum dominierte. Wie ein paar Kaufleute und Fischer es fertigbrachten, den Gipfel der Macht zu erklimmen und dann alles wieder zu verlieren – diese Geschichte ist unglaublich.

»Denn ihr lebt wie die Seevögel«, schrieb der römische Präfekt Cassiodorus im Jahr 537 an die frühen Venezianer. »Es scheint, als glittet ihr über die Felder, denn von Weitem kann man die Kanäle nicht von den Sumpfgebieten unterscheiden ... und während andere ihre Tiere an die Haustüren binden, bindet ihr eure Boote an eure Häuser aus Weidengeflecht und Schilf.«

Die Geschichte Venedigs erweckt den Eindruck, als hätten die Römer und die Veneter plötzlich im 4. Jahrhundert den Widerstand gegen die Angriffe der Barbaren aufgegeben und wären in die Lagune geflohen. Tatsächlich jedoch war die Besiedlung der Inseln ein langsamer Prozess. Die Bewohner am Ufer der Lagune waren daran gewöhnt, mit den Gezeiten hinaus in die Flussmündung zu fahren und mit ihnen zurückzukehren; sie fischten, jagten, bauten Salz ab und drangen dabei allmählich immer weiter in die Lagune vor.

Als Attila der Hunne 452 die Küstenstadt Aquileia zerstörte, flohen viele Menschen in die Lagune. Andere folgten in den nächsten zwei turbulenten Jahrhunderten, als die Byzantiner in Konstantinopel die Ostgoten als regionale Macht ablösten. 568 drangen die Lombarden in Italien ein, ein Ereignis, das entscheidend zur Gründung neuer Siedlungen in der Lagune beitrug, insbesondere zu der von Torcello und Malamocco; 639 verlegte der Bischof von Altinum seinen Sitz auf die Insel Torcello.

Die Vereinigung der Stadt

Venedig war noch keine Stadt, und die Lagune und die Inselgemeinden waren oft uneins. Um den westlichen Außenposten seines Reichs als Bollwerk gegen weitere Angriffe der Barbaren auszubauen, versuchte der byzantinische Herrscher Leo III., die Inseln unter einem Fürsten (*doge* im venezianischen Dialekt) zu vereinen. Der Legende nach wurde ein gewisser Paoluccio Anafesto (dessen Existenz historisch nicht verbürgt ist) im Jahr 697 zum Dogen gewählt, dem Ersten in einer Reihe von 120 Fürsten in den nächsten 1100 Jahren. 742 verlegte die Regierung ihren Sitz von Heraclea auf dem Festland nach Malamocco, auf die Insel, die die Lagune von der Adria trennt.

Der nächste Wendepunkt trat 810 ein – Pippin, der Sohn Karls des Großen, versuchte die Lagune einzunehmen. Seine Streitkräfte hatten bereits Grado, Heraclea und Jesolo erobert. Als die fränkische Flotte in der Lagune eintraf, erkannten die Inselbewohner, dass sie die Eindringlinge nicht mit Gewalt, sondern mit Köpfchen schlagen mussten: Sie zogen die leichten Pfähle, die vor den vielen

Sandbänken warnten, aus den Kanälen. Als die angreifenden Schiffe auf Grund liefen, kamen die Venezianer herbei und töteten die Feinde. Der Kanal, der von San Servolo in Richtung Malamocco führt, heißt heute noch Canal Orfano (Kanal der Waisen), weil an diesem Tag viele Kinder ihre Eltern verloren. Die Franken gaben nun jeden Anspruch auf die Lagune auf, und die Inselbewohner entschieden, den Bischofssitz vom außen liegenden, verwundbaren Malamocco auf das sicherere Rivoaltum zu verlegen, jene zentrale Agglomeration kleiner Inseln, die vier Jahrhunderte später den Namen Venedig bekommen sollte. Nach dem Vertrag von Aachen zwischen Karl dem Großen und Byzanz wurde Venedig 812 eine teilautonome Provinz des Byzantinischen Reichs.

Aufstieg zur Macht

Die Venezianer hatten kaum genügend Platz für ihre Häuser, geschweige denn für die Landwirtschaft, also entwickelten sie stattdessen ihre Fähigkeiten als Seefahrer und Händler.

Venezianische Schiffe fuhren immer weiter hinaus, und ihre Ladungen machten nicht nur einzelne Familien wohlhabend, sondern auch die ganze Stadt. Sie brachten Elfenbein, Bernstein, Gold, Seide und vor allem Gewürze. Reis, Kaffee

Die *Serenissima*, das Gegenstück zur zeremoniellen Barke des Dogen, führt alle bedeutenden Bootsprozessionen an

Tintorettos Sohn Domenico malte *Die Eroberung von Konstantinopel* für den Dogenpalast. Das Bild erinnert an die Plünderung der damals reichsten Stadt der Welt im Jahr 1204

und Zucker erreichten Europa zum ersten Mal über den Hafen von Venedig, und die Schiffe segelten den Canal Grande hinauf, um ihre Waren in den Lagerräumen zu entladen, die sich im ersten Stockwerk der Paläste befanden. Die Stadt wurde zum größten Finanzzentrum Europas, und hier entwickelte man auch die Idee, Schiffe und ihre Ladungen gegen Verluste versichern zu lassen.

Marodierende Piraten in der Adria, sogenannte *narentani,* stellten eine große Bedrohung dar. Sie plünderten Schiffe und Städte an der dalmatinischen Küste bis hinauf nach Grado. Schließlich schloss der Doge Pietro Orseolo II. einen Pakt mit den Küstenstädten und bekämpfte mit einer Flotte die Gesetzlosen. Sein Sieg am Himmelfahrtstag des Jahres 1000 gewann für Venedig große Gebiete an der Küste. Dies war der erste Schritt zur Umwidmung der Adria zum »Golf von Venedig« und der Beginn der venezianischen Herrschaft.

Bis 1797 wurde an Himmelfahrt eines der größten Feste der Stadt gefeiert, die »Hochzeit mit dem Meer«. Wenn der Doge den goldenen Ring in die Lagune warf, sprach er: »Ich heirate dich, o Meer, im Zeichen dauerhafter Herrschaft.« Und bekräftigte damit die Absicht, die herrschende Macht im Mittelmeer zu bleiben.

Mittelalterlicher Glanz

In den nächsten beiden Jahrhunderten konsolidierte Venedig seine Macht. Durch die Unterstützung des byzantinischen Herrschers im Kampf gegen die Normannen gewann Venedig nicht nur neue Gebiete, sondern auch seine Unabhängigkeit (obwohl die *gonfalone*, das venezianische Banner, immer noch die byzantinischen Farben Rot und Gold zeigt). Der folgende, geradezu explosive Aufschwung des Handels an der Adria wurde angeführt von den Kaufleuten von Venedig – Kaufleute, die zum größten Teil auch die politischen Führer der Stadt waren.

Die Kreuzzüge krönten Venedigs Aufstieg: Seine geographische Lage, seine Schiffe und sein Reichtum führten geradezu zwangsläufig zur Zusammenarbeit mit den Kreuzzugarmeen. Auch machten hier zwei christliche Widersacher endlich ihren Frieden miteinander, als im Jahr 1177 der Doge Sebastiano Ziani Papst

Alexander III. überzeugte, im Markusdom den Kaiser des Heiligen Römischen Reichs, Friedrich Barbarossa, zu treffen (ein Stein markiert den Platz ihrer Begegnung). Als dann der byzantinische Herrscher die neidischen Griechen zu einem Pogrom gegen die in Konstantinopel lebenden Venezianer anstachelte, begnügte sich Venedig nicht mehr nur damit, die Kreuzzugheere logistisch zu unterstützen. Es veranlasste die Zerstörung Konstantinopels, der Hauptstadt des Byzantinischen Reichs.

Der vierte Kreuzzug startete am 8. Oktober 1202 von Venedig aus. Das venezianische Kontingent wurde vom blinden Dogen Enrico Dandolo angeführt. Mehr als 300 Schiffe füllten den Bacino di San Marco, alle mit wehenden Fahnen und voller Soldaten in glänzenden Rüstungen. Trompeten erschallten, Priester und Kämpfer sangen gemeinsam »Veni, Creator spiritus«, als der Konvoi unter den begeisternden Rufen der Menge auf dem Lido an San Nicolò vorbeisegelte.

Ein heftiger Kampf um Konstantinopel entbrannte; das Schicksal der reichsten Stadt in der damals bekannten Welt entschied sich im Widerstreit zweier konkurrierender Herrscher und der Streitmacht der orthodoxen und der römischen Christenheit. Als die Stadt am 12. April 1204 schließlich fiel, kam es zu gewaltigen Plünderungen – die Venezianer segelten mit Reichtümern heim: darunter Geld, Juwelen, heilige Reliquien, Skulpturen aus Marmor und Elfenbein, Gemälde, Manuskripte und die vier berühmten Bronzepferde, die heute auf der Basilica di San Marco stehen. Die Stadt hatte auch neue Gebiete hinzugewonnen, die ihre strategische Hegemonie von Dalmatien bis zum Schwarzen Meer ausweitete. Nun besaß Venedig das Monopol auf allen großen Handelswegen zwischen der Levante und dem Abendland.

Im Jahr 1297 entstand die *Serrata*, eine Schlussakte, die eine Rangordnung innerhalb des venezianischen Adels festlegte. Dieses Ereignis bestimmte die soziale und politische Gestalt der Stadt für die kommenden Jahrhunderte. Mit dem Eintrag der Namen ins offizielle *Libro d'Oro* (Das goldene Buch) wurde die Teilhabe an der Regierung der Stadt allein einer begrenzten Anzahl ausgewählter Familien zugestanden. Nicht alle Bürger waren damit einverstanden; Unruhe und Umsturzgedanken waren vorprogrammiert.

Es kam zu zwei Putschversuchen. Drei Adlige, Baiamonte Tiepolo, Marco Querini und Badoero Badoer, gaben vor, die Wünsche der unzufriedenen Venezianer zu vertreten, verfolgten aber nur ihre eigenen Interessen. 1310 unternahmen sie einen Anschlag auf den Palazzo Ducale, wurden aber von den Truppen des Dogen überwältigt. Tiepolo wurde verbannt, Querini starb im Kampf, und Badoer wurde hingerichtet. Im Jahr 1355 wurde der Plan zu einem Staatsstreich aufgedeckt, mit dem sich der Doge selbst, Marino Faliero, diktatorische Macht verschaffen wollte. Er wurde enthauptet und sein Leichnam auf dem Balkon des Dogenpalasts gegenüber dem Campanile zur Schau gestellt – man errichtete zwei rötliche Säulen, die die berüchtigte Stelle für immer markieren sollten, und alle Porträts des Dogen wurden übermalt. Der Rat der Zehn (eigentlich waren es 18) konstituierte sich, um den Staat »mit allen notwendigen Mitteln« zu schützen, konkret durch Geheimpolizei, Verhöre und ein Gefängnis.

Genua, Venedigs alte Rivalin, kämpfte weiter gegen die venezianische Vorherrschaft. Im Jahr 1380 besiegte Venedig die genuesischen Streitkräfte bei

Chioggia endgültig. Die Venezianer nannten ihr Reich nun *Stato da mar* – Staat des Meeres. Andere Regenten sprachen nur noch von »der Herrscherin«.

Die Regierung Venedigs

Im Kern war Venedig eine Oligarchie, die Macht lag in den Händen einer beschränkten Anzahl von Adelsfamilien. Sie stabilisierten ihre Herrschaft perfekt, und mit der Zeit entwickelten sie eine komplexe Struktur, die es praktisch unmöglich machte, dass die Macht in die Hände eines Einzelnen fiel. Es war im Wesentlichen ein System des Machtausgleichs (wenn auch mit Elementen eines Polizeistaats), und jahrhundertelang wurde es von politischen Philosophen hoch geachtet. Als die amerikanischen Gründungsväter über das Modell einer Verfassung für die Vereinigten Staaten nachdachten, studierten sie auch das venezianische System.

Es gab keine politischen Parteien; jeder Teil des öffentlichen Lebens diente allein der Glorifizierung des Staates, um die Identifikation der Bürger mit dem Staat zu stärken. Venedig sah sich gern als Repräsentantin der »Gerechtigkeit«, wie es die Statue mit Augenbinde, Waagschale und Schwert zum Ausdruck bringt, die den Dogenpalast krönt. Es wollte keinen schwächenden Bürgerkriegen ausgesetzt sein. Der Beiname »La Serenissima Repubblica« (Erlauchteste Republik) nimmt darauf Bezug.

Sebastiano Venier, der Sieger der Schlacht von Lepanto, war nur 1577/78 Doge. Mit dem Regieren tat er sich schwer, das Kommandieren des Heeres lag ihm mehr

Der Doge wurde auf Lebenszeit gewählt, und es gibt Berichte über senile Dogen, wie den 90 Jahre alten Nicolò da Ponte, der bei Ratssitzungen so fest schlief, dass man einen speziellen Sessel baute, der ihn vor dem Umfallen bewahrte. Aber seinerzeit diente der Doge nur der Repräsentation, was solche Situationen unproblematisch erscheinen ließ.

Um Mauscheleien zu verhindern, gab es bei der Wahl des Dogen ein kompliziertes Verfahren: Im großen Ratssaal wurde eine Urne mit je einer Kugel pro Ratsmitglied aufgestellt; unter den silbernen Kugeln befanden sich 30 goldfarbene. Diejenigen, die die 30 goldenen Kugeln zogen, wählten aus ihrer Mitte neun, die ihrerseits 40 weitere Personen bestimmten. Diese 49 wählten zwölf, diese wiederum zusätzliche 25 Personen; diese wählten neun, die wieder 45 bestimmten, die dann elf aus der Gruppe aussuchten, die 41 Ratsmitglieder erwählten. Diese 41 wählten den Dogen. Der Wahlvorgang konnte sich über Monate hinziehen.

Die Bedrohung durch die Türken

Venedig hatte erkannt, dass seine Seeherrschaft immer dann in Gefahr geriet, wenn das Hinterland ohne Verteidigung war. Also begann man einen Expansionszug nach Westen: Im Jahr 1404 machte Venedig sich eine Reihe von reichen Städten tributpflichtig, darunter Padua, Vicenza, Verona und Brescia. Als der Friede von Lodi im Jahr 1454 unterzeichnet wurde, stand die Republik von San Marco in ihrem Zenit. Das venezianische Herrschaftsgebiet, symbolisiert durch den geflügelten Löwen, reichte von den griechischen Inseln der Ägäis westwärts über Dalmatien und Friaul bis nach Bergamo und im Norden vom Po bis zu den Alpen, einschließlich eines Großteils von Trient.

Die Expansionskriege kosteten Venedig viel Geld, und ihre Flotte hatte die Stadt sträflich vernachlässigt. 1453 eroberten die Osmanen Konstantinopel, das »Rom des Ostens«, und drangen nach Europa vor. Mit Unterbrechungen führte Venedig rund 300 Jahre einen grausamen und zerstörerischen Krieg gegen die Türken. Es war eine andauernde Vergeudung von Ressourcen und ständige Ablenkung von anderen Angelegenheiten des Reichs. Verträge wurden geschlossen, Verträge wurden gebrochen; der Handel litt, Gräueltaten wurden verübt. Und nicht immer konnte Venedig auf die christlichen Alliierten zählen – viele von ihnen waren alte Rivalen, die es lieber sahen, dass die Stadt in Not geriet, als ihr zu helfen. Die Kosten des Krieges

Der Doge Leonardo Loredan, 1501 von Bellini gemalt, verteidigte Venedig mit List gegen die Angriffe der Liga von Cambrai

und die Einbußen beim Handel im Dauerkonflikt mit den Türken zwischen 1453 und 1718 führten, trotz einiger erstaunlicher Siege, schließlich zum Niedergang der venezianischen Macht.

Die Liga von Cambrai

Wie jeder andere souveräne Staat suchte Venedig stets nach Profit und Vorteil, aber im Rückblick wird klar, dass es sich trotz gelegentlich weitsichtiger Klugheit zu oft von kurzfristigen Gewinnen blenden ließ. Venedigs Feinde auf dem Festland – Frankreich, Spanien, Ungarn, Österreich –, denen es früher wertvolle Besitztümer abgenommen hatte, erstarkten immer aufs Neue. Die politische Szene in Europa ähnelte einem Kaleidoskop, in dem mit den stets gleichen Figuren unzählige Varianten erprobt wurden. 1504 schlossen sich Venedigs Feinde zur Liga von Cambrai zusammen. 1508 wurde der Krieg erklärt. Hilfreich, so glaubte die Liga, wäre die Tatsache, dass der Papst jedem mit Exkommunikation drohte, der weiterhin Handelsbeziehungen zur Serenissima unterhielt.

Aber Venedigs Festlandbesitzungen widerstanden den anrückenden Armeen, und der Senat blieb standfest, überzeugt davon, dass die Allianz verwundbar war. Wie bei ihrem Sieg über Pippin, bei dem sie die Markierungspfähle aus den Kanälen entfernten, versuchten die Venezianer es wieder mit Cleverness und Taktik. Sie schickten Spione und Emissäre und versuchten insgeheim, Zwietracht unter den Mitgliedern der Liga zu säen. Sie koalierten selbst mit dem Papst und mit Spanien – beide hatten selbstverständlich noch kurz zuvor zu ihren Feinden gezählt –, und schließlich gelang es Venedig, die geschwächte und demoralisierte Liga zu überwinden.

Im Frieden von Bologna 1529 blieb das venezianische Territorium so gut wie unbehelligt. Das Prestige Venedigs konnte kaum größer sein als nach diesem geglückten Widerstand gegen die vereinigten Großmächte.

Die Renaissance

Venedigs Einfluss lag in seiner Wirtschaftsmacht begründet. Im 15. Jahrhundert waren die Seerouten etabliert, die den Handel ermöglichten. Zweimal im Jahr liefen die Schiffe, organisiert als *mude,* als kleine Flotte, begleitet von Kriegsschiffen auf festgelegten Routen nach einem genauen Zeitplan die Häfen an. Es gab die *muda* nach Syrien, Ägypten, Rumänien (die in Konstantinopel Halt machte), nach Flandern (über Tripolis, Tanger und Spanien, sogar bis nach London) und nach Tana, die bis weit ins Schwarze Meer reichte, um mit Tataren und Russen Handel zu treiben. Im Jahr 1423 zählte Venedigs Handelsflotte insgesamt 3900 Schiffe mit ungefähr 17 000 Seeleuten, von denen viele aus Dalmatien und Istrien kamen. Viele dieser Schiffe konnten bei Bedarf schnell in Kriegsschiffe umgewandelt werden.

Venedig selbst war eine Stadt von rund 150 000 Einwohnern und für seine Künstler und Handwerker berühmt. 90 Apotheken produzierten *therica,* eine Allzweckmedizin, deren venezianische Variante hoch gepriesen wurde. Färbereien und andere Verarbeitungsbetriebe für Wolle, Seide und Brokat fassten Fuß (obwohl es den Färbern verboten war, die öffentliche Wasserversorgung zu nutzen,

Trotz einiger Ungenauigkeiten in den Proportionen ist diese Luftansicht Venedigs von J. Heintz aus dem 17. Jahrhundert bemerkenswert exakt

sodass sie auf Brunnen oder Tankschiffe angewiesen waren). Die Straßennamen geben Zeugnis von einer großen Zahl an Handwerksberufen – Spiegelmacher, Eisenschmiede, Böttcher, Fleischer – und Produkten wie Gewürze, Essig und Lack.

Viele ethnische Gruppen hatten Anteil an dieser Prosperität; sie füllten die Straßen mit ihren verschiedenen Sprachen, Trachten und den Aromen ihrer Küchen: Armenier, Türken, Araber, Deutsche, Flamen und Juden. Und nach der Eroberung Konstantinopels durch die Türken im Jahr 1453 lebten dazu um die 5000 Griechen in Venedig.

Staatsbesuche wurden mit unvorstellbarem Pomp inszeniert, mit Feuerwerk, Bällen, Scheingefechten und Stierkämpfen; die Patrizierfamilien wohnten in ihren luxuriösen Gondeln und *peatas* den Regatten auf dem Canal Grande bei. Der Adel organisierte prächtige Feste, von Hochzeitsfeiern über Jagdgesellschaften in der Lagune bis zu Serenaden auf illuminierten Gondeln.

Eine so reiche und so sehr dem Luxus zugeneigte Stadt brauchte natürlich Künstler, und Venedig überhäufte die größten Talente der Zeit mit Aufträgen: Tintoretto, Tizian, Giorgione, Veronese, die drei Bellinis und die beiden Negrettis, Palma der Alte und sein Großneffe, Palma der Junge. Italiens größte Architekten prägten das Gesicht der Stadt.

Stolz auf ihre Toleranz gründete die Stadt die Biblioteca Marciana, Europas erste öffentliche Bücherei, und förderte die Entwicklung von Typografie und Papierproduktion, von Druckereien und Buchbindereien.

Konfrontation mit dem Vatikan

Päpste, fremde Fürsten und Herrscher versuchten immer wieder, die Politik in Venedig so zu beeinflussen, wie sie es auch anderswo taten. Doch das fromme, gleichwohl stolze Venedig hat dem stets widerstanden. Die Bischofskathedrale San Pietro hatte man sogar im abgelegenen Castello errichtet, so weit wie möglich vom Sitz der Regierung entfernt. Schon 1284 belegte der Vatikan die Stadt erstmals mit einem päpstlichen Verdikt, viele weitere sollten folgen. Als die Kirche 1559 den »Index der verbotenen Bücher« herausbrachte, kümmerte das die venezianischen Verleger und Drucker überhaupt nicht.

Dann wurde 1605 Paul V. Papst, und er träumte davon, die Allmacht der Kirche auf Erden wiederherzustellen. Ein Jahr später, als zwei venezianische Priester eines Zivildelikts für schuldig befunden wurden, lehnte der Doge Leonardo Donà die päpstliche Aufforderung, die beiden unter kirchliche Immunität zu stellen, schlichtweg ab; er ließ verlauten, er »beabsichtige nicht, irgendjemandem in weltlichen Angelegenheiten Rechenschaft abzulegen«, und berief sich auf den »allmächtigen Gott« als seinen alleinigen Herrn. Der Papst revanchierte sich, indem er drohte, den gesamten venezianischen Senat zu exkommunizieren, und jede religiöse Handlung innerhalb des venezianischen Staatsgebiets untersagte. Prompt verbot der Senat die Veröffentlichung des Banns und befahl unter Androhung von Gefängnisstrafen den Klerikern, ihre Arbeit fortzusetzen. Nur die Jesuiten gehorchten dem Papst und wurden aus der Stadt gewiesen.

Ganz Europa verfolgte den »Kampf der Schriften«, bis ein venezianischer Mönch, Paolo Sarpi, eine Lösung fand. Seine Doktrin konstatierte, dass »Gott zwei Herrschaften in der Welt eingesetzt hat, eine geistliche und eine weltliche, jede von beiden absolut und unabhängig voneinander«. Die Angelegenheit schien erledigt, aber die Theologen, die zustimmten, wurden vom Vatikan verfolgt, nicht zuletzt Sarpi selbst, auf den sogar ein Attentat verübt wurde. Die Staatskrise allerdings war vorüber.

Die Schlacht von Lepanto

Eine der großen Seeschlachten und der bedeutenden Auseinandersetzungen zwischen Christen und Muslimen in der europäischen Geschichte war die von Lepanto. Sowohl politische als auch kommerzielle Interessen standen auf dem Spiel. Seit der Eroberung Konstantinopels durch die Türken im Jahr 1453 waren die Venezianer sukzessive aus den lukrativen griechischen Gebieten zurückgedrängt worden.

Im späten 16. Jahrhundert hatte das Osmanische Reich seine größte Macht und Ausdehnung erreicht, und Venedig sah sich von zwei Seiten bedroht, von Spanien, das Mailand und Genua beherrschte, und von den vordringenden Muslimen, die den Balkan und Nordafrika bis nach Algerien kontrollierten. Als die Türken Zypern belagerten – das nicht nur eine wichtige Militärbasis, sondern auch ein Handelszentrum für Wein und andere Güter war –, schlug Venedig zurück.

Der Sieg Venedigs in der Schlacht von Lepanto im Jahr 1571 wurde, wie man auf diesem Bild von Andrea Vicentino sehen kann, auf direkten göttlichen Beistand zurückgeführt

Die Stadt wurde von Papst Pius V. unterstützt, der an einen möglichen neuen Kreuzzug dachte. Mit Hilfe von Neapel, Österreich, Sizilien und Genua stellte man eine Flotte auf und setzte Segel.

Am 7. Oktober 1571 trafen die Flotten, insgesamt 450 Schiffe mit 120 000 Mann, im Golf von Korinth nahe dem kleinen Hafen Lepanto, heute Naupaktos, aufeinander. Die Osmanen waren zahlenmäßig leicht überlegen, aber die Christen verfügten über die stärkere Artillerie. Als sich der Rauch legte, war, wie es hieß, der Golf rot von Blut: 30 000 Türken und 8000 Alliierte waren gefallen. Die Nachricht vom Sieg wurde in Venedig mit unglaublichem Jubel begrüßt; alle Kirchenglocken läuteten. Die Geschäfte blieben während der Siegesfeiern eine Woche geschlossen, und viele hängten Schilder an die Tür: »Geschlossen aus Anlass des Todes der Türken.«

Aber das Happy End war nicht von Dauer. Die christliche Allianz zerbrach, und die muslimische Flotte kehrte ein Jahr später wieder – stärker noch als zuvor. Venedig musste wieder Tribut an die Türken zahlen und gewann Zypern nicht mehr zurück. »Zwischen unserem Verlust und eurem«, kommentierte der türkische Botschafter trocken, »besteht ein wesentlicher Unterschied. Als wir euch Zypern nahmen, haben wir euren Arm abgeschlagen; als ihr unsere Flotte besiegt habt, habt ihr nur unseren Bart rasiert. Der abgeschlagene Arm wächst niemals nach, der Bart aber ist noch dichter als vorher.« Der Sieg von Lepanto, von dem sich Venedig weder als ökonomische noch als maritime Macht jemals wieder erholte, war ein entscheidender Schritt zum Niedergang.

Die lange Dämmerung

Nun folgten Jahre des allmählichen Rückzugs. Der venezianische Handel basierte auf seinen Verbindungen mit der Levante, Kleinasien und sogar dem fernen China, vor allem aber mit den Häfen an der östlichen Mittelmeerküste. Nicht nur Marco Polo, auch andere Abenteurer – Marin Sanudo, Giovanni und Sebastiano

Offiziell waren sie zwar verboten, aber während des Karnevals florierten private Spielsalons. Da alle Masken trugen, tat man sich keinen Zwang an

Caboto und Alvise da Mosto – waren weit gereist. Aber ihre Entdeckungen halfen eher der Konkurrenz. Da Mosto zum Beispiel kam bis zu den Kapverdischen Inseln vor Afrikas Westküste, aber Vasco da Gama hat mit ziemlicher Sicherheit von da Mostos Entdeckungen profitiert; er umrundete schließlich das Kap der Guten Hoffnung und erreichte Kalkutta, eine Leistung, die der venezianischen Wirtschaft einen lähmenden Schlag versetzte.

Die Venezianer hatten einst überlegt, einen Kanal durch den Isthmus von Suez zu bauen, es dann aber als zu schwierig erachtet. Nun kosteten die Gewürze aus Indien, die auf dem Seeweg nach Europa kamen, weniger als die von den ägyptischen und syrischen Märkten, und die Venezianer konnten weder die Kosten für vergleichbar lange Fahrten aufbringen, noch vermochten sie fremde Regierungen davon zu überzeugen, die Einfuhrzölle zu senken. Kaufleute, die einst ihre Gewürze in Venedig gekauft hatten, gingen nun nach Lissabon. 1514 kam der bittere Tag, an dem ein portugiesisches Schiff, beladen mit Gewürzen, in den Bacino di San Marco einlief.

1575 und dann noch einmal 1630 dezimierte eine verheerende Pestepidemie Venedigs Bevölkerung um ein Drittel. Der Dauerkonflikt mit der Türkei ließ die Stadt an Menschen und finanziell regelrecht ausbluten. Von 1644 bis 1669 belagerten die Türken Candia (Kreta); als die Insel nach 25 Jahren fiel, hatte der Krieg mehr als 150 Millionen Dukaten verschlungen, ein schier unvorstellbares Vermögen. Noch heute haben die Venezianer eine Redewendung für extreme Verzweiflung oder Ruin: *esser incandio*, als ob man noch auf Candia wäre.

Die brillanten Siege des Francesco Morosini bei der Rückeroberung der Peloponnes trugen am Ende keine Früchte – ganz abgesehen von der Tatsache, dass dabei 1687 versehentlich ein türkisches Pulverlager auf der Akropolis explodierte und den Parthenon fast völlig zerstörte. Zur Zeit des Friedens von Passarowitz 1718, der die türkischen Eroberungen bestätigte, waren beide Seiten, Österreicher und Türken, völlig erschöpft, und vom venezianischen Reich blieben nur winzige Flecken übrig. Nun kehrte der geflügelte Löwe auf sein Lager zurück, immer noch nobel und majestätisch, aber nicht mehr fähig zu kämpfen.

Nachdem die Macht verloren war, blieb nur noch die Pracht: Das 18. Jahrhundert prunkte mit einer Herrlichkeit, die den Verfall im Inneren überdeckte. Um die Staatskasse zu sanieren, begann der Senat damit, die Mitgliedschaft im *Libro d'Oro* zu verkaufen. Zwar wurden noch 80 Jahre lang prächtige Feste gefeiert, die Meister wie Tiepolo, Canaletto und Veronese in Gemälden verewigten, aber die wirtschaftliche Misere führte unweigerlich zum politischen Niedergang. Die Marine hatte sich aufgelöst, die Provinzen auf dem Festland waren verloren. Schön zu sein war der einzig verbliebene Daseinsgrund. Und doch gab es noch Mächte, die begehrlich auf Venedig blickten. Zu ihnen gehörte Österreich.

Das 19. Jahrhundert: Kapitulation

1796 erschien Napoleon in Italien in der Absicht, Venedig zu besetzen, um es als Unterpfand in den Verhandlungen mit Österreich einzusetzen. Die Franzosen eroberten Venedigs Provinzen: Verona, Vicenza und Padua. Der Große Rat schwankte. Am 12. Mai 1797 trat er zusammen, und der Doge Ludovico Manin erklärte sich zum Rücktritt bereit. Dann stimmte der Senat, durch eine Gewehrsalve von draußen in Panik versetzt, für die von Napoleon vorgeschlagenen »Reformen«. Mit 512 Ja-Stimmen und nur 20 Gegenstimmen wurde das Ende der Republik Venedig besiegelt. Manin setzte seine Dogenkrone ab und erklärte: »Ich werde sie nicht mehr brauchen.«

Napoleon ließ die Stadt plündern: Jeder Löwe von San Marco, alle Insignien des Dogen wurden niedergerissen. Den *Bucintoro*, das Staatsschiff des Dogen, entkleideten die Franzosen von allem Gold. Die vier bronzenen Pferde wurden vom Markusdom entfernt und nach Paris geschafft; der Transport durch die Straßen Venedigs glich einem Leichenzug. Die Schätze

Daniele Manin stand an der Spitze der kurzlebigen Republik San Marco, die nach dem Sieg über Österreich 1848 gegründet worden war

Im 19. Jahrhundert war Venedig nicht mehr reich; das Foto zeigt Fischerfamilien auf dem Campo della Sponza auf der Giudecca

der Basilika wurden geplündert, Kirchen und Klöster abgeschafft und viele zerstört. Dann überließ Napoleon Venedig den Österreichern. Sie übernahmen Venedig am 18. Januar 1798. Erstmals seit über tausend Jahren war Venedig nur noch eine Provinz, ein Herzogtum, einer weit entfernten Hauptstadt. Aber die neuen Herren leisteten auch nützliche Arbeiten: Sie ließen die Straßen pflastern, Gaslicht installieren, die Seeabwehr verstärken. Im Jahr 1846 verband eine Eisenbrücke Venedig zum ersten Mal mit dem Festland.

1848 führte Daniele Manin (nicht verwandt mit dem letzten Dogen) einen mutigen Aufstand gegen die Österreicher an. Es war das Jahr, in dem in ganz Europa revolutionäre Erhebungen gärten, und für eine kurze Zeit schien Manins Republik San Marco eine Zukunft zu haben. Nur durch eine Belagerung, die die Stadt aushungerte, zwang Österreich sie zur Unterwerfung. Mit dem »Frieden von Wien« wurde Venedig 1866 dem 1861 gegründeten neuen Königreich Italien zugesprochen.

Das 20. & 21. Jahrhundert

Um die Wende zum 20. Jahrhundert befand sich Venedig in wirtschaftlichen Schwierigkeiten, und die Lage verschlimmerte sich noch durch den Ersten Weltkrieg, als die Stadt von Österreich bombardiert wurde. Nach Kriegsende fasste man den Plan, auf dem Festland eine eigene Industriesiedlung, Porto Marghera, anzulegen. Aber die Industriezone, die den Venezianern Beschäftigung hatte

Das berüchtigte Hochwasser dauert oft nur ein paar Stunden; in Venedig ist man darauf eingestellt, und auch für Touristen ohne Gummistiefel im Gepäck ist gesorgt

bringen sollen, zog stattdessen billigere Arbeitskräfte aus der Umgebung an, und die Umweltverschmutzung belastete zudem erheblich das Ökosystem der Lagune. 1926 wurde die Stadt Mestre eingemeindet.

Der Zweite Weltkrieg forderte große Entbehrungen. 1943 wurden die meisten der noch im Getto lebenden Juden von den Nazis in die Vernichtungslager des Ostens deportiert, die meisten überlebten den Holocaust nicht. Die wenigen Überlebenden kehrten nach 1945 zurück, und heute gibt es in Venedig wieder eine kleine jüdische Gemeinde. Von den Bomben der Alliierten blieb Venedig indes verschont, da diese es vor allem auf die Industrieanlagen und Werften von Mestre und Porto Marghera abgesehen hatten.

In der zweiten Hälfte des 20. Jahrhunderts konzentrierte sich die Wirtschaft nahezu ausschließlich auf den Tourismus. In den 1980er Jahren gab die Wiedereinführung des Karnevals der Wintersaison den erwünschten Aufschwung, obwohl viele Venezianer die Besuchermassen weniger als Lösung denn als Problem empfinden. Die sinkende Geburtenrate, steigende Kosten und die Flucht aus dem historischen Zentrum haben nicht nur die Einwohnerzahl der Stadt verringert, sondern auch ihren Charakter nachhaltig verändert – Venedig hat inzwischen die Bevölkerung mit dem höchsten Altersdurchschnitt in ganz Italien. Die Zukunft Venedigs hängt ganz wesentlich davon ab, ob die Verantwortlichen die Probleme hinsichtlich der Ökologie, der Beschäftigung und der hohen Wohnungspreise in den Griff bekommen. ∎

Kunst & Kultur

Venedigs Reichtum an Kunstschätzen ist schier unermesslich. Museen, Kirchen und Klöster, private Paläste und öffentliche Gebäude – in der Stadt konzentriert sich eine derart große Fülle, dass Venedig damit selbst anderen italienischen Kunstmetropolen den Rang abläuft.

In seinen großen Tagen war Venedig eines der wichtigsten europäischen Kunstzentren, und das ist verständlich, denn Kunst bedeutete Geschäft. Wegen ihrer dauernden Verwicklung in Handel und Krieg und dank ihrer perfekten Lage zwischen Ost und West waren die Venezianer die idealen Käufer, Verkäufer und Konsumenten. Venezianische Künstler und Kunsthandwerker gehörten zu den besten in ganz Europa. Man bewunderte sie für ihre Fertigkeiten, Bücher zu drucken und zu binden, Seide zu färben (venezianisches Scharlachrot war ein streng gehütetes Geheimnis) und natürlich für die Herstellung von mundgeblasenem Glas. Der venezianische Adel und die Kaufleute, von denen viele unvorstellbar reich waren, zeigten eine unverhohlene Gier nach Neuheiten und Luxus.

Architektur

Nicht nur das Wasser verleiht Venedig seine besondere Faszination. Die Stadt besitzt eine fantastische Vielfalt architektonischer Formen, und man braucht kein Experte zu sein, um die reichen und außergewöhnlichen Variationen zu schätzen: die verblichenen Pastellwände, die kunstvollen Ornamente an Fenstern und Balkonen und vieles mehr.

Die ersten Gebäude waren aus Holz, aber als die Stadt prosperierte, wurden die Häuser bedeutender und eindrucksvoller. Der erste wichtige Baustil war der byzantinische – vom 7. bis zum 10. Jahrhundert war Venedig eine Kolonie des Byzantinischen Reichs –, und so sind der Markusdom und die Kirchen von Murano und Torcello (Letztere ist das älteste noch intakte Gebäude der Lagune) Stein gewordener Ausdruck des Byzantinismus. Der Grundriss basiert auf dem griechischen Kreuz, der Schmuck besteht aus reichen Mosaiken. San Giacomo am Rialto, Sant' Eufemia auf der Giudecca und San Nicolò dei Mendicoli in Dorsoduro sind die wenigen noch erhaltenen Pfarrkirchen der byzantinischen Ära – man beachte, dass die Glockentürme abseits stehen. Die wenigen Paläste aus dieser Zeit, wie Ca' Farsetti, zeigen schmale bogenförmige Fenster mit reichen Verzierungen, die typisch für den romanisch-byzantinischen Mischstil sind.

Die Gotik (13./14. Jahrhundert) war Venedigs beste Zeit; aus dieser Epoche stammen Paläste mit gitterartig verzierten Fenstern, die von geschwungenen Hohlbogen eingerahmt sind. Hier zeigt sich der levantinische und maurische Einfluss, den Händler und Eroberer aus dem Nahen Osten mitbrachten. Dank der vielen Fenster wirken die Gebäude leicht und hell. Die Ca' d'Oro ist wohl das beste Beispiel für ein Meisterwerk der venezianischen Gotik.

Die Basilica di Santa Maria della Salute, entworfen von Baldassare Longhena im Jahr 1631, ist ein Meisterwerk der Renaissance

Die *Kreuzigung* (1565), eines der wenigen signierten und datierten Werke von Jacopo Tintoretto, ist der Stolz der Scuola di San Rocco

Die Renaissance in der Architektur (15. Jahrhundert) kam mit Verspätung nach Venedig. Sie führte klassische Elemente aus der Zeit der Antike ein. Mit den Monumentalbauten der Renaissance verbinden sich die Namen einiger herausragender Architekten, allen voran Mauro Coducci oder Codussi, der die Kirchen San Michele in Isola und Santa Maria Formosa sowie den Palazzo Vendramin-Calergi schuf. Einflussreich war auch Pietro Lombardo; er war für die Verwendung von buntem Marmor bekannt, wie an der Kirche Santa Maria dei Miracoli und der Ca' Dario zu sehen ist.

Die venezianische Hochrenaissance ist vor allem mit dem Namen Jacopo Tatti aus der Toskana, auch Sansovino genannt, verbunden, dessen Meisterwerke (San Francesco della Vigna, Biblioteca Marciana, Procuratorie Nuove) dem Stadtbild Venedigs eine kräftige Marmorkomponente hinzufügten, ein Reflex von Tattis Zeit in Rom. Wie viele Architekten war er auch Bildhauer, und als König Heinrich III. von Frankreich empfangen wurde, beauftragte die Familie Foscari Sansovino, die Teller, Silberwaren und Tafeldekorationen (die aus Zucker gefertigt wurden) zu entwerfen. Zu seinen weniger bedeutenden Kollegen gehörte Vincenzo Scamozzi (1552–1616).

Die Barockarchitektur des 17. Jahrhunderts droht oft ihre zarteren Nachbarn zu überwältigen, aber Baldassare Longhenas Meisterwerk, die Kirche Santa Maria della Salute, nannte ein Kritiker das »großartigste Barockgebäude außerhalb Roms«. Seine künstlerischen Erben setzten diesen schwerfälligen Stil beim Bau von Santa Maria del Giglio und San Moisè fort.

Das 18. Jahrhundert ist uns dank der beiden erstrangigen Maler Giambattista Tiepolo und Giovanni Antonio Canal, bekannt als Canaletto, am vertrautesten.

Mit seinem Sohn Giandomenico fing Tiepolo das überschäumende Temperament der Stadt ein, die nur für das Vergnügen lebte. Ihre mit leuchtenden Farben gemalten Szenen zeigen eine sorgenfreie Lebensfreude, selbst wenn es sich um heilige Gegenstände und Personen handelt. Canaletto war Venedigs Meisterdokumentar, er malte seine Stadtansichten – auf denen nicht nur Monumente zu sehen sind, sondern auch Boote und Steinmetze – mit gewissenhafter Genauigkeit und offensichtlichem Stolz. Francesco Guardi, Bernardo Bellotto, Sebastiano Ricci und Giambattista Piazzetta trugen ebenfalls mit zahlreichen Bildern zu Venedigs letztem großem Moment künstlerischen Ruhms bei.

Das 19. und das 20. Jahrhundert steuerten nichts Vergleichbares zu Venedigs Architektur bei. Erwähnenswert ist das Molino Stucky, eine ehemalige Pasta-Fabrik auf der Giudecca. Heute ist hier das Hilton samt Kongresszentrum untergebracht. Dorsoduros frühere Baumwollfabrik beherbergt inzwischen die Hochschule für Architektur. Doch Carlo Scarpa (1906–78) ist der einzige moderne venezianische Architekt von internationalem Ruf.

Malerei

Neben der Architektur ist Venedigs Malerei berühmt – Hunderte, vielleicht sogar Tausende von Bildern stellen einen einzigartigen Kunstschatz auf Leinwand und Holz, als Mosaik und Fresko dar. In Venedig ist nicht jedes Bild ein Meisterwerk, aber viele Gemälde gewinnen an Schönheit, weil sie immer noch an dem Platz hängen, für den sie bestimmt waren.

Die Maler der frühen Renaissance (15. Jahrhundert) wurden angeführt von der Familie Bellini (Jacopo und seine Söhne Gentile und Giovanni), deren Arbeiten meist sogleich an ihren funkelnden, juwelengleichen Farben zu erkennen sind. Das Altarbild *Madonna mit Kind* in der Sakristei der Frari vergisst man nicht. Die Brüder Antonio und Bartolomeo Vivarini waren in dieser Zeit, die die Gotik mit der realitätsnäheren Renaissance verbindet, harte Rivalen der Bellinis. Erwähnens-, wenn auch weniger bemerkenswert ist Sebastiano Luciani, genannt del Piombo, Schüler Giovanni Bellinis und ein enger Freund von Michelangelo.

In der Hochrenaissance (16. Jahrhundert) kann Venedig mit einigen der größten Namen in der Geschichte der westlichen Kunst aufwarten. Tintoretto und Tizian führen die Liste an, aber auch Giorgione, Lorenzo Lotto, Giovanni Licinio (Il Pordenone) und Jacopo Bassano verdienen Bewunderung. Obwohl kein Venezianer, schuf Paolo Veronese seine größten Werke hier.

Barock und Rokoko (17. und 18. Jahrhundert) weisen Namen auf, die eher dem Experten bekannt sind: Luca Giordano, Sebastiano Ricci, Francesco Guardi und Giovanni Battista Piazzetta. Über all diese erhebt sich Giovanni Antonio Canal, genannt Canaletto (1697–1768), mit seinen akribischen Darstellungen Venedigs in all seiner Pracht. Der Meister der Rokokofantasien, besonders in seinen Deckenfresken, war sein Zeitgenosse Giambattista Tiepolo (1696–1770). Seine Helden und Erzengel, die zwischen venezianischen Wolken dahinschweben, vermitteln einen großartigen Eindruck vom Selbstverständnis der Stadt in den letzten Tagen ihrer Größe. Die weniger grandiosen Genreszenen des venezianischen Alltagslebens von Pietro Longhi (1702–85) bringen den Betrachter schnell zurück auf die Erde.

Die Kanalbiegung zwischen den Palästen Balbi und Foscari sieht immer noch so aus, wie Canaletto sie im 18. Jahrhundert – bei den Vorbereitungen zu einer Regatta – gemalt hat

Viele Paläste am Canal Grande waren einst mit Fresken bemalt; aber die Zeit und die Naturgewalten haben die meisten zerstört. Doch kann man mancherorts, oft in einem Säulengang oder einem verdeckten Torbogen, noch einen flüchtigen Abglanz der früheren Pracht erkennen.

Musik

Im Venedig des 16. Jahrhunderts entstanden einige sehr melodische und schwermütige Musikstücke im Stil der Renaissance und des Barock. Gleichermaßen wichtig als Zentrum der Musikausbildung und des Notendrucks zog die Stadt viele namhafte Musiker der Zeit an. In Venedig gab es auch die ersten öffentlichen Konzerte. Davor fanden Konzerte nur zur privaten Unterhaltung bei reichen Familien statt.

Baldassare Galuppi (1706–85) war der einzige berühmte Sohn der Insel Burano. Er komponierte 112 Stücke fürs Theater, teils nach Texten von Carlo Goldoni (siehe S. 45). Der Name, den jeder kennt, ist der von Antonio Vivaldi (1677–1741). Der »rote Priester« (nach der Farbe seiner Haare) komponierte zahllose Werke für die bekannten Musiker des Ospedale della Pietà. Das war nur eines von mehreren Hospizen, in denen mittellose, aber förderungswürdige Zöglinge eine musikalische und auch eine handwerkliche Ausbildung erhielten. Andere wichtige Komponisten waren Benedetto Marcello (1686–1739), nach dem das immer noch bestehende Konservatorium benannt ist, und die beiden Gabrielis – Andrea (1510–86) und Giovanni (1557–1612) –, deren Sakralmusik auf die Akustik des Markusdoms abgestimmt war.

Bittet man einen Gondoliere darum, wird er bei einer Gondelfahrt (meist gegen einen Aufpreis!) venezianische Lieder singen. Die unwiderstehlichen Melodien passen sich dem sanften Rhythmus der Gondelbewegungen an, und fast alle sind

Bei öffentlichen Feiern singt der Coro Serenissima venezianische Lieder

Liebeslieder, die sich nicht allein an eine Frau richten, sondern auch an die Lagune.

Venedigs Opernhaus ist La Fenice, für das Verdi *La Traviata* und *Rigoletto* komponierte. Es heißt, dass er die Arie *La donna è mobile* bis zum letzten Augenblick geheim hielt, weil sonst, so glaubte er, »alle Gondolieri in der Stadt sie singen würden«. La Fenice verfügt immer noch über hoch qualifizierte Musiker. Nach dem Brand von 1996 konnte das Theater Ende 2004 in seiner ursprünglichen Schönheit und Akustik wieder eröffnet werden.

Die Biennale (siehe S. 46) fördert unter anderem anspruchsvolle musikalische Darbietungen wie zeitgenössische Kammermusik.

Theater & Literatur

Venedig ist stolz auf den weltberühmten Dramatiker Carlo Goldoni (1707–93), dessen Komödien im venezianischen Dialekt mit denen von Molière und Shakespeare verglichen werden. Seine leidenschaftlichen und genauen Porträts von Leuten und Leben in Venedig waren ein bedeutsamer Schritt von der Typenkomödie der Commedia dell'arte zu realistischeren Stücken.

Das ganze Jahr über (im Winter mehr als im Sommer) sind interessante Stücke zu sehen; Laiengruppen führen kleinere oder einfachere Stücke von Goldoni auf, während das Teatro Goldoni die größten Werke seines Namengebers, aber auch griechische Tragödien, Shakespeares Werke und vieles mehr auf die Bühne bringt. Gespielt wird auf Italienisch oder im venezianischen Dialekt.

Venezianische Schriftsteller gibt es nur wenige, und sie sind im Ausland kaum bekannt. Die unerschöpfliche Flut an Prosa und Poesie, die sich Venedig widmet, stammt von fremden Schriftstellern, von Reisenden des 17. Jahrhunderts bis zu Joseph Brodsky, dem russischen Dichter, der 1987 den Nobelpreis erhielt und in Venedig, genauer gesagt auf San Michele, begraben ist. ∎

Die Biennale

Im Jahr 1895 brachte der Bürgermeister von Venedig, der Dichter Riccardo Selvatico, die Idee eines nationalen Kunstfestivals auf, aus dem bald eine halbjährliche internationale Veranstaltung wurde. Heute umfasst die Biennale (alle zwei Jahre) neben Ausstellungen zur zeitgenössischen Kunst und Architekturschauen auch Konzerte, Tanz-, Theater- und andere Veranstaltungen.

Rund 224 000 Besucher aus aller Welt strömten 1895 zur ersten Biennale nach Venedig, die einem kunstinteressierten Publikum die zeitgenössischen Strömungen im Bereich der Malerei und Bildhauerei nahebringen wollte. Die Kunstausstellung traf den Nerv der Zeit. Das internationale Interesse war derart groß, dass in der Folge 28 Länderpavillons in den Giardini Pubblici entstanden, in denen die verschiedenen Nationen alle zwei Jahre (immer in den ungeraden Jahren) ihre Kunst präsentieren. Doch längst schon hat die Biennale ganz Venedig durchdrungen. Zahl-reiche Staaten, die keinen eigenen Pavillon in Castello besitzen, weichen auf andere Orte im Stadtgebiet aus: auf Palazzi, Kirchen und verlassene Betriebe. Selbst das Arsenal, die ansonsten militärisch bewachte ehemalige Schiffs-werft, wird zum Ausstellungsort der Biennale, die längst nicht mehr nur auf bildende Kunst beschränkt ist. Tanz, Theater und Musik bereichern seit 1998 die experimentelle Szene, und alternierend findet alle zwei Jahre die Architektur-Biennale statt, bei der urbane Zukunftsmodelle präsentiert werden. Infos unter www.labiennale.org.

Biennale 2015: Die Installation des türkischen Künstlers Kutlug Ataman, bestehend aus 9216 LCD-Panels mit individuellen Porträts, hängt wie eine wogende Welle unter der Decke im Arsenale

Welch ein magisches Bild! Der von herrlichen Palästen gesäumte Canal Grande, der »große Kanal«, ist eine der umwerfendsten »Straßen« der Welt und zugleich ein natürlicher Wasserweg – die Verlängerung des Flusses Brenta

Canal Grande

Das Bugeisen der Gondel, das *ferro*, dient als Gegengewicht

Canal Grande

Den Canal Grande betrachten die Venezianer mit Ehrfurcht und Zuneigung: mit Ehrfurcht, weil er die Größe der Stadt repräsentiert, mit Zuneigung, weil er die »Prachtstraße« ihrer Heimatstadt ist. In der Geschichte Venedigs oft Schauplatz für verschwenderische Bootsprozessionen und -rennen, ist der »Canalazzo« aber auch eine ganz normale, viel genutzte Verkehrsstraße.

Eine der ersten Siedlungen, aus denen später Venedig entstand, wurde am Canal Grande entlang dem Rivoaltus, dem »hohen Flussufer« (Rialto), errichtet. Da sich dort der Markt- und Handelsplatz befand, baute man an den nahe gelegenen Ufern Holzhäuser und Warenlager. Lange konnten die Schiffe den Canal Grande hinauffahren und ihre Lasten direkt an den Lagerräumen im Erdgeschoss der Kaufmannshäuser entladen. Auch heute noch sieht man einige dieser Paläste, deren Säuleneingänge sich auf Wasserhöhe befinden. An den Ufern des Kanals gab es sogar einige Mühlen, die die Kraft der Gezeiten nutzten.

Um den Canal Grande kennenzulernen, sind mindestens zwei Fahrten nötig, bei denen man sich jeweils auf eine Seite konzentriert. Wer die Großartigkeit des Kanals erfassen möchte, sollte Touren zu allen Tages- und Nachtzeiten unternehmen. Hat man ihn in der Morgendämmerung, mittags und auch um Mitternacht gesehen, kann man etwas von der Seele Venedigs erspüren. Die erste Fahrt auf dem Canal Grande beginnt am besten am Piazzale Roma und endet im Bacino di San Marco. Dieser Richtung folgt auch dieses Kapitel, das die Sehenswürdigkeiten entsprechend beschreibt. ∎

NICHT VERSÄUMEN:

Bei einer Vaporetto-Fahrt die herrlichen Palazzi bestaunen **50**

Kunstgenuss in der Sammlung Peggy Guggenheim **65–67**

Die Pestkirche im Barockstil: Santa Maria della Salute **68–69**

Jahrhundertelang war die Rialto-Brücke der einzige Übergang über den Canal Grande. Die heutige Konstruktion, die letzte in einer ganzen Reihe, entstand zwischen 1588 und 1590

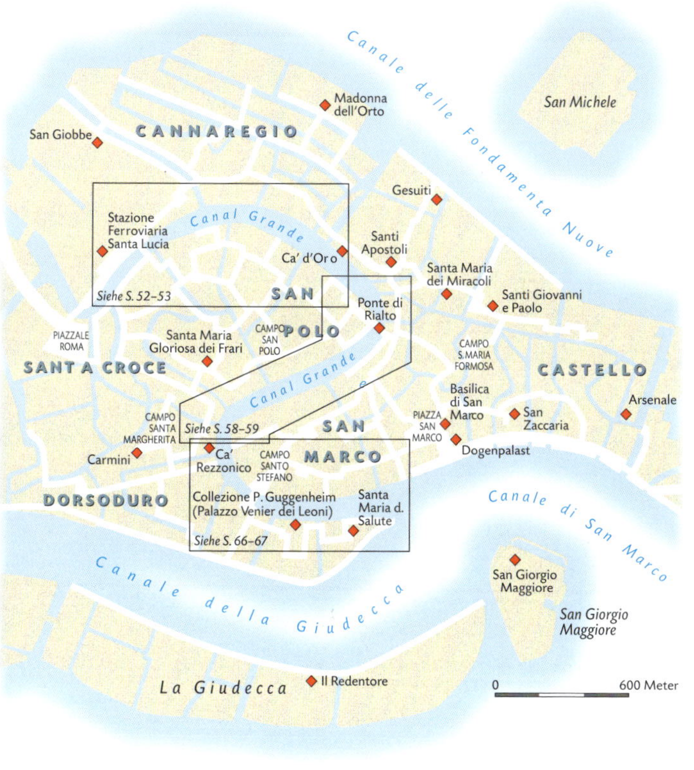

Canale delle Fondamenta Nuove

San Michele

Madonna dell'Orto

San Giobbe

CANNAREGIO

Gesuiti

Stazione Ferroviaria Santa Lucia

Canal Grande

Santi Apostoli

Ca' d'Oro

Santa Maria dei Miracoli

Siehe S. 52–53

SAN POLO

Ponte di Rialto

Santi Giovanni e Paolo

PIAZZALE ROMA

Santa Maria Gloriosa dei Frari

CAMPO SAN POLO

CAMPO S. MARIA FORMOSA

CASTELLO

SANTA CROCE

Canal Grande

Basilica di San Marco

Arsenale

CAMPO SANTA MARGHERITA

Siehe S. 58–59

SAN MARCO

PIAZZA SAN MARCO

San Zaccaria

Carmini

Ca' Rezzonico

CAMPO SANTO STEFANO

Dogenpalast

DORSODURO

Collezione P. Guggenheim (Palazzo Venier dei Leoni)

Santa Maria d. Salute

Canale di San Marco

Siehe S. 66–67

San Giorgio Maggiore

San Giorgio Maggiore

Canale della Giudecca

La Giudecca

Il Redentore

0   600 Meter

Prachtvoller Zugang

Der Canal Grande fließt in mehreren Biegungen gemächlich durch Venedig. Wenn man am Piazzale Roma oder am Bahnhof ein Vaporetto besteigt und in Richtung Bacino di San Marco fährt, taucht man in Venedigs Pracht ein: großartige Paläste, hoch aufragende Kuppelkirchen und scheinbar Hunderte von Glockentürmen.

Die Ca' d'Oro, das »Goldene Haus« (1434), ist eines der Prunkstücke venezianischer Gotik und war einst verschwenderisch mit Blattgold verziert

Vom Bahnhof (Stazione Ferroviaria Santa Lucia) fährt man unter dem Ponte degli Scalzi hindurch; gleich hinter der Vaporetto-Haltestelle Riva di Biasio biegt der Kanal nach rechts ab. Hier auf der rechten Seite (auf den Stadtplänen für Touristen nicht vermerkt) steht ein einstöckiges Haus mit einem spitzen gotischen Torweg zum Wasser hin, die **Casa del Boia**; sie ist in Ziegelrot gestrichen, einer Farbe, die getrocknetem Blut ähnelt – durchaus passend, denn in diesem Haus wohnte der Henker (*boia*). Das Verzeichnis von Verbrechen und Strafen in der venezianischen Republik ist eine düstere Lektüre; noch immer gehört »boia« zu den gröbsten Schimpfwörtern in Venedig. Das Haus ist heute in Privatbesitz.

Ein wenig weiter auf der rechten Seite sehen Sie den vielbogigen **Fondaco dei Turchi**. Die Familie Palmieri erbaute diesen romanisch-byzantinischen Palast im 13. Jahrhundert, und die offene Säulenhalle im Erdgeschoss war sicherlich der Eingang zum Lagerraum. 1381 ging das Gebäude in den Besitz Venedigs über und wurde jahrhundertelang als luxuriöse Residenz für Staatsbesucher genutzt. Vom 17. Jahrhundert bis 1838 hatte die türkische Kaufmannschaft den Palast gemietet. Sie nutzte die Räume für Zusammenkünfte und für die Lagerung von chinesischer Seide, Ingwer und Pfeffer und richtete sogar Bäder und eine Moschee ein. Später verfiel das Gebäude, wurde aber 1868 restauriert und beherbergt heute ein naturhistorisches Museum.

Auf der anderen Seite des kleinen Kanals, der neben dem Fondaco dei Turchi in den Canal Grande fließt, erhebt sich ein gedrungener Backsteinbau, der **Deposito del Megio**, einer der städtischen Getreidespeicher (*megio* ist das venezianische Wort für Hirse). Da Venedig oft Krieg führte und immer von Nahrungsmittelimporten abhing, waren Hungersnöte eine stete Gefahr – besonders schlimme gab es in den Jahren 1348 und 1559.

Auf der gegenüberliegenden Seite des Canal Grande steht der herrliche **Palazzo Vendramin-Calergi**. Er wurde vom Architekten Mauro Coducci (1481–1509) für die Familie Loredan gebaut und wegen seiner Renaissancefassade schon zu der Zeit bewundert, als man noch die Gotik favorisierte. Der Palast war lange bekannt als »Non Nobis«, denn eine große Platte an der Fassade trägt die Aufschrift »Non Nobis Domine« (Nicht auf uns, oh Herr), der Wahlspruch einer Freimaurerloge. 1882 mietete Richard Wagner in

Fondaco dei Turchi
- Karte S. 53
- Fontego dei Turchi
- 041 275 0206
- im Winter Mo geschl.
- €€
- 1, N bis San Stae

Palazzo Vendramin-Calergi
- Karte S. 53
- Calle Larga Vendramin
- 041 529 7111
- 1, 2, N bis San Marcuola; 4.1, 4.2, 5.1, 5.2 bis Guglie

Der Palazzo Vendramin-Calergi (1481) war einer der ersten Renaissance-paläste am Canal Grande

diesem Palast 20 Zimmer. Der Komponist starb hier am 13. Februar 1883; sein Zimmer kann man nach Voranmeldung besichtigen. In dem Palast ist heute das Spielcasino untergebracht.

Weitere imposante Paläste säumen die Ufer, unter ihnen sticht die prächtige **Ca' d'Oro** (Goldenes Haus) auf dem linken Ufer gegenüber dem Fischmarkt hervor. Als Venedig eine Republik war, durfte man nur den Palazzo Ducale »Palast« nennen, alle anderen Bauten waren »Häuser«, wobei das Wort *casa* zu *ca* verkürzt wurde. Dieses Prunkstück der Hochgotik wurde 1434 für Marino Contarini gebaut; er wollte eines der prächtigsten Gebäude der Stadt – und das ist es bis heute. Als die venezianischen und lombardischen Architekten und Handwerker mit ihrer **Arbeit**

fertig waren, stand sogleich fest, dass man das Haus nicht Ca' Contarini nennen würde. Die Fassade schimmerte verschwenderisch in Ultramarin, Lapislazuli und sogar Blattgold, was ihm den Namen Ca' d'Oro einbrachte. Nach einer langen Reihe von Besitzern schenkte es der russische Fürst Alexander Trubezkoi im 19. Jahrhundert der berühmten Ballerina Marie Taglioni. Das Innere wurde später restauriert und 1984 in ein sehenswertes Museum umgewandelt. Vom Gold ist nur der Name geblieben. Im Innenhof steht ein Brunnen aus veronesischem Marmor, den Bartolomeo Bon 1427 schuf. Der letzte private Besitzer, Baron Franchetti, erwarb ihn

Zur Orientierung
Siehe auch S. 49

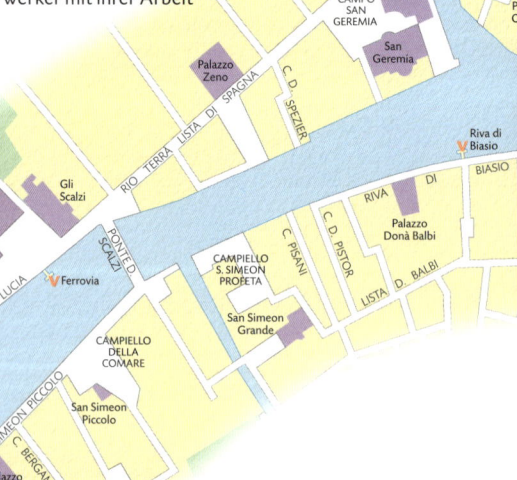

von einem Pariser Kunsthändler. Allein der Brunnen und der Blick vom Balkon des ersten Stocks auf den Canal Grande lohnen den Besuch.

Im ersten Stock kann man zudem in der Gemäldesammlung den *Heiligen Sebastian* (1506) von Andrea Mantegna bewundern; es war das letzte Bild des Künstlers und wurde von Franchetti hoch geschätzt. Zwei hervorragende Bilder von Vittore Carpaccio hängen hier: *Verkündigung* und *Marientod* (beide 1504); es sind abgeklärte, elegante, sehr detailreiche Gemälde. Die *Verkündigung* zeichnet sich durch die ungewöhnliche Haltung der Jungfrau aus; sie wendet sich nur halb dem Engel zu, als lausche sie

gelassen mehr einer inneren Stimme als der überraschenden Ankündigung.

Im zweiten Stock hängt eine *Venus* von Tizian, ein Sujet, das er mit sinnlichem Feingefühl behandelte. Noch interessanter sind die Fragmente von Fresken, die Tizian und sein Schüler Giorgione malten. Heute ist der Anblick von venezianischen Gebäuden mit ihren verblassenden Pastellfarben jedermann vertraut; aber man vergisst darüber leicht, dass viele früher mit Fresken der besten Künstler »illustriert« waren.

Vom Balkon hat man einen wunderbaren Blick auf den Canal Grande; rechts sehen Sie das Marmorrelief eines Elefanten mit den Pfoten eines Löwen. Wahrscheinlich hat der Künstler nie einen Elefanten gesehen und ließ daher seiner Fantasie freien Lauf. ■

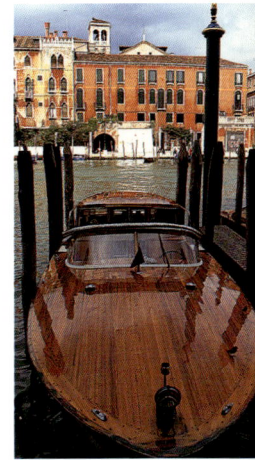

Motorboote beherrschen heutzutage den Canal Grande

Ca' d'Oro (Giorgio Franchetti Collection)

Karte S. 53
Calle di Ca' d'Oro
041 522 2349
€
1, N bis Ca' d'Oro; 12, 13, 22, 4.1, 4.2, 5.1, 5.2 bis Fondamenta Nuove

Wie Venedig erbaut wurde

Venedig mag den Eindruck erwecken, als schwebe es auf dem Wasser, aber das wollten die Einwohner gerade nicht. Deshalb ist ihre Erfindungskraft fast noch eindrucksvoller als ihr Charme. Venedig wurde auf rund hundert kleinen morastigen Inseln errichtet, zwischen denen unzählige Kanäle fließen. Die größte Herausforderung für die ersten Siedler bestand darin, ein solides Fundament zu schaffen, das das Gewicht von Häusern tragen konnte.

Bevor man ein Hausfundament reparieren kann, muss erst eine Metallwand errichtet und das Wasser des Kanals abgepumpt werden.

Um ein solches Fundament zu errichten, benutzte man Holzpfähle. Vom 15. Jahrhundert an verwendete man für die Konstruktionen vier Meter lange Rundpfähle aus Eiche oder Lärche mit einem Durchmesser von 20 Zentimeter. Wenn man an der vorgesehenen Baustelle auf harten Lehmboden traf – was allerdings selten vorkam –, wurden die Pfähle einfach in den Boden gerammt, bis sie stabil in der Erde steckten. Meistens wurde jedoch zunächst ein Rumpfspant, ein Senkkasten, um den Baugrund errichtet. Dann legte man das Land trocken, schließlich wurden die Pfähle »gepflanzt«,

wie man sagte, immer von außen nach innen, etwa neun pro Quadratmeter. Bis zum Beginn des 20. Jahrhunderts wurden die Pfähle mit Muskelkraft in den Boden gerammt, oft sangen die Männer dabei, um im Rhythmus zu bleiben. Steckten die Pfähle tief genug im Grund und waren oben alle auf gleicher Höhe, legte man Balken darüber. Diese bedeckte man mit zwei Lagen Lärchenholz, die zur Verstärkung mit Zement aufgefüllt wurden, der Stein oder Ziegelstücke enthielt. So baut man in Venedig bis heute Holzböden. Vor dem 15. Jahrhundert gingen die Venezianer im Wesentlichen auf die gleiche Weise vor, benutzten aber nur etwa einen Meter lange Pfähle aus Erlenholz, und der Boden bestand nur aus einer Schicht Erlen- oder Ulmenholz.

Unter diesen Umständen ist klar, dass die venezianischen Architekten, besonders die der byzantinischen und gotischen Epoche, auf unterschiedliche Weise bemüht waren, das Gewicht der Häuser zu minimieren. So benutzte man leichtes

Holz, baute große Fenster, schlanke Säulen und verkleidete die Ziegel nur mit dünnen Steinplatten statt Steinblöcken. Das erklärt auch, warum einige Glockentürme Schlagseite bekamen oder gar einstürzten, wie zuletzt der Campanile von San Marco, der im Jahr 1902 in sich zusammenbrach.

Bei Restaurierungsarbeiten wurden wiederholt alte Holzpfähle in tadellosem Zustand aus dem Grund gezogen. Sie waren nicht den zerstörerischen Zyklen von Nässe und Trockenheit ausgesetzt; der Schlamm der Lagune hatte sie über all die Jahrhunderte hinweg konserviert.

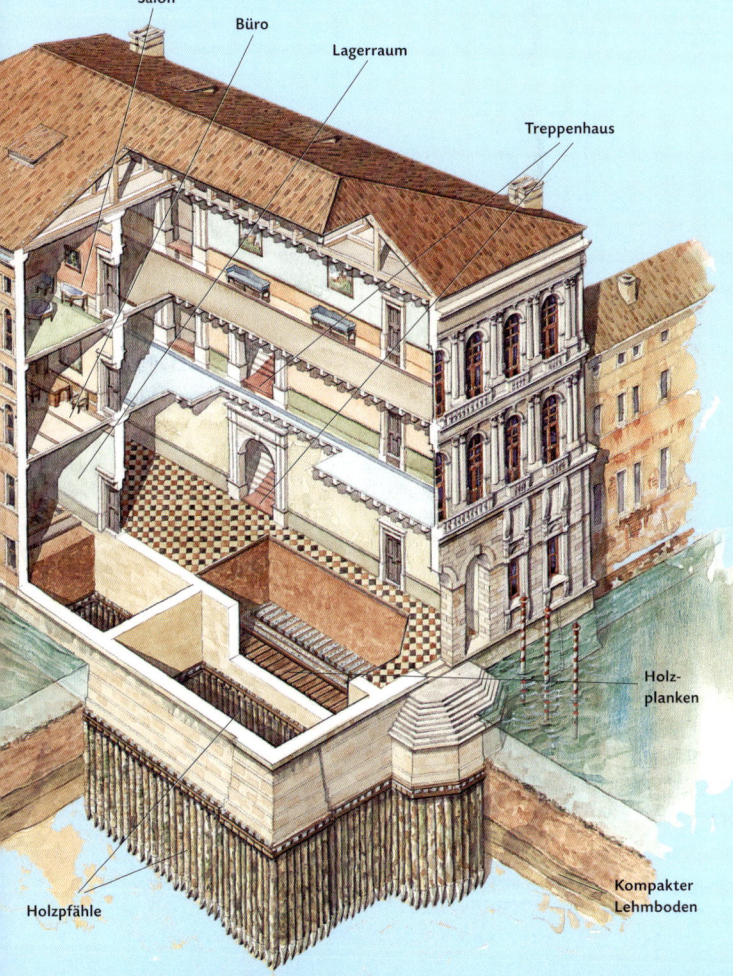

Salon

Büro

Lagerraum

Treppenhaus

Holz-
planken

Kompakter
Lehmboden

Holzpfähle

Im Herzen der Republik

Wenn Sie die Rialto-Brücke im Blick haben, stehen Sie im historischen Kern Venedigs. Hier, an der engsten Stelle des Canal Grande, befand sich der zentrale Markt, auf dem die exotischen Waren, von Seide bis zu Gewürzen, gehandelt wurden. Hier trafen sich Goldschmiede und Bankiers, Armenier und Araber, Deutsche und Türken, aber auch die ersten Versicherungsmakler.

Fondaco dei Tedeschi

 Karte S. 59

 Campo San Bartolomeo

1, 2, N bis Rialto

Gleich hinter der Ca' d'Oro hat man einen herrlichen Blick auf den Fischmarkt (Pescheria), dem bald die Arkaden und Pergolen der Fabbriche Vecchie und Fabbriche Nuove folgen; einst waren das Handelsplätze. Gegenüber steht die **Ca' da Mosto** aus dem 13. Jahrhundert (der zweite Stock wurde im 17., der dritte im 18. Jahrhundert aufgesetzt). Der älteste Palast am Canal Grande strahlt nicht nur eine gewisse Morbidität aus, seine Fassade ist auch mit unzähligen steinernen Wappenschildern adliger Familien übersät.

Nun kommt die Rialto-Brücke in Sicht; zur Rechten erhebt sich die übereck gebaute, weißliche Fassade des (zurzeit eingerüsteten) **Palazzo dei Camerlenghi**. Von Guglielmo de' Grigi zwischen 1525 und 1528 für die *camerlenghi* (Finanzmagistrate) errichtet, ist es das erste Gebäude in Europa, das ausdrücklich für Büros konstruiert wurde (es hat auch ein Gefängnis, in dem Schuldner schmorten, die

ihren Zahlungsverpflichtungen nicht nachkamen). Die Wände waren einst mit einer erstaunlichen Ansammlung von Kunstwerken verziert, da jeder ausscheidende Magistrat ein religiöses Gemälde stiftete, das außerdem sein Wappenschild oder Porträt zeigte. Eine Reihe dieser Bilder ist noch in der Accademia und in der Cini-Stiftung zu sehen. Das Gebäude ist heute Sitz des Finanzgerichts (Corte dei Conti).

Auf dem gegenüberliegenden Ufer befindet sich, vor der Brücke, der **Fondaco dei Tedeschi**, erbaut 1508. Wie alle *fondachi* war er als Allzweckgebäude für eine ausländische Gemeinde konzipiert, in diesem Fall für die Deutschen. Es gab dort Lager-, Versammlungs- und Wohnräume. Zurzeit wird er in ein exklusives Einkaufszentrum umgestaltet.

Genau in der Biegung, an der engsten Stelle des Kanals, werden beide Ufer durch den majestätischen, leider noch bis 2017 eingerüsteten **Ponte di Rialto**

Die berühmte Rialto-Brücke überspannt den Canal Grande

Der Palazzo Loredan (links) und die Ca' Farsetti, beide im romanisch-byzantinischen Stil, sehen sich ausgesprochen ähnlich. Heute ist hier das Rathaus untergebracht

Zur Orientierung
Siehe auch S. 49

Palazzo Pisani Moretta

CAMPO SAN TOMÀ

San Tomà

Palazzo Barbarigo della Terrazza

Cana

C. TIEPC

Sant' Angelo

R. D. TEATRO

Palazzo Corner Spinelli

TRA

CORTE DELL' ALBERO

Palazzo Balbi

San Tomà

Ca' Foscari

CALLE MOCENIGO

Palazzi Mocenigo

Palazzo Moro Lin

0   200 Meter

miteinander verbunden, der eines von Venedigs bedeutendsten Wahrzeichen ist. Nur vier Brücken überspannen den Canal Grande (die anderen sind die Brücke von Scalzi am Bahnhof, der Ponte Accademia und der Ponte della Costituzione zwischen Bahnhof und Piazzale Roma). Die erste Rialto-Brücke (1180) war eine Pontonbrücke; dann folgten 1264 und 1310 etwas dauerhaftere Konstruktionen aus Holz (Letztere ist auf Carpaccios Gemälden von Venedig in der Accademia deutlich zu

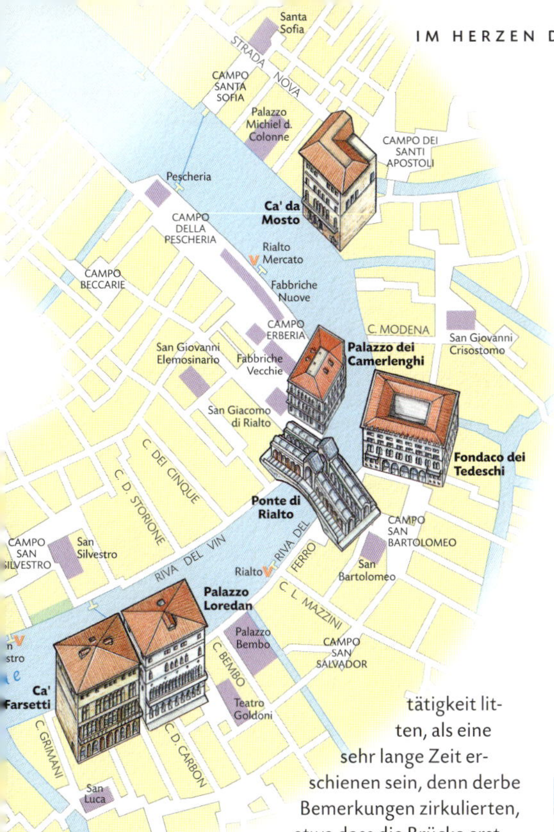

Santa
Sofia

STRADA NOVA

CAMPO
SANTA
SOFIA

Palazzo
Michiel d.
Colonne

CAMPO DEI
SANTI
APOSTOLI

Pescheria

**Ca' da
Mosto**

CAMPO
DELLA
PESCHERIA

Rialto
Mercato

Fabbriche
Nuove

CAMPO
BECCARIE

CAMPO
ERBERIA

C. MODENA

San Giovanni
Crisostomo

San Giovanni
Elemosinario

Fabbriche
Vecchie

**Palazzo dei
Camerlenghi**

San Giacomo
di Rialto

C. DEI CINQUE

C. D. STORIONE

**Fondaco dei
Tedeschi**

**Ponte di
Rialto**

CAMPO
SAN
BARTOLOMEO

CAMPO
SAN
SILVESTRO

San
Silvestro

RIVA DEL VIN

RIVA DEL FERRO

Rialto

San
Bartolomeo

C. L. MAZZINI

**Palazzo
Loredan**

Palazzo
Bembo

CAMPO
SAN
SALVADOR

C. BEMBO

**Ca'
Farsetti**

Teatro
Goldoni

C. GRIMANI

C. D. CARBON

San
Luca

erkennen). Aber 1444
brach die Brücke unter
dem Gewicht von Zuschau-
ern, die die Frau des Mar-
quis von Ferrara sehen wollten, zusammen – es war
offensichtlich Zeit für ein
solideres Bauwerk.

Die jetzige Brücke wurde
in drei Jahren (1588–90)
errichtet, und man disku-
tiert bis heute darüber, ob
der Entwurf von dem Bau-
meister Antonio Da Ponte
oder von dem Edelmann
Giovanni Alvise Boldù
stammt. Drei Jahre müssen
den Kaufleuten des Rialto-
Viertels, die unter der Bau-

tätigkeit lit-
ten, als eine
sehr lange Zeit er-
schienen sein, denn derbe
Bemerkungen zirkulierten,
etwa dass die Brücke erst
dann fertig sein würde,
wenn dem männlichen Or-
gan Fingernägel wüchsen
und das weibliche Gegen-
stück Feuer finge. Als Ver-
geltung für diesen Spott
platzierte Da Ponte zwei
kleine Reliefs dieser »Ereignisse« an der Fassade des
Palazzo dei Camerlenghi,
die man bei genauem Hin-
schauen erkennt.

Auf der Rialto-Brücke
gibt es wie auf dem Ponte
Vecchio in Florenz Geschäfte für Kosmetika, Gold-
schmuck, Leder und Seide.

Richtung Südwesten pas-
sieren Sie nun einige Paläste

Der Palast der Familie
da Mosto aus dem
13. Jahrhundert ist
der älteste am Canal
Grande

Der gotische Palazzo Pisani Moretta mit seinem Maßwerk erinnert an den Dogenpalast

Palazzo Mocenigo

- Karte S. 58
- Calle Mocenigo Casa Vecchia
- 2, N bis San Samuele

und erreichen dann, auf der linken Seite, **Palazzo Loredan** und **Ca' Farsetti**. Die beiden im romanisch-byzantinischen Stil gebauten und aus dem 13. Jahrhundert stammenden Paläste sehen wie Zwillinge aus. Allerdings dürfte es sich beim Palazzo Loredan (dem weißen Gebäude) eher um eine Nachahmung der Ca' Farsetti handeln, denn nach einem Brand war ein Wiederaufbau nötig, und die Fassade des Palazzo Loredan wurde nach dem Canal Grande ausgerichtet. Beide Häuser sind heute miteinander verbunden und beherbergen Büros der Stadtverwaltung.

Reliefs an der Fassade des Palazzo Loredan zeigen David und Goliath, Gerechtigkeit und Stärke, das Wappenschild der königlichen

Familie von Lusignan (die 1366 in Geschäftsbeziehungen zum Eigentümer Federico Corner stand) und Corners eigenes Wappenschild. Doch wirkliche Berühmtheit erlangte der Palazzo durch Elena Lucrezia Cornaro Piscopia (siehe S. 94).

Ein bisschen weiter auf der rechten Seite steht der charakteristisch aprikosenfarbene **Palazzo Pisani Moretta**. In der zweiten Hälfte des 17. Jahrhunderts wurde der Palast von einem Architekten namens Filippini von Grund auf renoviert. Dieser setzte auf das Original aus dem 15. Jahrhundert ein viertes Stockwerk mit Balkon und fügte auch noch ein neues großes Treppenhaus hinzu. Der gotische Palast wird für private Feste und Hochzeitsempfänge genutzt, und gelegentlich wurden hier auch Filmszenen gedreht. Bei Festlichkeiten werden oft brennende Kerzen auf den Balkonen aufgestellt, was einst Brauch bei venezianischen Feiern war.

Die beiden Eingangstüren weisen darauf hin, dass hier zwei Zweige der Familie Pisani lebten, die als Erste im 14. Jahrhundert eine Wechselstube auf dem Rialto eröffnete. Im Lauf des 17. Jahrhunderts wurden die Pisanis eine der reichsten Familien in Venedig. Ein Stück weiter auf der linken Seite sehen Sie den **Palazzo Mocenigo**, eigentlich sind es drei miteinander verbundene Paläste. Sie wurden alle von der Familie Mocenigo erbaut, aus deren Familie sieben Dogen und eine noch größere Zahl herausragender Militärführer hervorgingen. Auf der linken Seite steht die Casa Vecchia (14. Jh.), auf der rechten der »schwarze Palast« aus dem 15. Jahrhundert und in der Mitte die Casa Nuova aus dem 16. Jahrhundert.

Eine Plakette an der Fassade erinnert daran, dass hier 1818/19 der englische Dichter Lord Byron lebte. Er mietete eine ganze Etage und reiste mit 14 Dienern, einem Majordomus und einem Gondoliere sowie zwei Affen, einem Bären, zwei Papageien und einem Fuchs an, die sich alle frei im Palast bewegten. Er schrieb hier die ersten beiden Gesänge seines *Don Juan*.

Sie erreichen nun die Haarnadelkurve, Volta de Canal genannt. In dieser Biegung sehen Sie auf dem rechten Ufer den **Palazzo Balbi**. Hier ist die Ziellinie für die bereits seit 1315 veranstalteten Regatten, und im Inneren erinnert eine Plakette daran, dass Napoleon 1807 vom Balkon aus eine Reihe von Rennen verfolgte.

Am Eingang ist ein hölzernes Wappenschild angebracht; es befand sich am Heck der Galeere, die Balbi kommandierte. Seine Siege brachten ihm den Titel *capi-*

Der Palazzo Mocenigo Casa Nuova (rechts) ist einer von drei Palästen der Familie Mocenigo am Canal Grande.

tano da mar ein und obendrein das Recht, auf dem Dach seines Palasts *guglie*, Obelisken, zu errichten.

Auf der anderen Seite des Rio di Ca' Foscari befindet sich die **Ca' Foscari**. Erbaut wurde das Haus 1420 von der Familie Giustinian. Später erwarb es Francesco Foscari, der von 1423 bis 1457 Doge war, bei einer Auktion. Einst war es der Schauplatz von legendären Festen für illustre Gäste – darunter Heinrich III. von Frankreich. Anlässlich seines Besuchs wurde die ganze Nacht über ein schwimmender Schmelzofen der Glasbläser auf dem Kanal vor dem Palast in Gang gehalten.

Die Ca' Foscari ist heute Sitz der Universität. Der Innenhof lässt noch erahnen, wie es innerhalb der prächtigen Paläste einst aussah. ■

Palazzo Balbi
- Karte S. 58
- Calle Balbi
- 041 279 2111
- Sa & So geschl.
- 1, 2, N bis San Tomà

Ca' Foscari
- Karte S. 58
- Calle Foscari
- 041 257 8111
- Sa & So geschl.
- 1, 2, N bis San Tomà

Venezianische Boote

Die Republik Venedig verdankte ihre große Macht zu einem erheblichen Teil ihrer hochseetüchtigen Handelsflotte. Doch wimmelte es in der Stadt schon damals auch von kleineren Booten, wie etliche Stadtansichten beweisen. Da es bis 1846 keine Verbindung zum Land gab, musste alles mit dem Boot befördert werden, und jeder Venezianer konnte rudern. Es gab sogar besondere Gesetze bei Streitigkeiten unter den Bootsführern. Heute repräsentieren diese Boote (und ihre Ruderer) die wenigen Überbleibsel authentischer venezianischer Kultur, die unter dem Druck des Fortschritts intakt geblieben sind.

Als die Stadt auf dem Höhepunkt ihrer Macht war, gab es in Venedig rund 80 verschiedene Bootstypen, von denen jeder einem bestimmten Zweck diente. Die Gondel zum Beispiel beförderte nur Personen, niemals Lasten. Heute existieren nur noch 20 Bootstypen. Da es nicht genug Liegeplätze für Privatboote gibt, sind die meisten im Besitz von Rudervereinen. Die schwere, von sechs Rudern angetriebene *caorlina* war das klassische Transportmittel; es wurde überwiegend dafür benutzt, Waren zum Markt oder Heu zu den Molkereien zu bringen. Der *gondolino* ist eine schmale zweirudrige Gondel, die bei Rennen eingesetzt wird, der *sandolo* dagegen ein Allzweck-Transportschiff, das bis zu vier Personen rudern können. Die etwas schlankere Version, die *mascareta*, eignet sich am besten für Ruderinnen. *Pupparino*, *s'ciopon*, *topetta*, *sampierotta*, *battello*, *musin* – jeder dieser Bootstypen hat seine eigene Geschichte und seinen eigenen Charakter. Selbst die gondelähnliche *traghetto* mit seinem breiteren Deckbalken und ohne *ferro* am Bug ist technisch gesehen keine *gondola*, sondern eine *barchetta*. Wenigstens sechs dieser Bootstypen kann man bei den traditionellen venezianischen Regatten sehen. Die *gondola* aber ist die Königin unter den Booten. Über tausend Jahre lang wurde sie immer wieder modifiziert und verbessert. Sie wird aus acht verschiedenen Hölzern gebaut, ist genau 14 Meter lang, und die Fertigung in den vier verbliebenen *squeri*, den Gondelwerften, kann bis zu drei Monate dauern. Ihre asymmetrische Form ist kein Konstruktionsfehler – sie erleichtert das Geradeausfahren und beugt dem Linksdrall vor, der entsteht, wenn sie von einem Mann gerudert wird. An der Spitze der Gondel ist das *ferro* (Bugeisen) aus Metall angebracht. Die sechs Streifen symbolisieren die sechs Stadtteile Venedigs, der siebte die Giudecca, die Wölbung den Dogenhut. Eine Gondel kann 15 000 Euro kosten und hat eine Lebensdauer von rund 25 Jahren.

Die venezianische Rudertechnik ist den Gegebenheiten perfekt angepasst: Der Gondoliere steht aufrecht und schaut geradeaus. So kann er die wechselnden Sandbänke in der Lagune und den entgegenkommenden Verkehr im Auge behalten. Die Beschaffenheit des Ruders und der Ruderdolle (*forcola*) verlangen nur ein Minimum an Kraftaufwand, was ideal ist, denn die Gondolieri sind häufig stundenlang unterwegs. Einer Studie zufolge verbraucht ein 77 Kilo schwerer Mann bei einer voll beladenen Gondel (Gesamtgewicht 900 kg) nicht mehr Energie als ein Fußgänger.

Zahlreiche Namen von Plätzen, Straßen, Brücken oder Hinterhöfen belegen die Bedeutung der Boote, die einst die Szene beherrschten. Darunter befinden sich Namen wie *felzi* (Holzkabinen, die man einst auf die Gondeln stellte), *rasse* (das schwere Wolltuch, das die *felzi* bedeckte), *barcaroli* (die Führer der *traghetti*), *battello* (ein Kahn wie die *caorlina*), *burchielle* (Kähne zur Beförderung von Bauschutt), *remorchianti* (Ruderer, die andere Boote abschleppten), *sabbionera* (ein Boot, das Ballast zu den Schiffen brachte), *scoazzera* (die Müllabfuhr), *traghetto* (eine Gondelfähre), *vele* (Schnecken), *remer* (Rudermacher) und natürlich *squero*, die Gondelwerft.

Geschmückte und mit Möbeln bestückte Gondeln werden für besondere Anlässe benutzt

Stolz & Macht

Nach der zweiten und letzten großen Biegung erstreckt sich der Canal Grande zur Lagune hin. Viele der Paläste am Ufer sind vergleichsweise späte Bauten, Prunkstücke der Renaissance und des Barock, erbaut von Familien, deren Ehrgeiz nur noch von ihrem unermesslichen Reichtum überboten wurde. An der Mündung des Kanals wird es sehr feierlich: Die kronenartige Kuppel der Kirche Santa Maria della Salute ragt gen Himmel – die ewige Danksagung der Stadt für ihre Errettung nach einer verheerenden Pest. Gleich dahinter stehen, fest und scheinbar unwandelbar, der Palazzo Ducale (Dogenpalast) und die Basilica di San Marco.

Ca' Rezzonico
- 🗺 Karte S. 66
- ✉ Fondamenta Rezzonico
- ☎ 041 241 0100
- 🕐 Di geschl.
- 💲 €€
- ⛴ 1 bis Ca' Rezzonico

Wenn Sie in den Teil des Kanals einbiegen, der dann geradewegs zum Bacino di San Marco führt, sehen Sie auf der rechten Seite die **Ca' Rezzonico**, ein weiteres Juwel der Stadt. In diesem prächtigen Barockpalast ist das Museo del Settecento, das Museum des 18. Jahrhunderts, untergebracht.

Der englische Kunsthistoriker John Ruskin kommentierte, dass »dieses Haus das einzige mir bekannte Gebäude in Venedig ist, das so hässlich ist wie die Häuser, die wir heute bauen«. Aber sein Zeitgenosse, der amerikanische Schriftsteller Henry James, nannte es »einen majestätischen Tempel des Barock«. Ohne Frage war es einer der luxuriösesten Paläste Venedigs. Erbaut in der zweiten Hälfte des 17. Jahrhunderts von Baldassare Longhena, wurde er später von der Familie Rezzonico gekauft. Zu seinen größten Schätzen gehören die prächtigen

Wie der Bug eines Schiffes ragt die Landspitze mit dem Zollhaus (Dogana di Mare) am Zusammenfluss von Canale della Giudecca und Canal Grande heraus

Deckenfresken von Giambattista Tiepolo. Darunter findet sich auch die fröhliche Heiratsallegorie zu Ehren der Hochzeit von Lodovico Rezzonico und Faustina Savorgnan 1758. Weiterhin kann man eine Sammlung von Genrebildern Pietro Longhis sehen. Die sündhaft teuren Empfänge der Familie trieben sie in den Ruin.

Der weiten Biegung folgend, gelangt man zur Holzbrücke Ponte dell'Accademia, der Akademie-Brücke (zum dortigen Museum siehe S. 183ff). Bald erreicht man den **Palazzo Venier dei Leoni**, in dem sich nun die überaus sehenswerte **Collezione Peggy Guggenheim** (Peggy-Guggenheim-Sammlung) befindet.

Dieses merkwürdige Gebäude – das seltsam zerstückelt, aber trotzdem in Harmonie mit seiner Umgebung ist – sollte ein großer Palast werden. Begonnen wurde der Bau im Jahr 1749 von dem Architekten Lorenzo Boschetti für die Familie Venier. Diese Familie machte kein Geheimnis daraus, dass sie den Palast der Familie Corner auf der gegenüberliegenden Seite an Pracht noch übertreffen wollte. Die Erklärungen, warum man nicht über das Erdgeschoss hinauskam, variieren. Eine Version lautet, dass die Familie kein Geld mehr hatte, eine andere, dass die Corners das Projekt sabotierten. Beide erscheinen plausibel. In jedem Fall wird der Palast heutzutage als einer jener Missgeschicke bewundert, die sich als Segen erwiesen haben.

Palazzo Venier dei Leoni (Collezione Peggy Guggenheim)

🗺 Karte S. 67

✉ Calle San Cristoforo

☎ 041 240 5440

🕐 Di geschl.

💲 €€€

🚤 1, 2, N bis Accademia; 1 bis Salute

Die amerikanische Kunstmäzenin Peggy Guggenheim kaufte den Palast 1949. Sie hatte bereits London, New York und Nizza als Stätte für die Kunstwerke, die sie in Paris angehäuft hatte, abgelehnt. Obwohl sie einmal sagte, dass die Venezianer Venedig nicht verdient hätten, wussten diese offenbar ihre Extravaganz und offensichtliche Liebe zu ihrer Stadt zu schätzen. Peggy Guggenheim lebte bis zu ihrem Tod 1979 in dem Museum, und dass sich gelegentlich Besucher in ihr Schlafzimmer verirrten, machte der Kunstmäzenin nichts aus.

Ihre Sammlung enthält einige der größten Kunstwerke des 20. Jahrhunderts. Vieles stammt aus dem Paris der 20er und 30er Jahre: Picasso (*Die Badende*, 1937), Max Ernst (*Die Einkleidung der Braut*, 1940), Marcel Duchamp (*Trauriger junger Mann in einem Zug*, 1911), Giorgio De Chirico (*Der rote Turm*, 1913), René Magritte (*Das Reich des Lichts*, 1954) sowie Werke von Giacometti, Chagall und Mondrian. Brancusis Skulptur *Vogel im Raum* (1929) wurde einst von amerikanischen Zollbeamten als Treppengeländer klassifiziert … Die Galerie zeigt auch Werke von Jackson Pollock, den Guggenheim entdeckt hat.

Die engen Räume können unter dem Ansturm der Sommergäste klaustrophobisch wirken, aber da ist ja noch der himmlische Garten mit Skulpturen von Arp, Moore und anderen Künstlern – sowie Peggy Guggenheims Grab und das ihrer Pudel. Der Blick auf den Canal Grande von der Terrasse, die sich auf Wasserhöhe befindet, ist grandios; zu sehen ist der ganze Abschnitt von der Accademia-Brücke bis zum Bacino di San Marco. Die Bronzefigur von einem nackten Mann auf einem Pferd, der *Engel der Zitadelle* (1949) von Marino Marini, scheint an dem wunderbaren Ausblick teilzuhaben. Regelmäßig werden auch Sonderausstellungen gezeigt.

Der charakteristische **Palazzo Dario** oder Ca' Dario neben dem Guggenheim-Museum zeigt die gleichen in Stein gearbeitete Medaillons wie die Kirche Santa Maria dei Miracoli (1487; siehe S. 126). Die Arbeiten verweisen auf den Architekten Pietro Lombardo. Seit Längerem steht das Haus im Ruf, verflucht zu sein, fand

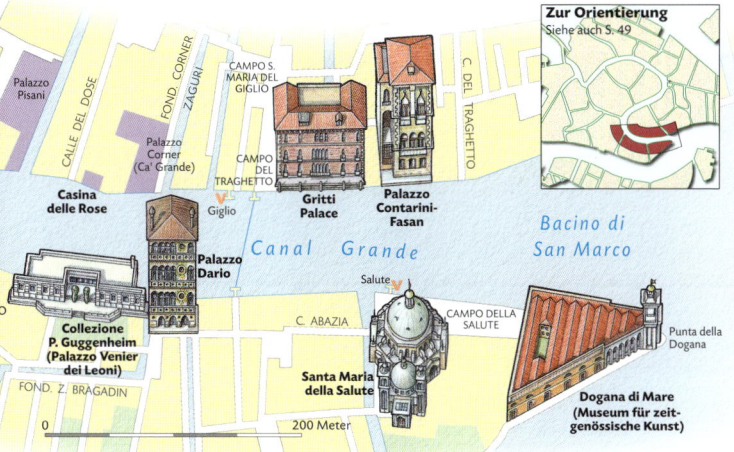

Zur Orientierung
Siehe auch S. 49

Palazzo Pisani

CALLE DEL DOSE

FOND. CORNER ZAGURI

Palazzo Corner (Ca' Grande)

CAMPO S. MARIA DEL GIGLIO

CAMPO DEL TRAGHETTO

Casina delle Rose

Giglio

Gritti Palace

Palazzo Contarini-Fasan

C. DEL TRAGHETTO

Palazzo Dario

Canal Grande

Salute

Bacino di San Marco

Collezione P. Guggenheim (Palazzo Venier dei Leoni)

C. ABAZIA

CAMPO DELLA SALUTE

Punta della Dogana

FOND. Z. BRAGADIN

0   200 Meter

Santa Maria della Salute

Dogana di Mare (Museum für zeitgenössische Kunst)

Eine der bedeutendsten Kunstsammlungen der klassischen Moderne in Italien befindet sich im Guggenheim-Museum

Ernest Hemingway bewohnte in Zimmer im dritten Stock des Hotels Gritti Palace

Santa Maria della Salute

- Karte S. 67
- Campo Santa Maria della Salute
- 041 241 1018
- Sakristei: €
- 1 bis Salute

(siehe S. 70) sehen Sie auf der rechten Seite eines der charakteristischen Gebäude der venezianischen Skyline, die Kirche **Santa Maria della Salute**. Sie ist nicht nur ein architektonisches Meisterwerk, sondern auch für das Gefühlsleben der Venezianer von großer Bedeutung. 1630 wurde die Stadt von der Pest heimgesucht – sie raffte ein Drittel der Bevölkerung dahin. Der Senat gelobte der Jungfrau Maria, ihr zu Ehren eine prächtige Kirche zu bauen, wenn sie sich für die Stadt einsetze. Als die Epidemie schließlich vorüber war, löste man das Versprechen ein. Baldassare Longhena baute die unvergleichliche Gedenkkirche im barocken Stil. Das massive Gebäude, dessen Kuppeln ganz bewusst jene der Basilica di San Marco nachahmen, ruht auf 100 000 Holzpfählen. Um Platz zu schaffen, wurde eine mittelalterliche Kirche, die der Heiligen Dreifaltigkeit gewidmet war, samt dem dazugehörigen Kloster abgerissen. Für den Bau der neuen Kirche brauchte man 50 Jahre, geweiht wurde sie 1687, was Longhena nicht mehr erlebte. Die charakteristischen Voluten um die Kuppel herum deuten die Krone der Jungfrau an.

doch eine Reihe von Besitzern hier ein tragisches Ende, zum Teil unter mysteriösen Umständen. Woody Allen verzichtete auf den Kauf des Palastes, als er von dem Fluch erfuhr.

Der kleine rote Palast hinter einem entzückenden Blumengarten ist die **Casina delle Rose**, einst das Atelier des Bildhauers Antonio Canova (1757–1821). Der Dichter Gabriele D'Annunzio (1863–1938) lebte hier; sein Roman *Feuer* spielt in Venedig.

Gleich hinter dem berühmten Hotel Gritti Palace

Der größte Schatz der Kirche ist eine griechischbyzantinische Ikone über dem Hochaltar, das *Bild der*

Jungfrau, die Francesco Morosini 1672 von Kreta mitbrachte. Ihre schlichte Schönheit wird eingerahmt von einem barocken Altarbild aus Marmor von Giusto Le Corte (1627–79). Drei Figuren krönen das Bild: Jungfrau, Pest und Venedig selbst. Die Pest wird als altes Weib, Venedig als anmutig kniende Edelfrau dargestellt. In der Sakristei gibt es zudem Bilder von Tintoretto, Tizian und Palma il Vecchio.

Jedes Jahr feiert Venedig am 21. November die Festa della Salute. Eine Ponton-Brücke über den Canal Grande wird errichtet, und jeder Venezianer kommt hierher, um eine Kerze zu stiften.

Gegenüber der Kirche liegt der **Palazzo Contarini-Fasan**, der (ohne historische Berechtigung) als Desdemonas Palast bekannt wurde. Es gab zwar einen venezianischen General namens Otello, aber sein Nachname war wahrscheinlich Guoro. Shakespeare scheint das Schicksal seiner Frau und das eines anderen Edelmanns miteinander verknüpft und verändert zu haben. Es gibt jedoch keine überprüfbare Beziehung zwischen dem verhängnisvollen Schicksal der Frau des Mohren von Venedig und dem entzückenden Palast.

Das dreieckige Gebäude neben der Santa Maria della Salute, das wie der Bug ei-

Santa Maria della Salute und die Dogana di Mare sehen beim Redentore-Feuerwerk besonders eindrucksvoll aus

nes Schiffes zum Bacino di San Marco weist, ist die **Dogana di Mare** (das Zollhaus). In dem Gebäude aus dem 17. Jahrhundert wurden die Papiere der ankommenden Schiffe kontrolliert. Die schimmernde Figur auf der großen goldenen Kugel, die das Dach krönt, symbolisiert das Glück. Seit 2009 befindet sich hier das Museum für zeitgenössische Kunst, das wie der Palazzo Grassi von dem Stararchitekten Tadao Ando umgebaut wurde und Kunstwerke aus der Sammlung Pinault zeigt. ∎

Dogana di Mare

🅰 Karte S. 67
☎ 041 271 9039
🕐 Di geschl.
💲 €€€
🚤 1 bis Salute

Weitere Sehenswürdigkeiten

Palazzo Barbarigo bei San Vio am Canal Grande

Gritti Palace

Das Gritti Palace, ein berühmtes Luxushotel, war einst das Haus der Familie Gritti. Der Doge Andrea Gritti gab den Bau 1525 in Auftrag. Später diente der Palast als Residenz des päpstlichen Nuntius in Venedig. Andrea Gritti präsidierte mit der Erhabenheit eines Monarchen, er feierte rauschende Feste und war an diplomatischen Intrigen beteiligt; die soziale Dekadenz begann sich auszubreiten und erwies sich als tödlich.

Grittis Schwäche für immense Pracht stand sein außerordentlicher Charme gegenüber, der ihm schon in seinen Anfängen auf dem Getreidemarkt in Konstantinopel zugute gekommen war. Er sprach Türkisch und andere Sprachen und erwies sich als nützlich sowohl für den Sultan als auch für Venedig. In der Türkei hatte Gritti etliche Geliebte, und als seine Wahl zum Dogen im Senat heiß diskutiert wurde, schrie ein wütender Aristokrat,

es sei undenkbar, dass Venedig einen Dogen bekomme, der in der Türkei vier Bastarde habe. Als Gritti kurzzeitig wegen Spionage im Gefängnis saß, erschien dort – wie überliefert ist – eine Gruppe türkischer Edelfrauen und bat um seine Freilassung.

Illustre Gäste jeder Couleur sind im Gritti Palace abgestiegen, vom englischen Kunsthistoriker John Ruskin, der hier große Teile seines Buches »Die Steine von Venedig« schrieb, über William Somerset Maugham bis zu Ernest Hemingway. Eine Tasse Tee, ein Digestif an der Bar oder auf der Terrasse sind gute Gründe für einen Besuch.

🅰 Karte S. 67 ✉ San Marco 2467, Campo Santa Maria del Giglio ☎ 041 794 611 🚤 1 bis Giglio

Palazzo Barbarigo della Terrazza

Genau an der Ecke von Canal Grande und dem großen Seitenkanal Rio di San Polo befindet sich der Palazzo Barbarigo della Terrazza. Er ist nach den großen charakteristischen Terrassen benannt, die aus den beiden oberen Stockwerken wie herausgeschnitten scheinen. Für die bauliche Besonderheit gibt es keine exzentrische Erklärung: Bernardino Contin, der den Palast zwischen 1566 und 1570 für Daniele Barbarigo baute, um zwei kleinere Barbarigo-Paläste zu ersetzen, hat sie so entworfen. Heute wirkt der Ort eher abweisend, doch verfügte er einst über einen Garten voller Bäume und Kletterpflanzen. Dies könnte der Grund sein, warum der Palast dem Canal Grande die kalte Schulter zeigt und seine imposante Fassade stattdessen dem Rio di San Polo zuwendet.

Heute beherbergt der Palast das Deutsche Studienzentrum.

🅰 Karte S. 58 ✉ San Polo 2765, Calle Corner ☎ 041 520 6355 🚤 1, 2, N bis San Tomà

In diesem nach dem Schutzpatron der Stadt benannten Bezirk
schlägt das Herz Venedigs. Monumente, Paläste und zahllose
Kunstwerke zeugen eindrücklich von der Macht der Republik

San Marco

Der triumphierende Christus
an der Fassade des Markusdoms

San Marco

Vom Bacino di San Marco bis zur berühmten Rialto-Brücke erstreckt sich der *sestiere* (Stadtteil) San Marco – mit der überwältigend schönen Basilika, dem Dogenpalast, interessanten Museen und Kirchen sowie den lebhaften Einkaufsstraßen seit jeher das pulsierende Zentrum Venedigs.

Der Bezirk war schon immer der tiefste Punkt der Stadt, der stets Überflutungen ausgesetzt war. Aber wegen seiner strategisch bedeutsamen Lage zwischen der Hauptlandmasse der Stadt und der Stelle, an dem der Canal Grande in die Lagune fließt, wurde die Gegend wahrscheinlich zuerst besiedelt. Ein kleiner Kanal schlängelte sich durch das Gebiet der heutigen Piazza, und an beiden Seiten standen sich zwei Kirchen gegenüber: Wo heute die Basilika ist, befand sich eine Kapelle, die dem

damaligen Schutzpatron San Teodoro geweiht war; vis-à-vis stand das Heiligtum des San Geminiano.

Als San Marco zum Schutzpatron der Stadt erkoren wurde und San Teodoro ersetzte, riss man dessen Kapelle ab und errichtete neben dem Dogenpalast die prächtige neue Basilika. Damit

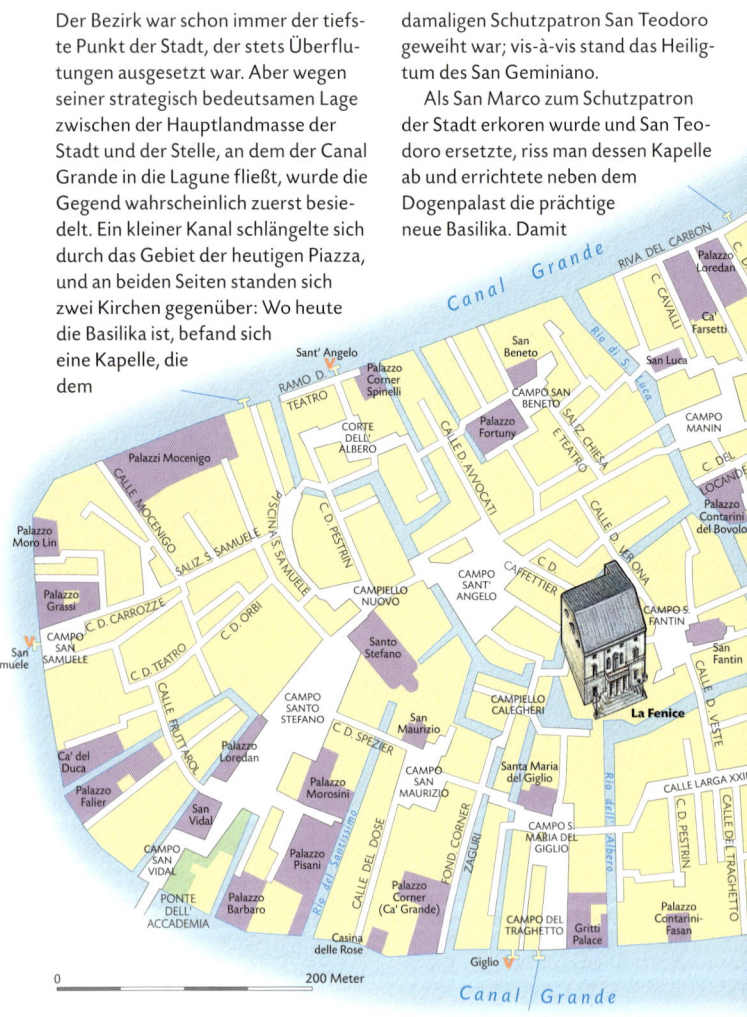

wurde die Piazza, was Zeremoniell und Politik anging, zum Herzen der Stadt.

San Marco ist die Essenz Venedigs: Kirchen im byzantinischen und barocken Stil, Regierungssitz und die zwei

NICHT VERSÄUMEN:

Die fantastischen Kunstschätze der Basilica di San Marco **78–87**

Den Dogenpalast, einst Machtzentrum der Republik **88–91**

Die funkelnde Kaiserloge im Teatro La Fenice **95**

Vivaldi-Konzert mit »Interpreti Veneziani« in San Vidal **98**

wichtigsten Theater: das Teatro Goldoni und das Opernhaus La Fenice. Hier befinden sich die bedeutendsten Bauwerke der Stadt: der Markusdom, der Dogenpalast, der Campanile sowie die Gefängnisse und die Bibliothek Marciana. Aber es gibt auch wenig bekannte Plätze und Paläste, die Kostbarkeiten bergen: den Palazzo Contarini del Bovolo mit seiner »Schneckenhaus«-Treppe, den Palazzo Fortuny, heute Museum, den Palazzo Grassi, der Ausstellungen zeigt, und kleinere Schätze, wie die zwei Porphyrlöwen, die die linke Seite der Basilika bewachen. ■

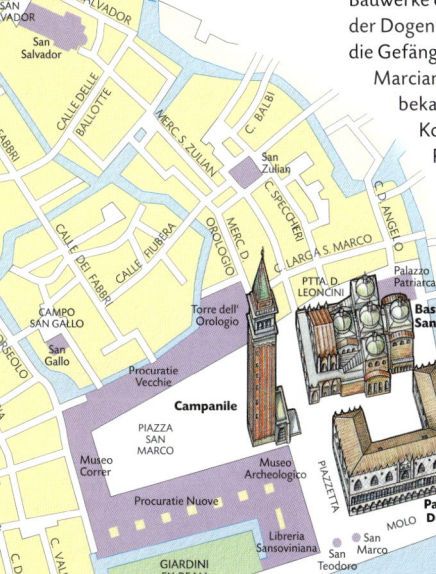

Zur Orientierung

Markusplatz

Napoleon bemerkte, dieser Platz sei »der schönste Salon Europas«, und die Venezianer finden das auch. Auf der Piazza San Marco – die Einheimischen sagen schlicht »die Piazza«, als ob es keine andere gäbe – präsentiert sich ein einzigartiges Gebäudeensemble, wie es kein zweiter Platz der Welt bietet.

Dogen und Prinzen gingen einst bei den beiden Säulen an Land und überquerten die Piazzetta auf dem Weg zum Markusdom

Über die Jahrhunderte hat der Markusplatz verschiedensten Zwecken gedient: Er war Garten und Marktplatz und vor allem Kulisse für Venedigs religiöse und weltliche Prozessionen, für Lustbarkeiten und Feste, darunter Turniere und Stierkämpfe. Er faszinierte von jeher die Menschen. Und obwohl die Bischofskirche nicht hier, sondern weit draußen in Castello stand und der Markt am Rialto abgehalten wurde, war und ist der Markusplatz bis heute das Herz der Stadt.

Die Piazza hat klein angefangen, als nicht sehr große ländliche Insel; zwischen ihr und dem Dogenpalast floss ein Kanal, und der heutige Molo war noch überwiegend Teil der Lagune. Später dann entstand beim Dogenpalast ein *broglio* (Garten), in dem die Kandidaten für den Senat eifrig um Stimmen warben; wohl deshalb bedeutet das Wort *imbroglio* Schwindel.

1174 wurde der Kanal zugeschüttet. Die charakteristischen Linien aus weißem Marmor sind keine zufällige Dekoration. Sie wurden gesetzt, um die genaue Position für die Verkaufsstände anzuzeigen, die zu besonderen Jahrmärkten den Platz besetzten. Händler aus dem ganzen östlichen Mittelmeerraum kamen zu dem zweiwöchigen Markt zu Mariä Himmelfahrt und offerierten ein breites Sortiment an Parfüm und Kosmetika jeder Art, an facettierten Spiegeln, bestickten Samtstoffen und vielen anderen Dingen. Wer genau hinsieht, kann noch immer einige Inschriften auf den Marmorstreifen erkennen; die eine vor dem Caffè Quadri lautet *calegheri*, Venezianisch für Schuster.

Am besten fährt man mit dem Vaporetto bis Vallaresso; dann betritt man den Platz von der Bocca de Piazza aus und sieht alles auf einen Blick: Piazza, Markusdom und Campanile.

Wenn Sie diesen Weg wählen, stehen Sie gleich am **Museo Correr**, dem Museum für venezianische Geschichte. Die frühen Renaissancebilder von Venedig sind besonders ansprechend. Napoleons Stiefsohn Eugène Beauharnais, Vizekönig von Italien, ordnete die Zerstörung von Sansovinos Kirche San Geminiano an, um für dieses wenig bemerkenswerte Gebäude Platz zu schaffen, das als Anbau für seine Residenz in den Prokuratien diente. Dieser Querflügel wird daher Ala Napoleonica, der

Napoleonische Trakt, genannt. Die Fassade ist mit Statuen römischer Kaiser geschmückt; in der Mitte ist ein Platz frei. Napoleon hatte die Absicht, sich dort selbst zu verewigen.

Die beiden Längsflügel mit ihren Arkaden, die Prokuratien, bilden die »Wände« der Piazza. Dort lagen die Büros und Wohnungen der Prokuratoren, die San Marco und andere staatliche Liegenschaften verwalteten. Wenn man auf den Markusdom blickt, befinden sich rechts die **Procuratie Nuove** (Mauro Coducci, 1500; Bartolomeo Bon, 1512; Jacopo Sansovino, 1532), links die **Procuratie Vecchie** (1582 bis 1640 zuerst von Scamozzi, dann von Longhena gebaut). Sie werden immer noch als Büros genutzt.

Wenn man im Uhrzeigersinn vom Museo Correr an den Procuratie Vecchie vorbeigeht, gelangt man zur **Torre dell'Orologio** (dei Do Mori). Mehrere Häuser wurden abgerissen, um Platz für den Uhrenturm zu schaffen (Besteigung möglich, Infos am Museo Correr). Er wurde von Pietro Lombardo entworfen und 1499 eingeweiht. Das Uhrwerk wurde mehrmals erneuert; *do Mori* (zwei Mohren; von Ambrogio d'Ancona) schlagen mit ihren Hämmern die Glocke an. Eine Figur ist ein alter

Piazza San Marco
⬛ Karte S. 73

Museo Correr
⬛ Karte S. 73
✉ Piazza San Marco
☎ 041 240 5211
💲 €€€€
🚆 1, 2, 4.1, 4.2, 5.1, 5.2, 7, 14, 19, 20, N bis Zaccaria; 1, 2, 10, N bis Vallaresso

Torre dell' Orologio (dei Do Mori)
⬛ Karte S. 73
✉ Piazza San Marco
☎ 041 4273 0892
💲 €€€
🕐 Führungen in Englisch Mo–Mi 10/11, Do–So 14/15 Uhr
🚆 1, 2, 4.1, 4.2, 5.1, 5.2, 7, 14, 19, 20, N bis Zaccaria; 1, 2, 10, N bis Vallaresso

Museo Archeologico

- 🗺 Karte S. 73
- ✉ Piazza San Marco
- ☎ 041 240 5211
- 💲 €€€€
- ⛴ 1, 2, 4.1, 4.2, 5.1, 5.2, 7, 14, 19, 20, N bis Zaccaria; 1, 2, 10, N bis Vallaresso

Campanile

- 🗺 Karte S. 73
- ✉ Piazza San Marco
- ☎ 041 522 4064
- 💲 €€
- ⛴ 1, 2, 4.1, 4.2, 5.1, 5.2, 7, 14, 19, 20, N bis Zaccaria; 1, 2, 10, N bis Vallaresso

Mann, der die Vergangenheit darstellt, der junge Mann symbolisiert die Gegenwart.

Auf der angrenzenden **Piazzetta dei Leoncini** können Sie sich die beiden roten Porphyrlöwen anschauen, die ohne Frage zugleich Herrscher und Hauptattraktion dieses kleinen Platzes sind. Giovanni Bonazza schuf sie 1722 im Auftrag des Dogen Alvis III. Mocenigo. Aber die grimmigen Gesichter der Löwen sind nur Bluff: Ihre glänzenden, glatten Rücken bezeugen die Tatsache, dass bis zum heutigen Tag Kinder (und nicht wenige Erwachsene) aus aller Welt keinen Augenblick zögern, hinaufzuklettern. An der Piazzetta befindet sich auch der **Palazzo Patriarcale**, der Sitz des Patriarchen von Venedig.

Wenn man am Markusdom (siehe S. 78ff) und dem Dogenpalast (siehe S. 88ff) vorbei zum Wasser geht, kommt man zur Molo, dorthin, wo einst vom Mehl bis zum Dogen alles an Land

kam. Die beiden Säulen für **San Marco** und **San Teodoro** markieren den Schauplatz öffentlicher Exekutionen. Bis heute, so sagt man, bringe es Unglück, zwischen ihnen hindurchzugehen.

Gegenüber dem Dogenpalast befindet sich die **Libreria Sansoviniana**. Den ganzen Gebäudekomplex belegt die Biblioteca-Nazionale Marciana (Markus-Nationalbibliothek, zu erreichen über das Museo Civico Correr); die Libreria Sansoviniana ist im ältesten Teil des Gebäudes untergebracht, in dem manchmal kleinere Ausstellungen gezeigt werden. Das ganz im Barockstil gehaltene Gebäude wurde von Jacopo Sansovino entworfen, der 1527 von Florenz nach Venedig kam. Wer die Bibliothek nutzen möchte, muss sich telefonisch anmelden, aber man kann ohne Weiteres hineingehen, um den großen Saal anzusehen. Das prachtvolle Treppenhaus und die bemalten Decken sind beeindruckend (vor allem die illusionistischen Malereien an der Decke). Der wohl größte Schatz des Museums ist Fra Mauros *Mappamundo* (1459), eine Weltkarte, die von einem Mönch des Klosters San Cristofero angefertigt wurde und die sämtliche geographischen Kenntnisse der Zeit wiedergibt, kurz bevor Kolumbus und andere Reisende die

Venedig bietet hinreißende Motive für Fotografen

Weltkarte neu zeichneten. Manchmal wird diese Kostbarkeit ausgestellt.

In der Mitte der Libreria findet man bei Nr. 17 den Eingang zum **Museo Archeologico**. Hier sind vor allem griechische und römische Skulpturen aus dem 4. und 5. Jahrhundert v. Chr. ausgestellt, die Kardinal Domenico Grimani (gest. 1523) gesammelt hatte.

Eines der Wahrzeichen im Stadtbild von San Marco ist der **Campanile**. Seit dem 7. Jahrhundert gab es an dieser Stelle einen Turm, der vielleicht zur Abwehr oder als Leuchtturm gedacht war. Der erste Glockenturm wurde zwischen 888 und 912 errichtet; der gegenwärtige stammt von Bartolomeo Bon (1450 bis 1509). Er ist nicht ganz 92 Meter hoch und 11 Meter breit. Der goldene Engel – er dient auch als Wetterfahne – wurde am 6. Juli 1513 auf der Spitze angebracht. Die Konstruktion hat allen Erdbeben und Blitzschlägen widerstanden, bis sie am Morgen des 14. Juli 1902 einstürzte, ohne dass jemand verletzt wurde. Man baute den Campanile originalgetreu wieder auf. Von oben hat man an klaren Tagen einen atemberaubenden Blick auf die Stadt und die Lagune. Die kleine barocke Halle am Eingang, die Loggetta, wurde von Jacopo Sansovino (1540) erbaut. ■

Der Campanile von San Marco wurde 1515 eingeweiht. Jede seiner acht Glocken hatte einen Namen und ertönte zu einem bestimmten Anlass

Basilica di San Marco

»Eine Piratenkathedrale, ausgeschmückt mit den Beutestücken der Welt«, schrieb Théophile Gautier. »Unwirklich, fantastisch, würdevoll, unbegreiflich«, so Charles Dickens. Generationen von Schriftstellern suchten nach Worten, um das Bauwerk zu beschreiben, das tausend Jahre grandioser Kunst, politischer Macht und religiöser Überzeugung repräsentiert.

Die Basilika, ein Wahrzeichen von Venedig, beherrscht die Piazza San Marco

Basilica di San Marco

🗺 Karte S. 73

✉ Piazza San Marco

☎ 041 270 8311

💲 Loggia dei Cavalli: €, Pala d'Oro: €, Schatzkammer: €

🚤 1, 2, 4.1, 4.2, 5.1, 5.2, 7, 14, 19, 20, N bis Zaccaria; 1, 2, 10, N bis Vallaresso

Den besten Eindruck von der Kirche erhält man bei einem Gottesdienstbesuch. Was Sie dann vielleicht an Meisterwerken nicht sehen können, wird dadurch wettgemacht, dass erst beim Innehalten die Großartigkeit des Gesamtkunstwerks ihre Wirkung entfaltet. Einst die offizielle Kapelle des Dogen (erst 1807 wurde sie Metropolitankirche der Stadt), verkörpert die Basilika Venedigs einzigartige Stellung

zwischen Ost und West, im Krieg wie im Frieden. Die Anlage in Form eines griechischen Kreuzes spiegelt die Erhabenheit der Apostelkirche von Konstantinopel, dabei steht sie in einer italienischen – nicht in einer griechischen – Stadt.

Die erste Kirche an dieser Stelle (7. Jh.) war eine einfache Konstruktion, die dem ersten Schutzheiligen der Stadt, San Teodoro, gewidmet war. Als die Stadt mächtiger wurde, stieg auch das Verlangen nach einem bedeutenderen Schutzpatron. 828 gelang es zwei venezianischen Seeleuten im ägyptischen Alexandria, sich den Leichnam des Evangelisten Markus »anzueignen«; sie versteckten die Reliquien an Bord unter einer Schicht Schweinefleisch. Es war das erste Beutegut zur Ausschmückung der Kirche. 829 befahl der Doge, das Fundament für ein Gebäude zu errichten, in dem diese kostbare Reliquie angemessen aufbewahrt werden könnte. Der Schrein war in Europa fast augenblicklich eines der wichtigsten Pilgerziele. Doch das Gebäude wurde ebenso wie der Dogenpalast 976 durch einen Brand zerstört; zweimal wurde die Kirche wieder aufgebaut; der heutige Bau wurde 1094 geweiht. Im Lauf der Jahrhunderte wurde die Kirche weiter ausgeschmückt, nicht zuletzt durch Gaben der Dogen.

Von außen gibt die Kirche kaum einen Fingerzeig auf die Pracht im Inneren. Und tatsächlich wirkt sie zunächst nicht besonders groß. Über den fünf Eingangsportalen befinden sich **Mosaiklünetten**. Sie stammen aus dem 18. Jahrhundert und ersetzten die Mosaiken aus dem 16. Jahrhundert, die ihrerseits schon Mosaiken aus dem 13. Jahrhundert als Vorgänger hatten. Die Mosaiken innerhalb der Bogen zeigen Szenen vom abenteuerlichen Raub der Markusreliquien, während die Mosaiken (1617/18) des Obergadens Szenen aus dem Leben Jesu darstellen. Bemerkenswert ist vor allem das Mosaik ganz links. Am einfach gehaltenen byzantinischen Stil erkennt man, dass es das älteste ist. Es zeigt die Außenfront der Basilika, wie sie im 13. Jahrhundert aussah. Man erkennt den Dogen, Priester und Menschen, die den Sarkophag des Heiligen in die Kirche geleiten. Es ist das erste vollständige »Bild«, das wir von der Kirche aus der Zeit zwischen 1265 und 1270 haben (die Bronzepferde sind bereits an ihrem Platz).

Auf der rechten Seite in Richtung Bacino di San Marco befindet sich ein eindrucksvolles Portal, das heute geschlossen ist. Es war bekannt als die *porta da mar*, Meereingang, und wurde für zeremonielle Einzüge genutzt. Auf dieser Seite fällt der Blick auf einige bemerkenswerte Schätze. Die Figuren aus dunkelrotem Marmor stellen vier Männer dar, die sogenannten **Tetrarchen**. Vermutlich handelt es sich um vier römische Kaiser, darunter Diokletian. Die Statuen entstanden im 4. Jahrhundert in Ägypten und gelangten entweder von dort oder aus Syrien über Konstantinopel nach Venedig. Eine weitere Sehenswürdigkeit sind die beiden kunstvoll bearbeiteten freistehenden Marmorsäulen, eine syrische Arbeit aus dem 5. Jahrhundert. Sie wurden nach dem Sieg der Venezianer über Genua (1256) aus Syrien hierher gebracht.

Die kurze Säule aus rotem Stein stammt ebenfalls aus Syrien und ist der Stumpf der **Pietra del Bando**. Hier wurden die Verbannungen ausgesprochen, von denen das Wort »Bandit« abgelei-

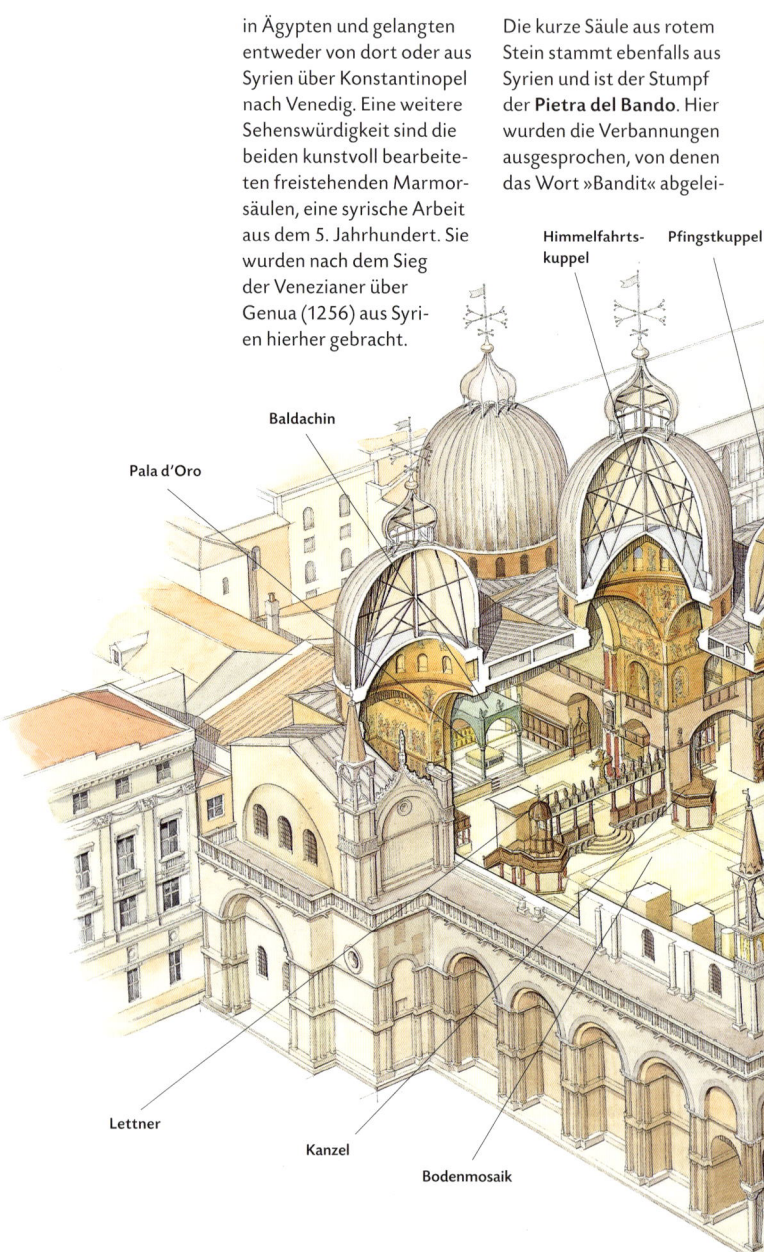

Himmelfahrtskuppel

Pfingstkuppel

Baldachin

Pala d'Oro

Lettner

Kanzel

Bodenmosaik

tet ist. Auf der Meerseite der Loggia befindet sich das Mosaik **Madonna del Navigante** aus dem 13. Jahrhundert. Die Votivlampen auf jeder Seite erlöschen nie; sie erfüllen das Versprechen eines dankbaren Seemanns, der einen Sturm überlebte, weil er dem Licht auf der Piazzetta folgte.

Aus einer Steinsäule an der linken Außenmauer ragt ein kleiner Metallstab heraus, außerdem ist eine undeutliche vertikale Linie in den Stein gemeißelt. Es handelt sich um eine einfache astronomische Vorrichtung aus dem frühen 13. Jahrhundert, wie es sie in vielen Kirchen als symbolische Verbindung zwischen Himmel und Erde gab. Geht man links um die Ecke Richtung

Ein Löwe von San Marco blickt auf die Piazza, auf der, wie Jean Cocteau beobachtete, »die Tauben zu Fuß gehen und die Löwen fliegen«

Kopie der Quadriga

Loggia dei Cavalli

Romanische Reliefs

Haupteingang

Fassadenmosaik *Die Überführung des Leichnams des heiligen Markus in die Kirche*

Helden des Christentums zieren die Wände der Basilika wie Liberalis, der im Jahr 400 heiliggesprochen wurde

Piazzetta dei Leoncini, erblickt man in der äußersten Ecke einen großen Sarkophag in einer schmiedeeisernen Umzäunung. Es ist das Grab von Daniele Manin, der den gescheiterten Aufstand gegen die Österreicher 1848 anführte. Das Kirchenportal daneben trägt den Namen Porta dei Fiori; über der Tür sieht man ein gemeißeltes Steinkreuz und eine Weihnachtsszene aus dem 13. Jahrhundert.

Außerhalb der Gottesdienste kann man die Kirche jederzeit besichtigen. Wenn Sie nicht korrekt gekleidet sind, kann der Wachposten am Eingang den Zutritt verwehren.

Durch das vordere Portal betritt man die L-förmige Vorhalle, den **Narthex**. Hier sind einige der ältesten Mosaiken (13. Jh.) in San Marco zu sehen, die ebenso wie diejenigen im Inneren des Heiligtums einem genauen Erzählschema folgen. Alle Szenen stammen aus den ersten fünf Büchern des Alten Testaments, im Inneren der Basilika dagegen aus dem Neuen Testament. Auf der rechten Seite sieht man die Schöpfungsgeschichte; die Mosaiken erzählen die Geschichte von Adam und Eva, von Noah und der Arche. Besonders schön sind in dieser mit dem Wasser verbundenen Stadt die Vignetten, auf denen die Erschaf-

fung der Fische und die Sintflut dargestellt sind. Die schlichten Mosaiken der Apostel Matthäus und Markus in den Nischen, die den Haupteingang flankieren, stammen noch aus der Basilika des frühen 12. Jahrhunderts. Sie haben Feuer und Erdbeben überstanden und sind möglicherweise die ältesten der Kirche.

Drei Dogen und eine Dogaressa sind in den Wänden beigesetzt, aber die Grabstätten ziehen kaum Aufmerksamkeit auf sich. Das herausragende Grabmal ist das des Dogen Ordelafo Falier (gest. 1118). Es befindet sich zwischen den beiden Hauptportalen in einer erleuchteten Nische und ist von einer Steinplatte mit Schnitzwerk in einem islamisch anmutenden Stil bedeckt.

Im Boden hinter dem Hauptportal liegt ein **Gedenkstein** aus rotem Marmor in Form eines Diamanten. Er erinnert daran, dass hier am 13. Juli 1177 Friedrich Barbarossa, Kaiser des Heiligen Römischen Reichs, vor Papst Alexander III. kniete: ein Triumph für den Friedensstifter, den Dogen Sebastiano Ziani.

Der erste Blick ins Innere raubt dem Besucher den Atem. Man erkennt fünf Kuppeln, drei große und zwei kleinere. Dem Haupteingang am nächsten ist die **Pfingstkuppel**; sie ist wahr-

Der Markusdom ist ein typisches Produkt der venezianischen Kunst, in der verschiedene Stilarten zu einem eigenständigen Ausdruck verschmolzen wurden

scheinlich die älteste der Kirche (Mitte 12. Jh.). Das Kuppelmosaik stellt das Pfingstwunder dar. Der Heilige Geist in Gestalt einer Taube schwebt über den Aposteln und trägt die Feuerzungen zu ihren Häuptern herab. Das Werk ist ein Beispiel für die Meisterschaft der venezianischen Mosaikkünstler, die den byzantinischen mit dem romanischen Stil verbanden.

Die zentrale **Himmelfahrtskuppel** aus dem frühen 13. Jahrhundert stellt die Himmelfahrt Christi dar. Darunter zeigen Mosaiken aus dem 12. Jahrhundert Allegorien der vier Evangelisten: Zu sehen sind der geflügelte Löwe (Markus), der Engel (Matthäus), der Stier (Lukas) und der Adler (Johannes). Die lateinische Inschrift lautet: »Diese vier sind die Wächter der Kirche Christi, und ihr süßer Gesang hallt von jedem Teil des Himmels wider.« Die Szene *Christi Leiden im Garten* ist eine der dramatischsten der ganzen Kirche.

Die **Kuppel der Propheten** erhebt sich über dem Hochaltar. Die rückwärtige Wölbung der Apsis zeigt den segnenden Christus, eine Reproduktion des byzantinischen Originals von 1506.

Die rechte Seite der Kirche ist mit dem Dogenpalast verbunden und war dem Dogen vorbehalten, während die linke die Domäne der Priester war. In

Die Bronzequadriga, die vermutlich einst über der Rennbahn in Konstantinopel thronte, kam 1204 in den Besitz Venedigs

der **Kuppel des heiligen Leonhard** über dem rechten Seitenschiff sind die Heiligen Leonhard, Blasius, Clemens und Nikolaus zu sehen. Man nennt sie die »politischen Heiligen«, da immer dann ein Bildnis ergänzt wurde, wenn Venedig eine wichtige politische Verbindung etablierte. Über dem linken Seitenschiff befindet sich die **Kuppel des heiligen Johannes.**

Der **Hochaltar** wurde zur Bewahrung der Reliquien des heiligen Markus errichtet. Er weist einen bemerkenswerten Baldachin auf, der auf vier mit Reliefs verzierten Alabastersäulen ruht; diese zeigen 90 Szenen aus dem Leben Jesu und der Jungfrau Maria.

Die **Ikonostase,** die Chorwand, die Kirchenschiff und Chor voneinander trennt, wird überragt von den Statuen der

Jungfrau, der Apostel und des heiligen Markus. Ebenso wie das Silber- und Bronzekreuz in der Mitte sind es bemerkenswerte Arbeiten (1394) der Meister Jacobello und Pietro Paolo delle Masegne.

Die breite **Kanzel** aus dem 14. Jahrhundert auf der rechten Seite ist mit roten Marmorplatten verkleidet; sie wurde hauptsächlich für die Präsentation des neuen Dogen benutzt (heute predigt hier an hohen Festtagen der Kardinal von Venedig). Der Bedarf für eine Kanzel zum alltäglichen Gebrauch inspirierte den Bau der ungewöhnlichen zweistöckigen Kanzel auf der linken Seite, die vermutlich weltweit die einzige ihrer Art ist. Von der unteren Kanzel werden Texte aus dem Alten Testament vorgetragen, von der oberen wird das Evangelium verkündet.

Die **Madonna dello Schioppo,** die Madonna der Flinte, ist ein Säulenrelief, unter dem sich die üblichen Glaskästen mit den Gaben der Gläubigen befinden. Aber an der Seite ist ein Gewehr in die Säule eingelassen, das ein unbekannter venezianischer Kämpfer der Madonna spendete, nachdem er den Aufstand im Jahr 1848 überlebt hatte.

Das riesige Mosaik (1542–52) an der Wand des

linken Seitenschiffs über der Kapelle der Maria Nicopeia zeigt den **Baum Jesse**, den Familienstammbaum der Mutter Gottes. In diesem kunstvollen Werk kann man oben die Jungfrau mit Jesus im Arm sehen. Mancher nennt es San Marcos »Sixtinische Kapelle«.

Die **Loggia dei Cavalli** erstreckt sich über die ganze Hauptfassade. Hier standen die Dogen, um den Turnieren auf der Piazza beizuwohnen. Heute halten hier die vier Bronzepferde von San Marco Wache – es handelt sich dabei um Kopien, die Originale sind in einem Innenraum ausgestellt. Weitere Räume beherbergen ein kleines, sehenswertes Museum mit frühen Mosaiksegmenten und Tapisserien. Hier ist auch die bemalte Holzabdeckung für die Pala d'Oro (1345) von Paolo Veneziano untergebracht. Vom inneren Balkon über dem Hauptportal hat man einen tollen Blick von oben in das Kirchenschiff; hier ist man außerdem den Mosaiken näher, vor allem dem der Apokalypse.

Wenn Sie noch mehr Pracht ertragen können: Die **Schatzkammer** befindet sich im rechten Seitenflügel und zeigt einige der herrlichsten Silber- und Goldschätze der Welt. Sie waren Teil der Beute aus der Plünderung Konstantinopels 1204, am Ende des vierten Kreuzzugs. ■

Das Bild von Christus auf der Pala d'Oro ist eine der größten religiösen Emailtafeln, die je geschaffen wurden

Drei Kostbarkeiten

Im linken Seitenschiff befindet sich eine Kapelle, in der eine byzantinische Ikone aus dem 10. Jahrhundert gezeigt wird, die **Madonna Nicopeia**. Dieses Bild kam nach der Plünderung Konstantinopels im Jahr 1204 nach Venedig; es wurde bei Schlachten dem byzantinischen Kaiserheer vorangetragen.

Die vier **Pferde von San Marco** auf der Loggia der Basilika sind Kopien der Originale, die heute in einem Innenraum aufbewahrt werden. Diese Quadriga aus vergoldeter Bronze zog wahrscheinlich einen Kampfwagen und konn-

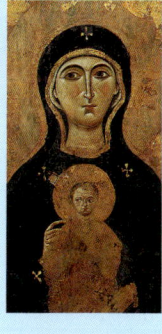

In Krisenzeiten erflehten die Venezianer den Segen der Madonna Nicopeia

te über der Rennbahn des Kaisers Konstantin in Konstantinopel gestanden haben. Auch diese einzige erhaltene Quadriga aus der Antike war Teil der Beute von 1204.

Die **Pala d'Oro** hinter dem Hochaltar ist Venedigs bedeutendstes sakrales Kunstwerk. Die goldene, mit Edelsteinen übersäte Schauseite zeigt religiöse Motive auf kleinen Emailplatten. Der Altaraufsatz wurde 975 in Konstantinopel für den Dogen Pietro Orseolo angefertigt, im 12./13. Jahrhundert vergrößert und 1342 im gotischen Stil umgestaltet.

Mosaiken

Die Basilika ist auf einer Fläche von 4240 Quadratmetern mit Mosaiken bedeckt, deren Entstehungszeit von der byzantinischen Epoche bis zur Renaissance reicht. Was hier glänzt, ist echtes Blattgold auf einer unendlichen Zahl von Glasstückchen. Vor diesem funkelnden Hintergrund, der symbolischen Farbe des Himmels, breitet sich die Summe von 800 Jahren Arbeit aus: 181 Heiligenfiguren, Propheten, Tugendpersonifikationen und unzählige Figuren aus der Bibel, von Abraham bis Joseph, von Salomon bis Salome.

Noah lässt die Taube fliegen – ein Motiv aus der Schöpfungsgeschichte

Mosaiken gab es schon in Rom und Ravenna; aber im 9. Jahrhundert waren vor allem die Byzantiner Meister dieser Kunst, und die Venezianer waren gelehrige Schüler. Grob sind die Mosaiken in zwei Kategorien unterteilt: in die biblischen und die hagiografischen (Heiligen-)Figuren. Die Themen aus dem Alten Testament korrespondieren genau mit den wöchentlichen Lesungen der Liturgie, und viele Bilder zeigen eine Symbolik, die den frühen Venezianern vertraut war. Bemerkenswert an der Schöpfungsszene im Narthex sind die beiden majestätischen Löwen, Venedigs Wappentiere, die sich vor ihrem Schöpfer werfen. Der Löwe, der das Vorrecht hat, aus der Arche zu steigen, repräsentiert sowohl den Löwen von Juda als auch den von Venedig, seinen würdigen Nachfolger.

Es ist unschwer zu erkennen, dass die Stile stark variieren. Die frühesten Mosaiken folgen einfachen byzantinischen Vorgaben und wurden von einer Person entworfen und ausgeführt. In der Blüte der Hochrenaissance hingegen wurden die Aufgaben verteilt, und einige der eher malerischen Mosaiken des 15. Jahrhunderts wurden nach Skizzen der größten Maler Venedigs angefertigt: Tizian, Tintoretto, Jacopo Palma il Giovanne, Lorenzo Lotto, Sebastiano Ricci und andere. Ein Beispiel ist der Zyklus von Tintoretto in der Wölbung bei der Himmelfahrtskuppel, der das Leben Christi darstellt. Manche denken, die byzantinischen Arbeiten passten nicht zu denen der Renaissance, aber sie alle sind ein mächtiges Zeugnis für die Hingabe der Stadt an ihre Basilika und ihren Schutzheiligen.

Die Tradition des Mosaiks in San Marco wurde im Lauf der Jahrhunderte nicht kontinuierlich gepflegt. Nach dem Tod des letzten Mosaikmeisters Jacobello della Chiesa (1424) geriet die Basilika im 15. Jahrhundert in eine Krise. Eine Anfrage des Senats brachte den florentinischen Künstler Paolo Uccello nach Venedig, damit er neue Mosaiken entwerfe. Auch zwei weitere Künstler aus der Toskana, Michele Giambono und Andrea del Castagno, arbeiteten in San Marco. Obwohl viele ihrer Arbeiten nicht erhalten sind, war ihr Beitrag

In drei Kuppeln im Atrium ist Joseph in Ägypten zu sehen – vielleicht um das Land zu ehren, aus dem die Reliquien des heiligen Markus kamen

als Lehrer für die venezianischen Mosaikkünstler von großer Bedeutung. Doch ihre eher dynamischen »Mosaikgemälde« setzten der großen byzantinischen Tradition ein Ende. Zwei Jahrhunderte später starben viele Mosaikmeister bei der Pestepidemie von 1630, und die späteren Werke waren von schwankender, aber im Allgemeinen niedrigerer Qualität. Dennoch: Die »Goldene Basilika« zählt zu den Höhepunkten abendländischer Mosaikkunst.

Dogenpalast

Im Jahr 726 entschieden die Venezianer, deren Stadt noch eine Kolonie von Byzanz war, dass sie von einem Dogen (Fürsten) regiert werden wollten, und sie suchten einen passenden Ort für dessen Residenz. 810 schenkte der Doge Agnello Partecipazio der Stadt eine kleine Insel mit Blick auf den Bacino di San Marco.

Palazzo Ducale

- 🅰 Karte S. 73
- ✉ Piazza San Marco
- ☎ 041 271 5911
- 🕐 Führungen in Englisch durch die Geheimen Gänge (Itinerari Segreti) mit Reservierung 9.55, 10.45 und 11.30 Uhr; neu ist die Führung »Die geheimen Schätze des Dogen« mit Reservierung tgl. 11.45 Uhr, auch in Englisch
- 💲 €€€€
- 🚤 1, 2, 10, N nach Vallaresso oder 4.1, 5.1 nach San Zaccaria

Im Lauf der Jahrhunderte unterlag der Dogenpalast erheblichen Veränderungen, aber er war immer der Sitz der venezianischen Regierung. Das heutige Gebäude spiegelt eindrucksvoll die gewaltigen Dimensionen und die Details wider, mit denen die Republik Venedig sich als reiche und selbstbewusste Kolonialmacht präsentierte.

Nur einige schwache Spuren, die dem Besucher verborgen bleiben, sind von der ursprünglichen Konstruktion erhalten; Brände beschädigten sie in den Jahren 976, 1094, 1483, 1574 und 1577. Auch die Expansion der Republik Venedig erforderte mehr und mehr Räume für die verschiedenen Verwaltungseinheiten. All das verlangte nach steter Erneuerung, wobei die letzte 1615 abgeschlossen wurde. Die freie und ungeschützte Lage des Palasts demonstriert, wie sicher sich der venezianische Staat fühlte – die Herrscher brauchten sich hier nicht in Festungen zu verbarrikadieren wie die von Florenz und anderen Städten, die immer

mit Verschwörung und Rebellion rechnen mussten.

Verweilen Sie, bevor Sie eintreten, zwischen dem Palast und dem Campanile, und blicken Sie hinauf zu der lang gestreckten Loggia. Dort sind zwei rosarote Säulen zu erkennen, die von den anderen weißen abstechen. Von hier aus nahm der Doge offiziell an den Exekutionen teil, die zwischen den beiden Säulen mit den Statuen der Löwen von San Marco und San Teodoro vollstreckt wurden. Nicht selten stellte man anschließend den Leichnam des Opfers hier oben zur Schau, wie es zum Beispiel mit dem verstümmelten Körper des verräterischen Dogen Marino Falier geschah.

Der wohl eindrucksvollste Raum ist die **Sala del Maggior Consiglio** (der Große Ratssaal), der größte ungestützte Saal Europas. Gleich unter der Decke sind die Porträts der 76 ersten Dogen aufgereiht. An der Westwand bedeckt ein schwarzer Vorhang die Stelle, an der das Porträt des Dogen Marino Falier hätte

Leben im Gefängnis

Venedig war eine der ersten Städte Europas, die über ein funktionierendes Staatsgefängnis verfügten. Zellen und Gänge mögen heute grauenerregend wirken, waren aber für damalige Verhältnisse fortschrittlich. Gefangene wurden nach der Schwere ihres Vergehens getrennt, und es gab besondere Zellen für jene, die sich selbst stellten. Reichen oder aristokratischen Insassen erging es besser.

Die Überbelegung stellte ein dauerndes Problem dar. Gänge und Wände wa-

Trotz mancher Erleichterungen waren die Lebensumstände in den Zellen des Dogenpalasts hart

ren mit Holz verkleidet, um Feuchtigkeit und Kälte abzuhalten, aber das bildete einen idealen Nährboden für Fliegen, Kakerlaken und Wanzen, die in den Zellen *(pozzi)* für zusätzliches Ungemach sorgten.

Die üblichen Klagen bezogen sich auf die Zusammenlegung von kranken und gesunden Häftlingen, auf korrupte Wächter und Verzögerungen des Prozessbeginns. Viele karitative Organisationen wurden zu dem Zweck gegründet, sich der Häftlinge anzunehmen.

Der Dogenpalast zeigt – ungewöhnlich für Europa – neben gotischen auch levantinische Elemente

hängen sollen. Er wurde 1335 des Verrats für schuldig befunden und hingerichtet; von ihm ist daher kein Bildnis erhalten.

Ursprünglich war das Gefängnis im Palast untergebracht; aber als die »neuen Gefängnisse« gebaut wurden, führte man die Häftlinge über den Ponte dei Sospiri, die Seufzerbrücke (ein späterer, romantisierender Name, der die Hoffnungslosigkeit ausdrückt), vom Palast zu den Zellen. Sie

Die Goldene Treppe sollte Würdenträger beeindrucken, die den Dogenpalast betraten

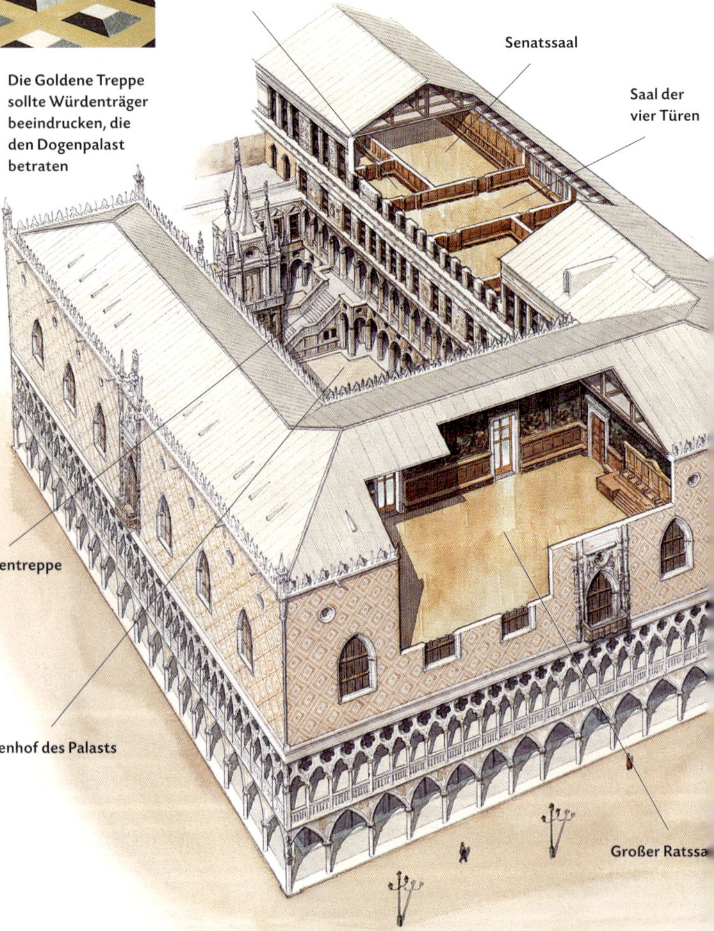

Saal des Staatsrats

Senatssaal

Saal der vier Türen

Gigantentreppe

Innenhof des Palasts

Großer Ratssa

Casanova

Meist löst sein Name nur eine bestimmte Assoziation aus: die des großen Verführers. Aber Giovanni Giacomo Casanova (1725–98) war in vielerlei Hinsicht im 18. Jahrhundert Inbegriff des Selfmademan. Er erfasste instinktiv die Theatralik des Lebens im Europa seiner Zeit und glaubte zuversichtlich an das Wort des römischen Philosophen Seneca, das er auch oft zitierte: »Folge deinem Weg.« Oder, einfacher ausgedrückt: »Mach, was du willst.« Der Sohn einer Schauspielerin, die ihn seinem Schicksal überließ, sah nicht besonders gut aus, aber er war eine imposante Erscheinung, hatte »brennende Augen« und war außerordentlich intelligent. Er übersetzte Homers *Ilias* ins Venezianische, war unter anderem Jurist, Bibliothekar, Theaterdirektor und schrieb seine Memoiren auf Französisch.

Für kurze Zeit dachte Casanova an eine Laufbahn als Priester, aber dann reiste er durch Europa, von London über Paris nach Wien, und hielt sich mit verschiedenen Tätigkeiten über Wasser: als Musiker, Spieler, Diplomat und schließlich Spion. Einige Forscher vertreten die These, dass zumindest ein Teil seiner legendären Eroberungen im Dienst der Spionage standen. Seine Autobiografie vermittelt einen anderen Eindruck.

Seine berühmteste Eskapade, die er in seiner viel gelesenen und in mehrere Sprachen übersetzten Autobiografie in allen Einzelheiten erzählt, ist wohl der Ausbruch 1756 aus den *piombi*, den berüchtigten Zellen direkt unter dem Gefängnisdach, die als ausbruchsicher galten. Casanova starb verbittert und einsam 1798 im böhmischen Exil.

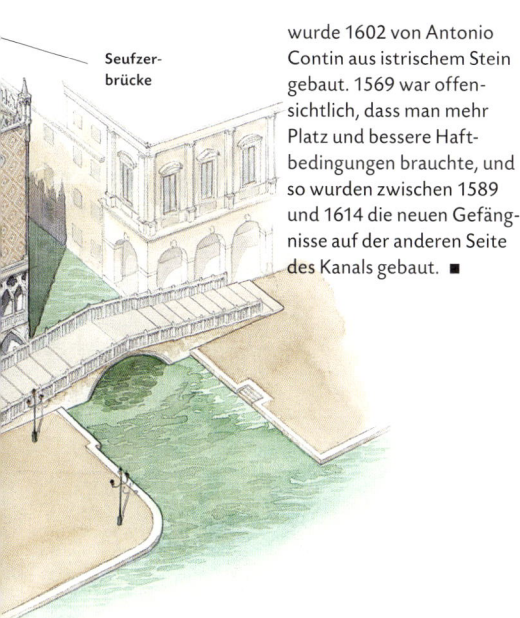

Seufzerbrücke

wurde 1602 von Antonio Contin aus istrischem Stein gebaut. 1569 war offensichtlich, dass man mehr Platz und bessere Haftbedingungen brauchte, und so wurden zwischen 1589 und 1614 die neuen Gefängnisse auf der anderen Seite des Kanals gebaut. ■

Vom Markusplatz nach Norden

In diesem Viertel mit den wichtigsten Sehenswürdigkeiten ballen sich die Geschäfte. Folglich ist es der betriebsamste Teil der Stadt. Deshalb lädt das Viertel kaum zum Flanieren ein, aber wenn Sie die Hauptgeschäftszeiten meiden – oder gar am frühen Morgen kommen –, ist es eine Ecke der Stadt, die sich bestens zum Schaufensterbummel anbietet.

Die Geschäfte in der Mercerie dell'Orologio in der Vorweihnachtszeit

Wenn Sie (mit Blick auf die Piazza) vor der **Basilica di San Marco** stehen, wenden Sie sich rechts zur **Torre dell'Orologio** (Uhrturm). Dahinter beginnt die lange Straße Mercerie dell'Orologio. Einst waren die Venezianer angehalten, hier ihre Pferde abzustellen, um Gedränge auf der Piazza zu vermeiden.

Bleiben Sie rund 20 m weiter, am Sotoportego del Cappello, stehen, und sehen Sie nach oben. Über dem Arkadendurchgang sieht man die in Stein gemeißelte Figur einer runzligen alten Frau und einen Marmormörser (zum Mahlen von Salz und Gewürzen), der ihr aus der Hand zu fallen scheint. Die Venezianer nennen sie schlicht **La Vecia del Morter**, »die alte Dame mit dem Mörser«. Sie hieß Lucia Rossi

NICHT VERSÄUMEN:

La Vecia del Morter • Palazzo Loredan • Teatro Goldoni • Bacino Orseolo

und bewahrte Venedig am 15. Juni 1310 vor einem Putsch durch Baiamonte Tiepolo und Marco Querini. Als sie Soldaten hörte, die zum Dogenpalast zogen, lehnte sie sich aus dem Fenster und warf ihren Mörser auf die Straße, der dem Fahnenträger auf den Kopf fiel. In dem folgenden Handgemenge konnte die Miliz des Dogen die Rebellen überwältigen.

Am Ende der Straße biegen Sie rechts in den Campo San Zulian ein. Die Kirche **San Zulian** ① ist dem Heiligen gleichen Namens geweiht, einem frühen Märtyrer. Die Fassade, die auf Pläne Sansovinos zurückgeht, schmückt die Statue Tommaso Rangones, der im Jahr 1553 für die Renovierung der Fassade unter der Bedingung bezahlte, dass man sein Standbild aufstelle. Mit ähnlichem Selbstbewusstsein ließ der Gelehrte drei Inschriften anbringen, die seine Leistungen würdigen – in Latein, Griechisch und Hebräisch.

Wenden Sie sich nach links, und gehen Sie die Hauptstraße, die Mercerie San Zulian, hinauf. Oben auf der Brücke, dem **Ponte dei Bareteri,** haben Sie zwei Möglichkeiten (beide führen zum selben Ziel). Entweder gehen Sie weiter geradeaus die Mercerie del Capitello entlang, oder Sie wählen den hübscheren Weg, biegen sofort rechts ab und gehen am Kanal entlang unter dem Sotoportego de le Acque hindurch und wenden sich dann nach links. Auf beiden Routen gibt es nur Geschäfte zu sehen.

In beiden Fällen gelangen Sie auf die **Mercerie San Salvador.** An der nächsten Kreuzung münden zwei große Straßen in den **Campo San Salvador.** Die große, aber nicht sehr attraktive Kirche **San Salvador** ❷ wurde im

🅰	Siehe auch Karte S. 72f
▶	Piazza San Marco
↔	1 km
⊕	1 Stunde
▶	Piazza San Marco

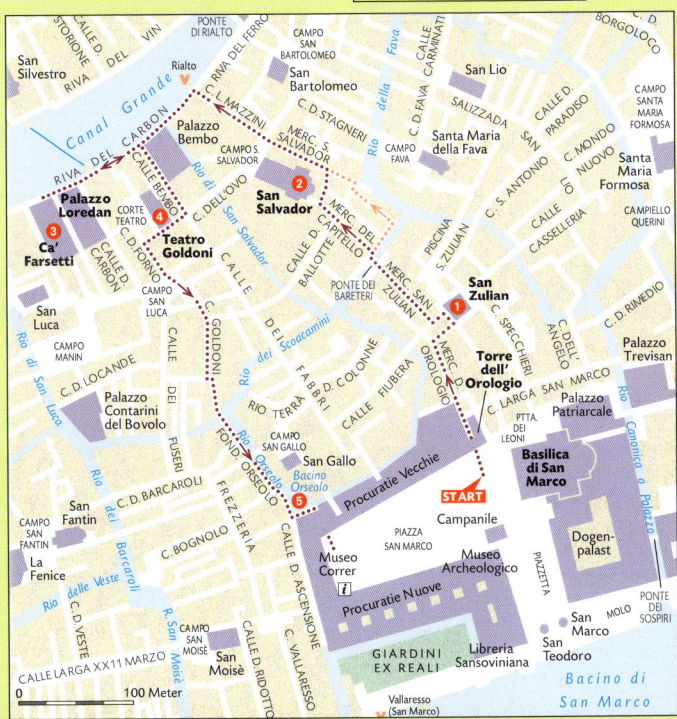

Hinter der Piazza San Marco liegt der Bacino Orseolo. Hier befindet sich eine der wichtigsten Anlegestellen, an denen Gondeln Passagiere aufnehmen

16. Jahrhundert von einer ganzen Reihe Architekten, zuletzt von Jacopo Sansovino (1534), wieder aufgebaut. Das Gemälde im Inneren, *Das Abendmahl von Emmaus*, stammt, wie man vor Kurzem herausgefunden hat, nicht von Bellini, sondern von Vittore Carpaccio (1524). *Die Verkündigung* von Tizian (1564/65) zeigt im Hintergrund eine bedrohliche venezianische Skyline, über der sich Rauch und Flammen eines Feuers türmen.

Weiter geht es in Richtung Canal Grande, der vom Platz aus zu sehen ist. Wenn Sie das Ufer erreichen, wenden Sie sich nach links und gehen entlang der Riva del Carbon (an der einst Kohle verladen wurde) zum **Palazzo Loredan** und der **Ca' Farsetti** ❸ (siehe S. 60), zwei Palästen aus dem 13. Jahrhundert im romanisch-byzantinischen Stil. Ca' Farsetti (das braune Gebäude) und Palazzo Loredan (sein weißer Zwilling) sind nun miteinander verbunden und dienen als Rathaus. Samstagmorgens kann man häufig Brautpaare sehen, die der Bürgermeister gerade getraut hat und die auf dem Balkon posieren. An

der Ecke zur Calle del Carbon sehen Sie an der Palastwand die marmorne **Piscopia-Gedenktafel** zu Ehren von Elena Lucrezia Cornaro Piscopia. Sie wurde am 25. Juni 1678 in diesem Palast geboren und war die erste Frau der Welt mit einem Universitätsabschluss (der Universität von Padua).

Gehen Sie nun zurück zur Calle Bembo, biegen Sie dort rechts ein und wenden Sie sich am nächsten offenen Platz wieder nach rechts. Sie sind nun am **Teatro Goldoni** ❹, das nach dem venezianischen Stückeschreiber Carlo Goldoni (1707–93) benannt ist. Er hatte sich auf Komödien über das venezianische Leben in venezianischer Sprache spezialisiert. Das Theater hat drei großartige Bronzeportale, die 1979 von Gianni Aricò angefertigt wurden. Das linke stellt die drei wichtigsten venezianischen Feste dar (von oben nach unten): Redentore (siehe S. 198), das Fest der Madonna della Salute (siehe S. 188) und die Regata Storica (siehe S. 188). Das mittlere zeigt eine Reihe venezianischer Handwerksberufe und das rechte den wohlhabenden Goldoni selbst.

Gehen Sie weiter durch die Calle de Forno, und biegen Sie rechts auf den **Campo San Luca** ab. Überqueren Sie den Platz diagonal nach links, und gehen Sie die Calle Goldoni hinunter; nach einigen Kurven gelangen Sie über eine größere Brücke zum **Bacino Orseolo** ❺. In dieser Bucht, benannt nach dem Dogen Pietro Orseolo II. (Regierungszeit 991–1009), befindet sich eine der acht offiziellen Gondelstationen. Es ist ganz interessant, die Gondolieri zu beobachten, wie sie ihre Fahrzeuge auf allerengstem Raum manövrieren. Unter den Arkaden zu Ihrer Linken hindurch erreichen Sie wieder die Piazza San Marco.

Das westliche San Marco

Den Westteil von San Marco mit seinen vielen Kirchen und Plätzen kann man als Venedigs Innenstadt bezeichnen. Hier lässt sich neben zahlreichen Sehenswürdigkeiten auch venezianisches Alltagsleben erkunden.

Gondolieri warten an vielen Stellen, meist an Brücken wie hier am Ponte delle Ostreghe

Das westliche San Marco kann sich rühmen, eines der führenden Opernhäuser der Welt zu besitzen: **La Fenice,** für das Verdi *Rigoletto* und *La Traviata* komponierte. Ein verheerender Brand zerstörte das berühmte Opernhaus zuletzt am 29. Januar 1996. Nach fast achtjähriger Restaurierung konnte das Gran Teatro La Fenice am 14. Dezember 2003 wieder eröffnet werden. Es empfiehlt sich, die Audioguide-Führung zu wählen und die Kaiserloge anzuschauen.

Die Kirchen in der Gegend um La Fenice haben so manche Geschichte über ortsansässige Familien und Abenteurer zu erzählen.

Eine der wenigen Kirchen, die Figuren aus dem Alten Testament gewidmet sind, ist **San Moisè,** die 1682 von Alessandro Tremignon wieder aufgebaut wurde. Die Familie Fini hatte ihn beauftragt, eine ausschweifende Barockfassade zu entwerfen, auf der die merkantilen Unternehmungen der Familie gefeiert werden sollten. Im Inneren befindet sich ein extravagantes Altarbild, das aus dem Stein gehauen wurde. Es zeigt, wie Moses die Zehn Gebote empfängt.

Die Kirche **Santa Maria del Giglio,** der heiligen Maria der Lilie geweiht, ist auch bekannt als die Kirche der Zobenigo, der slawischen

Westliches San Marco

🗺 Karte S. 72f

La Fenice

🗺 Karte S. 72

✉ Campo San Fantin

💲 €€

🚤 1 bis Giglio oder S. Angelo

San Moisè

🗺 Karte S. 73

✉ Campo San Moisè

☎ 041 724 1044

🚤 1, 2, N bis Vallaresso oder 1 bis Giglio

Die Kirche Santo Stefano (15. Jh.) ist eine von vier Kirchen in Venedig mit Holzdecken die Form eines Schiffskiels

Santa Maria del Giglio

- 🅰 Karte S. 72
- ✉ Campo Santa Maria del Giglio
- ☎ 041 275 0462
- 💲 €
- 🚢 1 bis Santa Maria del Giglio

Santo Stefano

- 🅰 Karte S. 72
- ✉ Campo Santo Stefano
- ☎ 041 522 2362
- 💲 €
- 🚢 1, 2, N, bis Accademia; 2, N, bis San Samuele

Familie, die im 10. Jahrhundert zu ihrer Errichtung beitrug; aber an der Fassade (von Giuseppe Sardi, 1680–83) wird die Familie Barbaro dargestellt. Vorn in der Mitte sieht man Antonio Barbaro mit Kommandostab und dem typischen flachen Hut eines *capitano da mar.* Das Schönste an der Fassade sind sechs marmorne Reliefplatten von dalmatinischen und italienischen Befestigungsanlagen, die in Barbaros Karriere eine Rolle spielten (von links nach rechts): Zara, Candia (Kreta), Padua, Rom, Korfu und Split.

Die Kirche **Santo Stefano** aus dem 15. Jahrhundert ist insbesondere für ihr hölzernes Mittelschiffgewölbe bekannt, das die Form eines Schiffskiels hat. Die Augustinerkirche birgt einige Grabmale der berühmtesten venezianischen Persönlichkeiten, darunter das Bronzesiegel auf dem Bo-

den des Hauptschiffs, das das Grab (errichtet von Filippo Parodi, 1603–1702) des Dogen Francesco Morosini (1619–94) markiert. Er war der Sieger in den Kriegen auf dem Peloponnes. Außerdem sind dort drei Gemälde von Tintoretto aus seiner späten Schaffensperiode zu bewundern: *Das letzte Abendmahl, Die Fußwaschung* und *Christus im Garten.*

An der Außenmauer auf der linken Seite ist eine Marmortafel angebracht, die vom 20. Juni 1663 datiert; solche Tafeln, auf denen Ermahnungen der Regierung oder einer Behörde zu lesen sind, finden sich überall in der Stadt. Diese weist darauf hin, dass nahe der Kirche Glücksspiele verboten sind; auch das Aufstellen von Verkaufsständen oder blasphemische Reden (eine übliche Erscheinung auf Marktplätzen oder an Stätten des Glücksspiels) sind untersagt. Zuwiderhandelnden drohen Gefängnis, Galeere oder Verbannung.

Nicht weit von dem Platz steht der **Palazzo Pisani**. Die Pisanis waren wohlhabende Geschäftsleute, die im 14. Jahrhundert als Erste eine Wechselstube auf dem Rialto eröffneten. Die Festlichkeiten der Familie waren legendär – 1784 gab Almoro Alvis I. ein Bankett und einen Ball mit 800 geladenen Gästen zu Ehren König Gustavs III. von Schweden. Das Abendessen wurde von 170 Bediensteten serviert, und der König speiste von einem goldenen Gedeck, das eigens für diesen Anlass gefertigt worden war. Nach dem unvermeidlichen Bankrott der Familie wurde der Palast in ein Wohnhaus umgebaut. 1940 erwarb die Stadt das Gebäude; es beherbergt heute das Benedetto-Marcello-Musikkonservatorium. ■

Feuer und Feuerwehr

Historisch gesehen stellte das Feuer für Venedig eine viel größere Gefahr dar als das Wasser. Katastrophale Brände zerstörten 976 und 1479 den Dogenpalast und den Markusdom; halb Venedig brannte 1105 nieder, und der gesamte Rialto-Markt ging 1505 in Flammen auf. Die letzte Brandkatastrophe war die Zerstörung des legendären Opernhauses La Fenice 1996, das nach jahrelangen Kontroversen weitgehend originalgetreu wiederaufgebaut wurde.

Die venezianischen Häuser sind miteinander verbunden und die Wände häufig mit leicht entzündlichem Material, wie Holzspänen, aufgefüllt. Die Gebäude enthalten nicht selten unbekannte Hohlräume, die dann wie Kamine brandbeschleunigend wirken.

Wie überall ist auch in Venedig das Löschen von Bränden nicht die häufigste Aufgabe der Feuerwehr. Sie holt Katzen von Bäumen, hilft älteren Damen, die sich ausgesperrt haben, fängt Bienenschwärme ein, sichert Stellen, an denen Putz von den Hauswänden gefallen ist, und fischt treibende Gegenstände aus dem Wasser, wenn sie eine Gefahr für die Schifffahrt darstellen.

Bei einem Einsatz springen die Feuerwehrleute hier in ihre Spezialboote, die auch durch die engen Kanäle passen. Sie müssen nicht nur den kürzesten Weg zur Brandstätte kennen, sondern auch die Gezeiten berücksichtigen – bei Flut ist es nämlich unmöglich, unter einigen Brücken hindurchzukommen, und auch bei niedriger Ebbe erreichen die Boote nicht ihr Ziel. Das Löschwasser wird zum Teil aus dem Kanal gepumpt.

Nach dem Brand am 29. Januar 1996 standen nur noch die Grundmauern des La Fenice

Weitere Sehenswürdigkeiten

Die »Schneckenhaustreppe« des Palazzo Contarini del Bovolo beweist Liebe zur Verzierung und technische Fertigkeit

Palazzo Contarini del Bovolo

Nahe dem Campo Manin steht ein wenig versteckt der elegante, im 15. Jahrhundert erbaute Palast mit seiner charakteristischen spiralförmigen Außentreppe, die ihm den Spitznamen *bovolo* (Schnecke) einbrachte. Der winzige Garten mit seinen sieben alten Brunnen bildet eine großartige Kulisse. Der Palast ist für Besucher gesperrt, aber man kann von dem engen Innenhof aus die Treppe bewundern.

🗺 Karte S. 72 ✉ Corte Contarini del Bovolo ☎ 041 271 9012 🚤 1 bis Sant' Angelo oder 1 bis Giglio

Palazzo Fortuny

Auf dem halb versteckten Campo San Beneto steht dieser Palast aus dem 15. Jahrhundert. Der frühere Palazzo Pesaro degli Orfei wurde ursprünglich für die Familie Pesaro gebaut. Im späten 19. Jahrhundert erwarb ihn der katalonische Künstler Mariano Fortuny, der die aus dem 15. Jahrhundert stammende Technik des Stofffärbens und des Webens mit Gold- und Silberfäden wiederentdeckte. Künstlerinnen Anfang des 20. Jahrhunderts wie Eleanora Duse, Sarah Bernhardt und Isadora Duncan schätzten seine Stoffe sehr. Heute ist hier das Museo Fortuny untergebracht

🗺 Karte S. 72 ✉ Campo San Beneto ☎ 041 274 7607 🕐 Nur zu Ausstellungen, Di geschl. 💲 €€ 🚤 1 bis Sant' Angelo

Palazzo Grassi

Eines der eindrucksvollsten Museen in Venedig ist der modern umgestaltete Palazzo Grassi, der sich auf aufsehenerregende Wanderausstellungen spezialisiert hat – Gold der Skythen, Kunst der Maya –, die kein anderes Museum der Stadt organisieren kann oder will.

🗺 Karte S. 72 ✉ San Samuele ☎ 041 271 9031 💲 €€€ 🚤 2, N bis San Samuele

Kirche San Vidal

Zwischen Ponte dell'Accademia und Campo San Stefano erhebt sich die Kirche San Vidal, die der Doge Vitale Falier im 11. Jahrhundert errichten ließ. Der heutige Bau jedoch stammt vom Ende des 17. Jahrhunderts. Die säkularisierte Kirche, die als Konzerthalle dient, birgt unter anderem ein Werk Carpaccios: *Die Madonna mit dem Kind und vier Heiligen* (1514).

🗺 Karte S. 72 ✉ Campo San Vidal ☎ 041 277 0561 🚤 1, 2, N bis Accademia

Castello, Venedigs größter *sestiere*, verdankt seinen Namen der massiven Befestigungsanlage, die ihn einst schützte; später entstand hier auch die burgähnliche Werftanlage Arsenale

Castello & östliche Bezirke

Ein griechischer Löwe bewacht das Arsenale

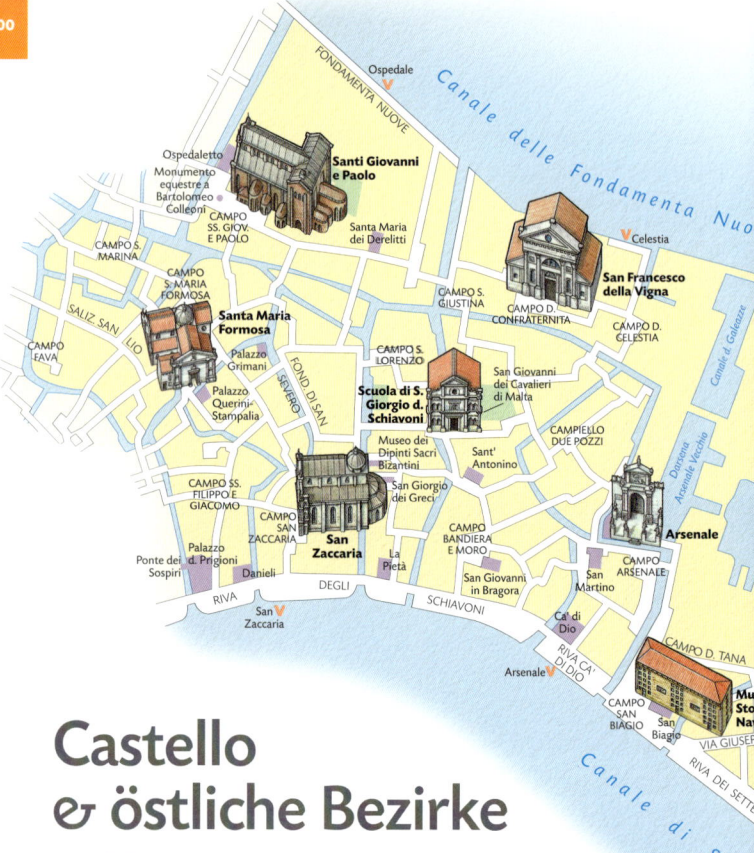

Castello
& östliche Bezirke

Castello besitzt wohl die größte Vielfalt an Sehenswürdigkeiten Venedigs, von der großartigen Basilica di Santi Giovanni e Paolo bis zum dem Arbeiterviertel an der Via Garibaldi. Außerdem kann man grüne Parkanlagen genießen oder die Uferpromenade der Lagune entlangbummeln.

Auch Venedig hat sein Nord-Süd-Gefälle: Die Castellani leben in Castello und im gesamten Gebiet nördlich des Canal Grande, die Nicolotti im Süden; ihr Name leitet sich von der Kirche San Nicolò dei Mendicoli ab. Die Rivalität der beiden war oft so groß, dass es sogar zu Straßenschlachten kam.

Castello hatte Grund, stolz zu sein: Hier stand das Arsenale, das ohne Zweifel zusammen mit dem Rialto-Markt das Zentrum von Venedigs Macht bildete. Aber je weiter man sich heute von San Marco Richtung Osten entfernt, umso weniger spürt man den Trubel der Stadt. Hier stößt man auf Plätze, an denen nicht einmal ein Café zu finden ist. Man schlendert durch kleine Straßen voller Wäsche, die auf den Leinen flattert. Am äußersten Ende, wo sich neben San Pietro di Castello der separat stehende weiße Campanile erhebt, hat man das Gedränge von San Marco längst vergessen.

In Castello stehen einige der großartigsten gotischen und barocken Bauwerke Venedigs. Die Basilica di Santi Giovanni e Paolo mit den Grabstätten von 25 Dogen wird oft das Pantheon der Stadt genannt; aber auch San Zaccaria und San Francesco della Vigna sind prächtige Kirchen. Ein Tipp (nicht nur) für Kinder ist das Museo Storico Navale. Für Überraschungen sorgt die Biennale (siehe S. 46); die internationale Ausstellung moderner Kunst füllt die Pavillons in den Giardini Pubblici, den öffentlichen Gärten. ■

Zur Orientierung

0   400 Meter

rande

San Pietro

CAMPO S. DANIELE

CAMPO SAN PIETRO

San Pietro di Castello

Canale di San Pietro

CAMPO DI RUGA

ISOLA DI SAN PIETRO

CAMPO D. POMERI

Monumento a Garibaldi

FOND. SANT'A NNA

Rio di Quintavalle

GIARDINI GARIBALDI

VIALE GARIBALDI

SECCO MARINA

FOND. SAN GIUSEPPE

Arco Monumentale

RIO TERRÀ S. GIUSEPPE

Giardini

GIARDINI PUBBLICI

RIVA DEI PARTIGIANI

VIALE TRENTO

Biennale Internazionale d'Arte

Viale 24 MAGGIO

Darsena di Sant'Elena

VIALE QUATTRO NOVEMBRE

CAMPO D. GRAPPA

CALLE OSLAVIA

VIALE PIAVE

FOND. SANT'ELENA

CAMPO SPORTIVO

CAMPO D. CHIESA

CAMPO M. STRINGARI

CALLE

VIALE

Sant' Elena

VIALE SANT'ELENA

PARCO DELLE

VIALE VITTORIO VENETO

VIALE QUATTRO NOVEMBRE

VIALE PIAVE

ISOLA DI SANT'ELENA

Sant' Elena

RIMEM-BRANZE

Santi Giovanni e Paolo

Mit dem Bau dieser Kirche, die zu den schönsten Venedigs zählt, begann man 1246 auf einem Fleckchen, das damals am Ufer der Lagune lag. Der Doge Jacopo Tiepolo hatte dem Dominikanerorden das Land geschenkt. Das 1430 geweihte, größte gotische Gotteshaus in Venedig ist 85 Meter lang und 32 Meter hoch und hat damit fast die gleichen Ausmaße wie Santa Maria Gloriosa dei Frari. Man mag die Frari-Kirche als gefälliger empfinden, aber Santi Giovanni e Paolo besticht mit großartiger Strenge.

Santi Giovanni e Paolo

 Karte S. 100

 Campo Santi Giovanni e Paolo

☎ 041 523 5913

$ €

�= 4.1, 4.2, 5.1, 5.2, 12, 22, N bis Fondamenta Nuove; 4.1, 4.2, 5.1, 5.2, 22 bis Ospedale

San Zanipolo, wie die Kirche im venezianischen Dialekt heißt, wird wegen der Notablen, die hier begraben liegen, oft als das Pantheon von Venedig bezeichnet. Tatsächlich bekommt man hier die Grabstätten der größten Helden Venedigs zu sehen: Vettor Pisani, der Sieger über die Genueser bei Chioggia (1380); Marcantonio Bragadin, der den Märtyrertod bei der Belagerung Zyperns durch die Türken starb (1571); Lazzaro Mocenigo, der die türkische Flotte in den Dardanellen besiegte (1656); der Doge Leonardo Loredan, der Venedig vor den Angriffen der Liga von Cambrai schützte (1508); und Sebastiano Venier, Sieger der Schlacht von Lepanto (1571).

Die schlichte Backsteinfassade war einst mit vielfarbigen Marmorplatten verkleidet. Das Marmorportal (1459 von Bartolomeo Bon errichtet) enthält ein Säulenpaar, das für die Kathedrale Santa Maria Assunta in Torcello bestimmt war. Sechs Sarkophage flankieren den Eingang; der zweite und der dritte auf der linken Seite enthalten die sterblichen Überreste des Dogen Jacopo Tiepolo (gest. 1249) und die seines Sohns, des Dogen Lorenzo Tiepolo (gest. 1275).

Das Kirchenschiff gibt einen trefflichen Eindruck von den Ausmaßen des Gebäudes, und es zeigt die typisch venezianische Mischung aus Stein und Ziegel. Im Zentrum befand sich einst das hölzerne Chorgestühl der Mönche, wie es noch in der Frari-Kirche zu sehen ist; aber hier wurde es 1682 entfernt, da der Platz für öffentliche religiöse Zeremonien, insbesondere für die Bestattung von Dogen, gebraucht wurde.

Nicht wenige der Kunstwerke und Monumente wurden aus anderen Kirchen hierher gebracht, hauptsächlich aus denen, die Napoleon 1807 schließen oder zerstören ließ.

Den Rundgang beginnt man am besten auf der rechten Seite. Halten Sie nach dem Grab von Marc-

antonio Bragadin Ausschau, dem nach dem Fall von Zypern 1571 bei lebendigem Leib die Haut abgezogen wurde – die in einer Urne bewahrt wird. Das Grabmal (spätes 16. Jh.) stammt von Vincenzo Scamozzi, die Büste (1607) von Tiziano Aspetti; der Schöpfer des schwarz-weißen Freskos, das Szenen der Tortur zeigt, ist nicht bekannt.

Das großartige Altarbild im zweiten Joch zeigt den heiligen Vinzenz Ferrer (Giovanni Bellini, 1465) und eine Anzahl weiterer Heiliger. Bemerkenswert ist die eindrucksvolle Gestaltung des Lichts, das seinen Ursprung etwas unterhalb der Gesichter zu haben scheint.

Danach kommt man zu zwei Kapellen. Die erste, die Cappella della Pace, ist einer byzantinischen Ikone geweiht, die 1349 nach Venedig kam. Das überwältigende Barockgrabmal der Familie Valier ist das Werk von Andrea Tirali (1737). »Die drei scheinen – wie die Hauptdarsteller im Theater – rauschenden Applaus entgegenzunehmen«, schrieb Da Mosto in seiner Geschichte der Dogen. Es folgt die Dominikuskapelle mit Giambattista Piazzettas Deckengemälde *Apotheose des heiligen Dominikus* (1727), eines der besten Kunstwerke aus dem Venedig des 18. Jahrhunderts. Das rechte Querschiff hat ein groß-

Noch immer ist der Dominikanerorden für die Basilika verantwortlich, in der 25 Dogen begraben liegen

artiges Buntglasfenster, wohl eine der schönsten Arbeiten aus den Glaswerkstätten von Murano. Der obere Teil wurde nach Zeichnungen von Bartolomeo Vivarini angefertigt; die Darstellungen Marias, Johannes des Täufers und des heiligen Petrus sind von Cima de Conegliano; der untere Teil (1531) stammt von Gerolamo Mocetto. Unter dem Fenster rechts das Gemälde *Die Almosenspende des heiligen Antonius Pierozzi* von Lorenzo Lotto (1480–1556): Bettler und Volk reißen sich um die Almosen des Heiligen.

Die **Kreuzigungskapelle** rechts vom Hochaltar war der Sitz der Scuola di San Girolamo, auch »Die Verdammten« genannt, da sich die Hilfsorganisation um die Belange der zum Tode

Das Altarbild *Der heilige Vinzenz Ferrer* (1465) von Giovanni Bellini

Verurteilten kümmerte. An der rechten Wand steht das Grabmal für Vettor Pisani.

Im **Altarraum** befinden sich einige der besten Arbeiten der Grabkunst. Gegenüber dem Hochaltar sieht man gegen den Uhrzeigersinn zunächst das aus dem 15. Jahrhundert stammende Grabmal des Dogen Michele Morosini (gest. 1382), das Ruskin als das »kostbarste Monument der gotischen Epoche in Venedig« bezeichnete. Es folgt das Grabmal des Dogen Leonardo Loredan (gest. 1521). Es wurde 1572 von Girolamo Grapiglia entworfen und verdeutlicht den Heldenmut Venedigs angesichts der Bedrohung durch die Liga von Cambrai. Die Statue (1572) ist ebenfalls von Girolamo Grapiglia. Den meisten Kunsthistorikern gilt das Grab des Dogen Andrea Vendramin (gest. 1478; Grabmal von Pietro und Tullio Lombardo, 1493) als das Meisterwerk der Grabkunst in der venezianischen Renaissance.

Im linken Seitenschiff sehen Sie über dem Eingang der Sakristei zwei Monumente der Familie Venier. Das Grabmal des Dogen Antonio Venier (Regierungszeit 1382–1400) ist eines der ältesten Dogengräber in der Kirche (frühes 15. Jh.). Das andere Monument stellt den Dogen Sebastiano Venier dar, den Sieger der Schlacht von Lepanto 1571 (siehe S. 34f).

Die **Rosenkranzkapelle** wurde von der Bruderschaft vom Rosenkranz als Dank für den Sieg von Lepanto am Fest für die Liebe Frau vom Rosenkranz 1571 erbaut. Ein Brand am 15. August 1867 zerstörte 34 Meisterwerke, darunter das Deckengemälde von Tintoretto, ein Bild von Giovanni Bellini und eines von Tizian. Jetzt kann man dort Deckengemälde von Paolo Veronese sehen, die nach Jahrzehnten in Wien 1925 nach Venedig zurückkehrten, darunter *Mariä Himmelfahrt*, *Verkündigung* und *Die Anbetung der Hirten*. In der Darstellung der Geburt Christi wendet das Jesuskind dem Betrachter den

Verrocchios Statue des Söldnerführers Bartolomeo Colleoni aus dem Jahr 1496

Rücken zu; die Männergestalt, die sich über den Esel beugt, ist ein Selbstporträt des Künstlers.

Das **Monumento a Colleoni** beherrscht den Vorplatz. Es ist ein Meisterwerk der Renaissance. Die Bronzefigur vom Florentiner Bildhauer Andrea Verrocchio war ursprünglich vergoldet und liefert ein imposantes idealisiertes Porträt von Bartolomeo Colleoni, einem aus Bergamo stammenden Söldner-Heerführer. Sie wurde in Venedig gegossen und 1496, 25 Jahre nach Colleonis Tod, aufgestellt. Colleoni hatte der Stadt Venedig für seine Gedenkstatue eine nicht ganz unbeträchtliche Summe Geld hinterlassen. Bedingung war, dass sie »auf San Marco« errichtet werde. Offensichtlich meinte er die Piazza di San Marco. Die venezianische Regierung willigte ein, dachte aber nicht im Traum daran, das Denkmal eines einfachen Söldnerführers auf dem bedeutendsten Platz der Stadt aufstellen zu lassen. Dank eines geschickten Schachzugs landete es schließlich vor der San-Marco-Scuola.

Die **Scuola Grande di San Marco** liegt im rechten Winkel zur Kirche am Campo San Giovanni e Paolo. Sie wurde 1260 gegründet und war eine der sechs großen venezianischen *scuole*. Pietro Lombardo und seine Söh-

ne Tullio und Antonio begannen nach einem Brand (1485) mit dem Wiederaufbau, und 1495 vollendete Mauro Coducci das Werk. Mit ihren großzügigen Marmorverzierungen und den Bogenlünetten ist die *scuola* eines der bemerkenswerten Zeugnisse für die lombardische Periode in der Renaissance. Ebenfalls aus der Werkstatt der Lombarden stammen die beiden Marmorlöwen am Eingang. Als die *scuola* im 19. Jahrhundert aufgelöst wurde, zog das Krankenhaus in das Gebäude ein. Der Kreuzgang kann besichtigt werden, und in der ersten Etage befindet sich das **Medizinhistorische Museum**.

Wenn Sie den Platz über die Salizzada Santi Giovanni e Paolo verlassen, kommen Sie zur Kirche **Santa Maria dei Derelitti (Ospedaletto)**. Sie wurde 1572 errichtet und im 17. Jahrhundert von Baldassare Longhena erneuert. Sie ist mit einem Hospiz verbunden, das von reichen Familien für die Schwachen und Alten oder zur Ausbildung junger Frauen eingerichtet wurde. Im Wesentlichen beruht der Ruhm der Kirche auf Longhenas Fassade. Mit ihrer barocken Üppigkeit steht sie in einem groben Missverhältnis zu den kleinen engen Straßen. An der Fassade sind vier »groteske« Steinmasken angebracht. ∎

Museo di storia della medicina

- Karte S. 100
- Campo Santi Giovanni e Paolo
- 041 529 4323
- So, Mo geschl.
- €
- 1, 2, N bis Rialto; 1, 2, 4.1, 4.2, 5.1, 5.2, 7, 14, 19, 20, N bis San Zaccaria; 4.1, 4.2, 5.1, 5.2, 12, 13, 22, N bis Fondamenta Nuove

Santa Maria dei Derelitti (Ospedaletto)

- Karte S. 100
- Salizzada Santi Giovanni e Paolo
- 041 521 7411
- So–Mi & Okt.–März geschl.
- 1, 2, N bis Rialto; 1, 2, 4.1, 4.2, 5.1, 5.2, 7, 14, 19, 20, N bis San Zaccaria; 4.1, 4.2, 5.1, 5.2, 12, 13, 22, N bis Fondamenta Nuove

Campo Santa Maria Formosa & Umgebung

Der Charme des Campo liegt in seinen anmutigen Proportionen. An den Obst- und Gemüseständen wird eifrig gehandelt. Hier bekommt man einen Eindruck von der Geschäftigkeit, die typisch für jeden *campo* der Stadt war.

Der Campo war ein beliebter Ort für Feste, Stierkämpfe oder Schauspiele, die den Sieg über die Türken feierten

Campo Santa Maria Formosa
🅰 Karte S. 100

Santa Maria Formosa
🅰 Karte S. 100
✉ Campo Santa Maria Formosa
☎ 041 275 0462
💲 €
🚤 1, 2, 4.1, 4.2, 5.1, 5.2, 7, 12, 14, 15, 19, 20, N bis San Zaccaria; 1, 2, N bis Rialto

Die Kirche **Santa Maria Formosa** ist die größte Sehenswürdigkeit an dem Platz, der ihren Namen trägt. Sie wurde im 7. Jahrhundert erbaut und war Venedigs erste Kirche, die der Jungfrau Maria geweiht wurde. Der Name rührt von der Legende, dass sie als *formosa* (als dralle Matrone) dem heiligen Magnus erschienen sei und ihm befohlen habe, eine Kirche an der Stelle zu errichten, auf die sie zeigen

würde. Das gegenwärtige Gebäude, das letzte einer ganzen Reihe, wurde 1492 vom Renaissancearchitekten Mauro Coducci begonnen. Bis zu einem gewissen Grad nahm er die Form des griechischen Kreuzes des früheren Gebäudes auf. Dieses stammte aus dem 11. Jahrhundert und war dem zentralen Teil des Markusdoms nachgebildet. Die Kuppel wurde nach einem Erdbeben 1668 und ein zweites Mal

Karnevalsmasken gibt es aus vielfältigen Materialien, vom traditionellen Pappmaschee bis zu Keramik, Leder und Glas

1921 nach den Beschädigungen durch den Ersten Weltkrieg neu erbaut.

Die Fassade zum Kanal wurde 1542 errichtet und war dem *capitano da mar* Vincenzo Capello gewidmet. Die Frontseite (1604) zeigt Porträts verschiedener Mitglieder der Familie Capello. Der kleine Torweg zum Glockenturm (1688) wird bewacht von einem riesigen grotesken Gesicht, das aber, abgesehen von seiner Größe, durchaus realistisch wirkt. Der englische Kunsthistoriker John Ruskin beschreibt es als »anzüglich in seiner brutalen Erniedrigung ... zu grauenhaft, um es zu beschreiben oder abzubilden oder auch nur länger als einen Augenblick in Gedanken zu behalten«. Einige Experten vertreten die Meinung, dass es das Gesicht einer realen Person darstellt.

Einer der größten Schätze der Kirche ist das Gemälde *Madonna der Gnaden* (1473) von Bartolomeo Vivarini; es ist eine besonders anmutige Version des bekannten Themas.

Jenseits des Campo Santa Maria Formosa

An der dem Krankenhaus zugewandten Seite des Platzes steht ein bescheidener cremefarbener Palast. An der Fassade im ersten Stock ist eine Tafel angebracht, die das Gebäude als

Geburtshaus des Sebastiano Venier, des »Siegers von Lepanto« (siehe S. 34f.), ausweist. Die Republik Venedig überhäufte ihn mit Ehren, und man wählte ihn per Akklamation zum Dogen statt mit der üblichen umständlichen Prozedur (siehe S. 30). Allerdings zeigte sich bald, dass die Qualitäten, die ihn zu einem herausragenden Admiral gemacht hatten, für einen Dogen ungeeignet waren.

Hinter der Kirche steht der **Palazzo Querini-Stampalia** aus dem 16. Jahrhundert. Im 19. Jahrhundert schenkte Giovanni Querini ihn der Stadt. Die Hauptattraktion ist eine Sammlung von naiven, aber detailreichen Genrebildern des venezianischen Lebens im 18. Jahrhundert von Pietro Longhi. Eines der bekanntesten zeigt die Entenjagd in der Lagune. Mit dem Besuch der Sammlung sollten Sie sich einige Tage Zeit lassen – Sie werden überrascht sein, wie viele Plätze Sie auf den Bildern wiedererkennen werden. ■

Palazzo Querini-Stampalia

🗺 Karte S. 100

✉ Campiello Querini-Stampalia

☎ 041 271 1411

🕐 Mo geschl.

💲 €€

🚊 1, 2, 4.1, 4.2, 5.1, 5.2, 7, 12, 14, 15, 19, 20, N bis San Zaccaria; 4.1, 4.2, 5.1, 5.2, 12, 13, 22, N bis Fondamenta Nuove

Spaziergang auf der Uferpromenade

Die Riva degli Schiavoni ist eine der schönsten Promenaden Venedigs. Sie erstreckt sich vom Ponte della Paglia bis fast zum Arsenale und wurde im 9. Jahrhundert mehrmals durch Landaufspülungen vergrößert, für die man Schlamm nutzte, der aus dem Canal Grande ausgebaggert worden war. Hier legten die Schiffe der dalmatinischen Kaufleute an, die geräucherten Fisch und Fleisch importierten – daher der Name »Ufer der Slawen«.

An der Riva degli Schiavoni wurden einst Stroh, Wein und andere Waren angeliefert. Heute ist sie ideal für Abendspaziergänge

Der Startpunkt ist vor dem Dogenpalast (siehe S. 88ff) an der Front zum Bacino di San Marco. Von hier aus gehen Sie Richtung Arsenale bis auf die Brücke Ponte della Paglia. Sie erhielt ihren Namen von dem Stroh, das man hier entlud. Werfen Sie oben auf der Brücke einen Blick nach links: Sie sehen den **Ponte dei Sospiri** (Seufzerbrücke) ❶, der den Kanal überspannt und den Dogenpalast mit den Gefängnissen verbindet und auf dem die Verurteilten seufzend einen letzten Blick in die Freiheit werfen konnten.

Zur Linken sehen Sie den Palazzo delle Prigioni (Neue Gefängnisse, S. 91). Das nächste Gebäude ist eines der luxuriösesten Hotels von Venedig, das **Danieli** ❷. Der weiße Anbau wurde in den späten 1950er Jahren auf einem Gelände errichtet, auf dem der Bau von mehr als einstöckigen Häusern lange verboten war. Hier fiel der Doge Vitale Michiel II. einem Attentat zum Opfer (1172).

Nachdem Sie die nächste Brücke überquert haben, stehen Sie in der Mitte der Promenade vor mehreren Bronzestatuen, die von einem Reiterstandbild überragt werden, dem Denkmal für **Vittorio Emmanuele II**, erster König des vereinten Italien. Die

Skulptur (1887) von Ettore Ferrari ist in ihrem grandiosen Stil typisch für diese Zeit, passt aber nicht zur kultivierten Erhabenheit der venezianischen Gotik. Die Kirche Santa Maria della Visitazione, besser bekannt als **La Pietà** ❸ *(Riva degli Schiavoni, Tel. 348 765 7154, geöffnet nur für Konzerte und Gottesdienste; Vaporetto 1, 2, 4.1, 4.2, 5.1, 5.2, 7, 12, 14, 15, 20, N bis San Zaccaria)* wird auch schlicht Vivaldis Kirche genannt. In dem Vorgängerbau komponierte Antonio Vivaldi (1677–1741), der Meister der venezianischen Musik im 17. Jahrhundert, viele seiner Werke, die dann von jungen Frauen aus dem angrenzenden Waisenhaus und Hospiz aufgeführt wurden. Über dem Haupteingang und an den Seitenwänden sieht man die schmiedeeisernen Gitter, hinter denen die jungen Mädchen saßen. Auch heute finden hier stimmungsvolle Konzerte statt. Außen über dem Haupteingang sieht man ein schlichtes, sehr bewegendes Relief aus dem 19. Jahrhundert, die *Nächstenliebe* von E. Marsili. Es zeigt die Madonna mit dem Jesuskind auf dem Schoß, das seine Arme um den Hals der Mutter geschlungen hat. An der rechten Außenwand des Gotteshauses droht eine Inschrift (1548) jedem mit einem Blitzschlag Gottes oder mit Exkommunikation, der Kinder der Obhut des Hospizes überlässt, »obwohl er die Mittel hat, für sie zu sorgen«.

Gehen Sie weiter die Calle della Pietà bis zu ihrem Ende entlang, biegen Sie nach links und dann gleich wieder nach rechts ab, und folgen Sie der Calle Bosello, bis Sie die Salizzada dei Greci erreichen. Wenden Sie sich nach rechts und spazieren Sie über diese Verkehrsader, die voller Geschäfte ist. Hinter der nächsten Brücke links kommen Sie

zur Fondamenta dei Furlani. Am Ende dieses kurzen Umwegs erreichen Sie die **Scuola di San Giorgio degli Schiavoni** ❹ (siehe S. 113).

Wenn Sie die *scuola* verlassen, gehen Sie den gleichen Weg zurück bis zum Ende der Fondamenta dei Furlani. Sie kommen zu einer breiten Straße, der Salizzada Sant' Antonino, in die Sie links einbiegen. Vorbei an der weißen Kirche **Sant' Antonino** folgen Sie der Salizzada Sant' Antonino bis zum Ende und wenden sich dann nach rechts. Sie erreichen schließlich einen weiträumigen Platz, der zwei Namen trägt: Campo Bandiera e Moro oder, gebräuchlicher, Campo San Giovanni in Bragora. Der erste Name bezieht sich auf drei venezianische Märtyrer des Aufstands gegen die Österreicher 1844; der zweite auf die Kirche **San Giovanni in Bragora** ❺ *(Campo Bandiera e Moro, Tel. 041 724 1044; Vaporetto 1, 2, 4.1, 4.2, 5.1, 5.2, 7, 12, 14, 20, N bis San Zaccaria; 1, 4.1, 4.2 bis Arsenale)*, die

Der Palast der Familie Dandolo (14. Jh.) beherbergt heute das Hotel Danieli

vielleicht schon im 8. Jahrhundert erbaut wurde. 1475 wurde sie von Mauro Coducci, der die Gotik mit der Renaissance verband, völlig neu gestaltet. Einer der vielen Schätze der Kirche ist *Christi Taufe* (1492–95) von Cima da Conegliano, er wählte eine seiner reizenden Veneto-Landschaften als Hintergrund. Das Taufbecken, an dem der Komponist Antonio Vivaldi getauft wurde, steht in der Nische des linken Seitenschiffs; hier ist auch eine Kopie seines Taufscheins ausgestellt.

Wenn Sie die Kirche verlassen, überqueren Sie den Platz und folgen der engen Straße zu Ihrer Linken, der Calle del Dose (venezianischer Dialekt für »Doge«). Wenn Sie die Riva degli Schiavoni erreichen, halten Sie für einen Augenblick inne, um sich eine Szene aus dem Jahr 1819 vorzustellen: Damals war ein Elefant ausgebrochen und hierher geflohen. Vor den Gewehrschüssen seiner Verfolger flüchtend, suchte er Schutz in der nahen Kirche Sant' Antonino. Der Elefant wurde schließlich durch eine Kanonensalve des Artilleriekorps getötet.

Von der Riva degli Schiavoni gehen Sie links bis zur nächsten Brücke, die Sie überqueren. Das Gebäude gleich zu Ihrer Linken ist die **Ca' di Dio** ❻, das »Haus Gottes«; so nannte man im Mittelalter Pilgerherbergen. Seit 1272 war

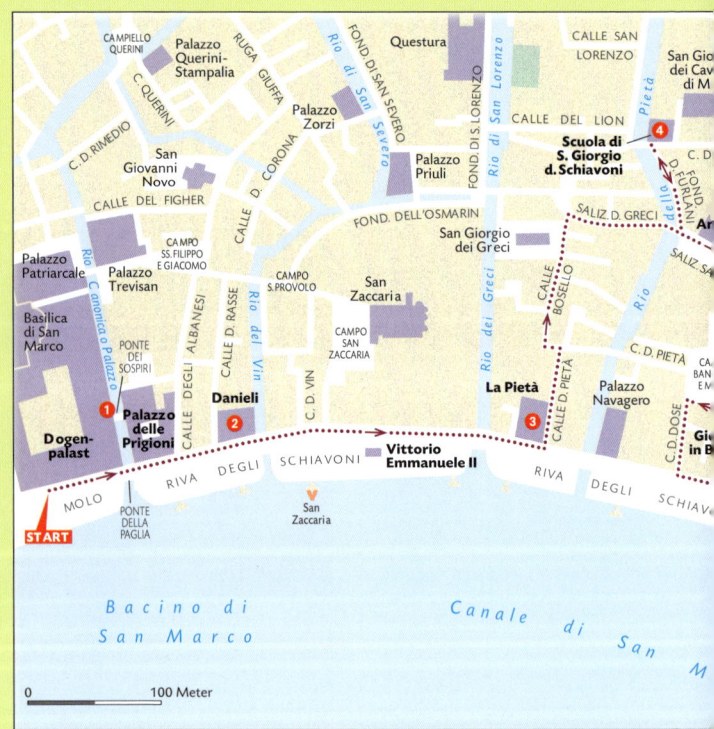

es ein Hospiz; alte Dokumente belegen, dass sich hier 1360 einige Mönche aus Genua aufhielten, die den Auftrag hatten, das Arsenale in die Luft zu sprengen (sie scheiterten).

Biegen Sie links in die Calle dei Forni (Straße der Bäckereien). Das große Gebäude auf der rechten Seite war einst die Bäckerei des Arsenale, die das Brot für die Seeleute lieferte. An der nächsten Ecke biegen Sie links in die Calle di Fondamenta Pegola und dann an der nächsten Ecke rechts in die Fondamenta Pegola. An der folgenden Ecke befindet sich auf der rechten Seite die Kirche **San Martino** ➐ *(Campo San Martino, Tel. 041 523 0487; Vapo-*

Die Kirche San Martino liegt direkt neben dem Arsenale. Der Heilige war der Schutzpatron vieler Schiffsbauergilden

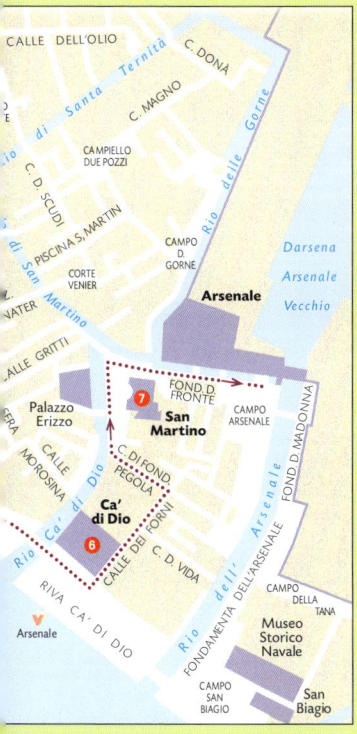

retto 1, 4.1, 4.2 bis Arsenale). Diese Kirche ist dem heiligen Martin von Tours geweiht, der seinen Mantel teilte und eine Hälfte einem Bettler gab. Die erste Kirche an dieser Stelle wurde im 7. Jahrhundert errichtet, die heutige ist der jüngste von mehreren Neubauten, zuletzt durch Jacopo Sansovino (1540).

Entlang der Fondamenta dei Fronte gelangt man zum Campo Arsenale. Nun stehen Sie vor dem Arsenale (siehe S. 116f).

⛰	Siehe auch Karte S. 100f
▶	Palazzo Ducale
↔	1,6 km
⊕	1 Stunde
▶	Arsenale

NICHT VERSÄUMEN:

Ponte dei Sospiri (Seufzerbrücke) • La Pietà • Scuola di San Giorgio degli Schiavoni • San Giovanni in Bragora

San Zaccaria

Die imposante Kirche aus dem 7. Jahrhundert wurde nach einem Propheten der Bibel benannt: Zacharias, Vater von Johannes dem Täufer. Seine Reliquien, die der byzantinische Herrscher Leo V. Venedig schenkte, wurden im angeschlossenen Benediktinerinnenkloster aufbewahrt.

Unter den vielen Kunstwerken in der Kirche San Zaccaria ist Giovanni Bellinis Gemälde *Madonna mit Heiligen* (1506) wohl das schönste

Den Nonnen, darunter etliche adlige Töchter, sagte man ein ausschweifendes Leben nach, das vom Klerus geduldet wurde. Das Kloster (siehe S. 132) wurde 1810 aufgehoben.

Nach einem verheerenden Brand wurde die Kirche 1105 neu gebaut. Das gegenwärtige Bauwerk hat Antonio Gambello im gotischen Stil entworfen. 1483 übernahm der Renaissancemeister Mauro Coducci das Projekt, das 1515 abgeschlossen wurde. Auf der rechten Seite der Kirche sind zwei Kapellen, die aus der Vorgängerkirche stammen. Die **Kapelle des heiligen Athanasius**, einst das Kernstück (1505), enthält recht seltene Chorgestühle aus Holz (1455–64). Die **Kapelle des heiligen Tarasius** war ursprünglich die Apsis der Vorgängerkirche. Um den Altar herum kann man noch den aus dem 12. Jahrhundert stammenden Mosaikboden sowie die Krypta aus dem frühen 9. Jahrhundert sehen.

Über dem Hauptportal steht eine Statue des heiligen Zacharias von Alessandro Vittoria (16. Jh.). ■

San Zaccaria

🗺 Karte S. 100

✉ Campo San Zaccaria

☎ 041 522 1257

🚏 1, 2, 4.1, 4.2, 5.1, 5.2, 7, 12, 14, 15, 19, 20, N bis San Zaccaria; 1, 2, N bis San Marco Vallaresso

Auf zwei Wegen kann man sich dem Campo San Zaccaria nähern. Der schönere Weg beginnt am Campo San Provolo, der zum Kloster gehörte. Die Tore wurden nachts geschlossen – an den Türpfosten sind noch die schweren Metallhaken für die Scharniere zu sehen.

Scuola di San Giorgio degli Schiavoni

Die Kaufleute der dalmatinischen und istrischen Küste machten in Venedig gute Geschäfte, seitdem die Gebiete im Jahr 1000 an Venedig gefallen waren. Istrischer Stein war ein wichtiger Importartikel, denn er eignete sich hervorragend für Fundamente und Uferbefestigungen. 1451 gründeten die Händler ihre eigene Bruderschaft, die die Heiligen Georg, Tryphon und Hieronymus als Schutzpatrone wählte.

Im Jahre 1551 wurde das kleine quadratische Gebäude von Giovanni de Zan wieder aufgebaut. Draußen über dem Portal ist ein Relief des heiligen Georg mit dem Drachen zu sehen. Es wurde von Pietro da Salò gefertigt, von dem auch der Gobbo di Rialto stammt. Das Gebäude beherbergt einen der anspruchsvollsten Bilderzyklen, die man in Venedig findet: Vittore Carpaccios Szenen aus dem Leben der dalmatinischen Schutzheiligen (1507–09). Die Tafeln sind prallvoll mit Farben und raffinierten Details: das erbärmliche Kriechen des unterworfenen Drachen, die von Panik erfassten Mönche, die vor dem gezähmten Löwen des heiligen Hieronymus fliehen, und der heilige Augustinus in seinem Studierzimmer, beobachtet von seinem aufmerksamen kleinen weißen Hund (siehe S. 164f).

Die kompakten Räume sind typisch für eine *scuola* der kleineren Organisationen. Oben ist ein Versammlungsraum, der auch als Kapelle genutzt wird. ■

Scuola di San Giorgio degli Schiavoni

🅰 Karte S. 100
✉ Calle & Fondamenta dei Furlani
☎ 041 522 8828
🕐 Mo morgens und So nachmittags geschl.
💲 €
🚏 1, 2, 4.1, 4.2, 5.1, 5.2, 7, 12, 14, 15, 19, 20, N bis San Zaccaria

Eines der Werke, die Vittore Carpaccio für die *scuola* der Slawen schuf, ist *Der heilige Hieronymus führt den Löwen ins Kloster* (1507–09)

San Francesco della Vigna

Die Kirche, eine der imposantesten Venedigs, strahlt ein wenig den Charme des Abgelegenen aus. Im 13. Jahrhundert, als hier das erste Franziskanerkloster gebaut wurde, gab es noch viele Weinberge (*vigne*) in der Gegend, was den Namen erklärt.

Zum Bild von Gottvater gesellte sich erst 50 Jahre später Negropontes *Jungfrau mit Kind* (1463–69). Die Wolken erinnern an Meereswellen

Einer populären Legende zufolge nahm der heilige Markus auf dieser Insel vor einem Sturm Zuflucht. Da erschien ihm ein Engel, der die Gründung Venedigs voraussagte und die Worte sprach: »Friede sei mit dir, Markus.« Dieses Motto steht traditionell auf Lateinisch auf dem Buch, das der Löwe des heiligen Markus in seinen Tatzen hält.

Als die ursprüngliche Kirche einzustürzen drohte, wurde Jacopo Sansovino mit dem Wiederaufbau betraut. Er entwarf, wie einige meinen, das erste Renaissancegebäude in Venedig (1543). 1569 fügte Andrea Palladio die Fassade im Stil eines griechischen Tempels hinzu.

Zu beiden Seiten des Hauptschiffs sind Kapellen aufgereiht, die aristokratischen Familien gewidmet sind, deren Namen sich wie eine Litanei des venezianischen Ruhms lesen.

Herausragend ist die Kapelle der Familie Gritti mit zwei herrlichen Grabmalen neben dem Hauptaltar. Der Doge Andrea Gritti (Regierungszeit 1523–38) initiierte nicht nur den Wiederaufbau dieser Kirche, sondern legte auch den Grundstein. Unter den zahlreichen Gemälden sind Werke von Giorgione, Veronese, Vivarini und Giovanni Bellini (in der Sakristei); das wohl schönste Bild ist die *Jungfrau mit Kind* von Antonio Falier da Negroponte, einem der Mönche. Dieses kunstvolle und lebendige Werk ist eine faszinierende Mischung aus Renaissance- und Gotikelementen und enthält sogar einige Fragmente farbigen Papiers. Der Effekt des Bildes wird noch dadurch erhöht, dass es erst dann angestrahlt wird, wenn man Geld in den Lichtautomaten wirft: Der Lichtstrahl erweckt es regelrecht zum Leben.

Links vom Hochaltar befindet sich die Kapelle des heiligen Hieronymus. An der Wand sind wunderbare Marmorreliefs, die Propheten aus dem Alten Testament zeigen. Diejenigen

unmittelbar zu beiden Seiten des Altars stellen die vier Evangelisten dar und wurden von Tullio (gest. 1532) und Antonio Lombardo (gest. 1516) angefertigt. Reliefs der zwölf Apostel und 18 Geschichten aus dem Leben Jesu stammen von Pietro Lombardo (1435–1515) und seinen Mitarbeitern.

Hinter der Sakristei liegt der einzig zugängliche Kreuzgang des Klosters. Die zahlreichen Grabmale sind meist verwittert, aber an der Südseite ist eine Steinplatte, die ein Schiff in der Werft zeigt. Sie markiert das Grab des *gastaldo*, des Führers der *calafati* (Schiffskalfaterer), die im Arsenale arbeiteten. Auf Anfrage kann man den Gemüsegarten des Klosters besichtigen, in dem auch Wein angebaut wird, so etwa der nach Erdbeeren schmeckende Fragolino. ■

San Francesco della Vigna

🅰 Karte S. 100

✉ Campo della Confraternita

☎ 041 520 6102

🚏 1, 4.1, 4.2 bis Arsenale; 4.1, 4.2, 5.1, 5.2 bis Celestia

Palladios Renaissancefassade wird von zwei Statuen bewacht, die Moses und den heiligen Paulus darstellen

Arsenale

Venedigs Macht hing von den Schiffen ab, die im Arsenale gebaut wurden: von der schlanken Galeere für Seeschlachten bis zu den kühnen Schiffen, die Handelswaren durchs ganze Mittelmeer (und sogar bis Flandern und ins Schwarze Meer) brachten. Alle spielten ihre Rolle für Venedigs Wohlstand und Macht, das herrlichste Schiff aber war der *Bucintoro*, die zeremonielle Barke des Dogen.

Ein italienischer Edelmann erklärte einst, dass er lieber Herr über das Arsenale als über die vier schönsten Städte Italiens wäre

Arsenale

- ▲ Karte S. 100
- ✉ Campo Arsenale
- 🕐 für die Öffentlichkeit geschl.
- 🚤 1, 4.1, 4.2 bis Arsenale; 4.1, 4.2, 5.1, 5.2 bis Celestia

Die venezianische Regierung wusste um ihre Abhängigkeit vom Arsenale, und die *arsenalotti*, die Arbeiter, erfreuten sich einer stattlichen Reihe von Privilegien. Spezialkräfte patrouillierten nachts auf dem Gelände, um die drei Kilometer langen burgähnlichen Befestigungsanlagen zu überwachen. Noch immer läutet auf dem Campanile von San Marco jeden Tag um 14 Uhr die dunkel tönende Glocke, *marangon* (Zimmermann)

genannt, um im Arsenale
das Ende der Mittagspause
zu verkünden.

Die damals revolutionäre
Fließbandproduktion war
erstaunlich effizient. Eine
Anekdote berichtet, dass
der Doge Alvise Mocenigo I.
den französischen König
Heinrich III. dadurch beeindrucken wollte, dass er in
der Zeit, die man dem offiziellen Bankett widmete,
eine Galeere bauen ließ. Hohen Besuchern führte man
das Kunststück des Öfteren
vor – nicht zuletzt um sie
daran zu erinnern, wie
schnell Venedig in Zeiten
des Krieges Schiffe und
Männer zu Wasser bringen
konnte. Tatsächlich gelang
es im späten 16. Jahrhun-
dert in Vorbereitung eines
Krieges gegen die Türken,
an 100 Tagen je eine Galeere zu bauen.

In der *Göttlichen Komödie*
bezieht sich Dante in einer
berühmten Stanze, die heute
auf einer Marmorplatte links
neben dem Haupteingang
eingemeißelt ist, auf das
Arsenale. Er beschreibt die
hektische Arbeit um einen
Bottich mit kochendem
Pech, mit dem die Arbeiter
ein Schiff kalfatern (die
Nähte zwischen den Schiffs-
planken abdichten), wie sie
Ruder machen, sich mit Bug
und Heck abmühen und
Steuerruder reparieren.

Das Arsenale ist im Be-
sitz der italienischen Marine; die Öffentlichkeit hat

Das Arsenale ist noch immer im Besitz der Marine.
Diese »Quadriga« beweist es.

keinen Zutritt, Ausnahme
ist während der Biennale.

Der Renaissanceeingang
(Antonio Gambello, 1460)
wird von zwei stattlichen
Löwen flankiert. Sie sind
eine Kriegsbeute aus dem
Hafen von Piräus, die
Francesco Morosini 1687
nach der Rückeroberung
des Peloponnes mitbrachte.
Bemerkenswert sind die
verblassenden Runenzei-
chen auf dem Rücken des
Löwen auf der linken Seite
des Eingangs. Ein nordischer
Soldat, der in Griechenland
für den byzantinischen
Herrscher kämpfte, hat sie
im 11. Jahrhundert einge-
ritzt. Der andere, sehr viel
archaischere Löwe stammt
möglicherweise aus der
Löwenterrasse von Delos.

Wenn man von der Holz-
brücke aus ins Arsenale
schaut, kann man noch die
Überreste der Bootshäuser
sehen. ∎

Museo Storico Navale

Im einstigen Getreidespeicher für das Arsenale, in dem heute das Museo Storico Navale untergebracht ist, finden sich viele erstaunliche nautische Sehenswürdigkeiten. Sie dokumentieren eine der fundamentalen Realitäten Venedigs: seine Vorherrschaft zur See.

Der Eingang wird von riesigen Ankern flankiert, die von zwei österreichisch-ungarischen Schlachtschiffen aus dem Ersten Weltkrieg stammen. Das Erdgeschoss ist der Artillerie und den Festungen der Republik Venedig, Angriffswaffen aus dem Zweiten Weltkrieg und (in einem kleinen Nebenraum) Admiral Angelo Emo (1721–92), dem letzten Helden der venezianischen

Ein Modell des *Bucintoro*, der Staatsgaleere des Dogen, die ihren Liegeplatz im Arsenale hatte

Marine, gewidmet. Der erste Stock zeigt einige sehr eindrucksvolle Exponate, darunter eine große dreieckige Seidenfahne aus dem Besitz der Familie Morosini (16. Jh.), eine fein gezeichnete Pergamentkarte des Mittelmeers aus dem 17. Jahrhundert und zwei große Holzskulpturen, die möglicherweise das Flaggschiff des Admirals Francesco Morosini (1684) schmückten.

Die vielen beeindruckenden Schiffsmodelle verweisen auf die nautischen Fähigkeiten und den Erfindungsreichtum der Venezianer

Am berühmtesten ist das Museum für seinen Reichtum an Schiffsmodellen. Faktisch jeder Schiffstyp ist repräsentiert: von geschmeidigen, pfeilförmigen Kriegsschiffen bis zu den breiten Handelsschiffen, von Segel- bis zu Ruderbooten. Den Ehrenplatz nimmt das große Modell des *Bucintoro* ein, des zeremoniellen Bootes des Dogen. Die Reproduktion einer Rudergaleere, die fast die ganze Länge des Raums einnimmt, und eine massive Ruderpinne einer Genueser Galeere aus dem 17. Jahrhundert rücken die Größe der Modelle in die richtige Perspektive.

Im zweiten Stock befindet sich eine Reihe von nichtmilitärischen Lagunenbooten. Zu sehen sind auch fantasiereiche *ferri* aus dem 17. Jahrhundert (Metalldekorationen für den Bug der Gondeln), der schwarze Hut mit Silberdekoration, den einst Gondolieri im Dienste aristokratischer Familien trugen, und drei Gondeln, von denen eine Peggy Guggenheim gehörte. ■

Museo Storico Navale

Karte S. 100

Campo San Biagio

041 244 1399

So und am Nachmittag geschl.

€

1, 4.1, 4.2 bis Arsenale

HINWEIS: Während der Umbauarbeiten (bis 2016) befindet sich der Eingang des Museums an den Fond. del Fronte l'Arsenal. Die Präsentation der Objekte kann von der hier beschriebenen Anordnung abweichen.

Weitere Sehenswürdigkeiten

Ein Gemüsehändler am Viale Garibaldi verkauft seine Waren auf venezianische Art vom Boot aus

Museo dei Dipinti Sacri Bizantini

Für Ikonen-Liebhaber ist dieses Museum ein kleines Schatzhaus. Die Sammlung von Ikonen aus dem 16. bis 18. Jahrhundert von Künstlern aus Griechenland und dem Veneto zeigt Themen, die selten von den bekannteren Künstlern dargestellt werden. Aus dem 17. Jahrhundert stammt der *Ungläubige Thomas*. Auf diesem kraftvollen Bild fordert Jesus seinen zögernden Apostel nicht nur auf, seine Wunden zu berühren, er zwingt ihn vielmehr dazu, indem er sein Handgelenk fasst und die Hand in seine Seite legt. Auf dem Gemälde *Die Heilung des Blinden* (1686) gibt der Künstler den Augenblick des Wunders mit außerordentlicher Zärtlichkeit wieder.
🅼 Karte S. 100 ✉ Ponte dei Greci
☎ 041 522 6581 🚢 1, 2, 4.1, 4.2, 5.1, 5.2, 7, 12, 14, 15, 19, 20, N bis San Zaccaria

Palazzo Grimani

In diesem prächtigen Renaissancepalast aus dem 16. Jahrhundert befand sich einst die Antikensammlung der Stadt. Nach umfangreichen Renovierungsarbeiten ist der Palazzo mit sei-

nen freskengeschmückten Räumen, die mythologische Themen aufgreifen, heute wieder zu besichtigen.
🅼 Karte S. 100 ✉ Ramo Grimani ⏱ So geschl. 🚢 1, 2, 4.1, 4.2, 5.1, 5.2, 7, 12, 14, 15, 19, 20, N bis San Zaccaria

San Giorgio dei Greci

Die Kirche im Renaissancestil repräsentiert das, was von der griechischen Gemeinde, die 1453 beim Fall von Konstantinopel 5000 Mitglieder umfasste, übrig geblieben ist. Es ist die älteste griechische Kirche im Westen, sie wird immer noch für griechisch-orthodoxe Gottesdienste benutzt. Über der rechten Seitentür befindet sich ein Mosaik des heiligen Georg, wie er den Drachen tötet, der in dieser Darstellung einem Türken sehr ähnlich ist.
🅼 Karte S. 100 ✉ Ponte dei Greci
☎ 041 522 5446 🚢 1, 2, 4.1, 4.2, 5.1, 5.2, 7, 12, 14, 15, 19, 20, N bis San Zaccaria

Viale Garibaldi

Diese Hauptstraße am äußersten Ende von Castello verbindet die Riva dei Sette Martiri (benannt nach sieben Partisanen, die während des Zweiten Weltkriegs exekutiert wurden) mit der Insel San Pietro. Auf dem Viale Garibaldi kann man typisch venezianisches Alltagsleben kennenlernen. Höhepunkt sind die Obst- und Gemüsekähne am Ende der Straße. Bemerkenswert: das dreieckige Haus zu Beginn. Dort ist eine Marmortafel angebracht, die daran erinnert, dass hier zwei Seefahrer wohnten, Giovanni Caboto und sein Sohn Sebastiano, der während einer Reise 1497/98 Neufundland, Labrador und Grönland für König Heinrich VII. von England entdeckte.
🅼 Karte S. 101

Cannaregio in Venedigs nordwestlicher Ecke kann vielleicht nicht mit den eindrucksvollsten Monumenten und attraktivsten Geschäften aufwarten, aber der zweitgrößte *sestiere* der Stadt übt eine ganz eigene unvergleichliche Anziehungskraft aus

Cannaregio

Ein Kaufmann von Venedig, möglicherweise einer der Mastelli-Brüder, am Haus von Tintoretto

Cannaregio

Der Name Cannaregio kommt wahrscheinlich von dem Wort *canne*, Schilf, das an den Ufern des Cannaregio-Kanals wuchs. Damals gab es hier lediglich morastige Strände. Auch heute noch werden Schilfbündel aus der Lagune als traditionelles Material bei Bau und Reparatur von Holzbooten verwendet. Ein Straßenname – Calle delle Canne – erinnert an den einst reichen Vorrat an Schilf in diesem Teil Venedigs.

Zur Orientierung

Das nahe am Festland gelegene Gebiet wurde als eines der ersten besiedelt, doch rund um Rialto und San Marco entwickelte sich die Stadt schneller, sodass Cannaregio immer noch ein wenig abgelegen wirkt. Es ist ideal, wenn man in den venezianischen Alltag eintauchen möchte. Drei parallel verlaufende lange, gerade Kanäle zerschneiden den *sestiere*. Über diese Hauptrouten wurden einst die Güter vom Festland per Boot geliefert. Vom Stein bis zum Heu für die Tiere der Schlachthäuser wurde alles an diesen Kanälen angelandet. Vor der Errichtung der Brücke zum Festland war dies von der *terra ferma* aus der Haupteingang zur Stadt.

Seinen Höhepunkt erlebt Cannaregio jedes Jahr an einem Sonntagmorgen im Mai, wenn über tausend Boote am Ende der *vogalonga* durch den Canale di Cannaregio in die Stadt zurückkommen. ∎

NICHT VERSÄUMEN:

Die prunkvolle Jesuitenkirche mit grün-weißem Marmor   **124–125**

Das Renaissancejuwel in Top-Lage: Santa Maria dei Miracoli   **126**

Tintorettos Grabstätte: die Kirche Madonna dell'Orto   **130**

Einen Ort des Erinnerns: das jüdische Getto   **136–137**

Canale delle Navi

Madonna dell' Orto

Madonna dell'Orto

C. GRADISCA

FOND. MADONNA DELL'ORTO

Palazzo Mastelli

FOND. G. CONTARINI

Palazzo Contarini d. Zaffo

CAMPO DEI MORI

FOND. DEI MORI

Casa d. Tintoretto

Sacca della Misericorda

Canale delle Fondamenta Nuove

MENTA DELLA MISERICORDIA

J. LARGA

Rio d. Misericordia

CORTE VECCHIA

FOND. CANAL

San Marziale

Santa Maria Valverde

Calle D. Misericordia

CALLE LUNGA SANTA CATERINA

FONDAMENTA NUOVE

D. MADDALENA

Palazzo Lezze

Santa Caterina

La Maddalena

CAMPO S. FOSCA

CALLE D. RACCHETTA

CORTE SQUERO VECCHIO

Oratorio dei Crociferi

Gesuiti

Fondamenta Nuove

Santa Fosca

Palazzo Giovanelli

CAMPO DEI GESUITI

CALLE LARGA D. BOTTERI

STRADA

San Felice

RUGA DUE POZZI

C. VENIER

CAMPO DEL TIZIANO

Palazzo Zulian

CAMPO S. FELICE

C.D. VELE

RIO TERRA B. FRUTTARIOL

CALLE STELLA

C.D. SQUERO

Santa Sofia

RIO TERRA'

Ca' d'Oro

SS. APOSTOLI

C. VARISCO

Rio dei Meldicanti

Ca' d' Oro

CAMPO SANTA SOFIA

Santi Apostoli

CAMPIELLO DEL CASON

Palazzo Michiel d. Colonne

CAMPO DEI SANTI APOSTOLI

CAMPO S. MARIA NOVA

CALLE DELLA TESTA

0   200 Meter

Ca' da Mosto

SALIZ. S. CANCIANO

San Giovanni Grisostomo

Santa Maria dei Miracoli

CORTE PRIMA DEL MILION

Teatro Malibran

C.D. ERBE

Jesuitenkirche & Umgebung

Das Viertel gehört nicht zu den meistbesuchten Venedigs, aber die Jesuitenkirche Santa Maria Assunta dei Gesuiti ist, wie es ein berühmter französischer Reiseführer formulierte, »eine Reise wert – wenn nicht nach Venedig, dann wenigstens nach Cannaregio.«

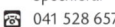

Der Ponte dei Gesuiti ist eine von rund 400 Brücken in Venedig. Bis zum 19. Jahrhundert waren die meisten Brücken aus Holz und hatten kein Geländer

Gesuiti

- Karte S. 123
- Salizada de la Spechierai
- 041 528 6579
- 1, N bis Ca' d'Oro; 4.1, 4.2, 5.1, 5.2, 12, 13, 22, N bis Fondamenta Nuove

Die Jesuiten hatten wegen der Fehde zwischen dem Papst und der Serenissima (siehe S. 34) eine sehr angespannte Beziehung zur Republik Venedig. Als Lehrer für Kinder der aristokratischen Familien waren sie in der Stadt jedoch höchst willkommen.

Die Kirche wurde zuerst im 12. Jahrhundert für den Kreuzritterorden errichtet. 1715 baute Domenico Rossi sie für die Jesuiten neu, und zwar vollständig im barocken Stil. Für manche Betrachter ist es ein unvergleichlicher Prachtbau, für andere zu viel des Guten.

Unvergesslich ist das Innere der Kirche: In die weißen Marmorsäulen und -draperien wurde grüner Marmor eingesetzt, um den Eindruck zu erwecken, die Kirche sei mit grün-weißem Samt ausgeschlagen. Das ist perfekt gemacht. Man mag kaum glauben, dass alles aus Stein gestaltet ist. Der Baldachin über dem Hauptaltar (von Fra Giuseppe Pozzo) ist dem im Petersdom in Rom nachgebildet; er hat zehn gewundene Säulen aus grünem Marmor, in die Lapislazuli eingelassen sind. Die exquisite Steinarbeit des Bodens wurde restauriert.

Die Gemälde von Tizian (*Das Martyrium des heiligen Laurentius*, 1558) und Tintoretto (*Die Himmelfahrt der Jungfrau Maria*, 1555) korrespondieren vortrefflich mit der dramatischen Anlage. Viele berühmte Leute mit gehobenem Geschmack haben diese Kirche als unentschuldbar überladen kritisiert. Doch was immer Sie davon halten, Sie werden auf jeden Fall von den unglaublichen Fähigkeiten beeindruckt sein, die zu ihrem Bau nötig waren.

Der lange Anbau der Kirche war früher ein Kloster; heute dient er als Unterkunft für die *carabinieri* (Polizei des Militärs). Die unmittelbare Nachbarschaft der Gesuiti bietet wenig Bemerkenswertes. Es gab hier viele Klöster, und

Tizian schuf 1558 *Das Martyrium des heiligen Laurentius* zu Ehren von Lorenzo Massolo. Es war sein erster Versuch, eine kaum erhellte Nachtszene zu malen

man kann immer noch deren Portale bewundern. Die meisten Gebäude sind jedoch inzwischen in staatliche Schulen umgewandelt worden.

Gleich hinter der Gesuiti verläuft die Calle Larga dei Botteri, die ehemalige Straße der Fassmacher. Hier stehen, von einer Ziegelmauer umgeben, das Haus und die Werkstatt von Tizian. Über dem Torweg ist eine prächtige Tafel angebracht, die seinen lateinischen Namen trägt: »Vecellius«. Danach kommen Sie zum Campo del Tiziano; Tizians Haus hat die Nummern 5181–82 und ist durch eine schlichte Tafel markiert. ■

Santa Maria dei Miracoli

Sie ist eine der wenigen Kirchen Venedigs, die man von allen Seiten betrachten kann. Ihre exquisite Steinarbeit und die schöne Lage am Kanal machen ihren besonderen Reiz aus.

Santa Maria dei Miracoli

 Karte S. 123

✉ Campo Santa Maria Nova

☎ 041 275 0462

💲 €

🚤 1, 2, N bis Rialto; 4.1, 4.2, 5.1, 5.2, 12, 13, 22, N bis Fondamenta Nuove

Die zehnjährige Restaurierung wurde von dem amerikanischen Komitee »Save Venice« finanziert. Ohne Zweifel hat sie die Kirche gerettet und ihr neuen Glanz verliehen. Das Gebäude war höchst sinnreich mit Hohlwänden gebaut worden, sodass sich die Feuchtigkeit nicht festsetzen konnte. Doch im 19. Jahrhundert füllten österreichische Arbeiter die Hohlräume; die daraus resultierende Feuchtigkeit gefährdete die Kirche.

Das Glanzstück der Renaissance wurde am 31. Dezember 1489 geweiht. Es war eine Arbeit der beiden toskanischen Architekten Pietro und Tullio Lombardo. Die Kirche wurde als Schrein für

Den besten Blick auf die Kirche hat man vom Campo Santa Maria Nova

ein wunderbares Marienbild gebaut. Laut einer Legende wurde sie mit Marmorstücken dekoriert, die beim Bau des Markusdoms übrig geblieben waren.

Die Kirche wird zu Recht oft als Schmuckkästchen bezeichnet. Sie bildet ein einfaches Rechteck mit geschmackvoll dekorierten Marmorwänden. An der Kassettendecke sehen Sie die Porträts von etwa 50 Patriarchen und Propheten (Pier Maria Pennacchi, 1528). Der theatralisch erhöhte Hochaltar, zu dem steile Treppen hinaufführen, ist eine Reminiszenz an San Miniato in Florenz. Die Steinmetzarbeiten, die die Stufen flankieren, sind Meisterwerke, die ebenfalls von der Familie Lombardo gefertigt wurden. Am rechten Wandpfeiler sieht man eines der Renaissancekunstwerke, die den englischen Kunsthistoriker John Ruskin sehr in Rage brachten: »Dem Mann, der diesen Kinderkopf so perfekt herausgearbeitet hat, muss es an menschlichen Gefühlen gemangelt haben«, schimpfte er, »dass er ihn abschnitt und mit den Haaren an ein Weinblatt hängte.« ∎

Santi Apostoli

Achtmal soll der heilige Magnus in einer Vision angewiesen worden sein, an einer bestimmten Stelle eine Kirche bauen zu lassen, darunter Santa Maria Formosa (siehe S. 106). Diesmal waren es die zwölf Apostel, die dem Heiligen geboten, dort eine Kirche zu errichten, wo er eine Gruppe von zwölf Kranichen sähe.

Die Kirche aus dem 7. Jahrhundert wurde mehrfach verändert; der heutige Zustand geht auf die Renovierung durch Giusto Pedolo Mitte des 18. Jahrhunderts zurück.

Die Backsteinfassade der Kirche wirkt eher schlicht, um den Glockenturm rankt sich eine kuriose Legende

Der Glockenturm von 1672 ist vor allem wegen der bizarren Geschichte eines älteren Priesters namens Domenico Longo bekannt. Er fiel vom Turm, und dabei verfing sich seine Kleidung am Minutenzeiger der Uhr. Der Legende nach hat ihn das gerettet.

Die Kapelle der Familie Corner im Inneren wird Mauro Coducci (1552) zugeschrieben. Sie war die letzte Ruhestätte der unglücklichen Caterina Corner, die kurzzeitig Königin von Zypern war. Später wurden ihre sterblichen Überreste in ein großartigeres Grabmal in der Kirche San Salvador überführt. Das Altargemälde der Kapelle, *Die Kommunion der heiligen Lucia* (1748), schuf Giambattista Tiepolo. Es ist das geradezu verführerische Porträt einer bezaubernden jungen Frau, die ihr Martyrium nicht wahrzunehmen scheint. Ihre Augen sind auf eine Schale im Vordergrund gerichtet.

Interessant ist auch *Das letzte Abendmahl* (1583) von Cesare da Conegliano. Der Hintergrund zeigt den Innenhof des Dogenpalasts und das Foscari-Treppenhaus, das im frühen 17. Jahrhundert zerstört wurde. Eine Marmorstatue (spätes 14. Jh.) von Nicolò di Pietro Lamberti stellt die Madonna mit Kind zwischen niedrigen Bäumen dar.

Am Türstock über dem Eingang verspricht eine Inschrift, dass einem Besuch dieser Kirche derselbe Wert beikomme wie einem in der Lateranskirche in Rom. ■

Santi Apostoli

Karte S. 123

Campo dei Santi Apostoli

041 528 0110

So geschl.

1, 2, N bis Rialto; 4.1, 4.2, 5.1, 5.2, 12, 13, 22, N bis Fondamenta Nuove

Spaziergang auf der Strada Nova

Die »neue Straße« wurde 1872 durch ein Wirrwarr von Häusern geschlagen, das sich von Santi Apostoli bis San Felice erstreckte. Von dort kann man über eine Reihe ineinander übergehender Straßen geradewegs bis zum Bahnhof gelangen. Die Straße heißt nicht auf ganzer Länge Strada Nova (achten Sie auf die wechselnden Straßennamen). Auf beiden Seiten reihen sich die verschiedensten Geschäfte aneinander. Wegen ihrer Länge und der meist leidlichen Breite schätzen Venezianer die Strada Nova. Viele machen hier sonntags ihre *passeggiata,* den Bummel, mit dem der Tag ausklingt.

Beginnen Sie Ihren Spaziergang an der Kirche **Santi Apostoli** *(Campo dei Santi Apostoli, Tel. 041 523 8297; sonntags geschl.; Vaporetto 1 oder N bis Ca' d'Oro, 4.1, 4.2, 5.1, 5.2, 12, 13, 22 oder N bis Fondamenta Nuove).* Der breite Boulevard vor Ihnen ist die eigentliche Strada Nova. Sie kommen an einigen Palästen vorbei, die heute als Büros oder Privatwohnungen genutzt werden. Die Kirche **Santa Sofia** ❶ *(Campo Santa Sofia, sonntags geschl., außer für Gottesdienstbesucher; Vaporetto 1 oder N bis Ca' d'Oro, 4.1, 4.2, 5.1, 5.2, 12, 13, 22 oder N bis Fondamenta Nuove)* ist so klein und einfach, dass man sie zuerst gar nicht wahrnimmt. Doch hier steht schon seit 866 eine Kirche, die 1836 umfassend restauriert wurde.

Jenseits der Kirche **San Felice** überqueren Sie eine Brücke. Zu Ihrer Rechten können Sie einen flüchtigen Blick durch ein Tor in den ummauerten Garten des **Palazzo Giovanelli** ❷ *(für die Öffentlichkeit nicht zugänglich)* werfen.

Das nächste Gebäude rechts ist die Kirche **Santa Fosca**, und auf dem kleinen Platz davor steht die **Statue von Fra Paolo Sarpi**, einem Mönch und Historiker (1552–1623). Zum Helden wurde er in dem lang andauernden Machtkampf Venedigs mit dem Papsttum (siehe S. 34). Ganz Europa verfolgte damals den sogenannten Kampf

der Schriften, bis Sarpi, ein Berater der Republik Venedig, eine Lösung präsentierte, der beide Seiten zustimmen konnten: »Gott hat zwei Herrschaften in der Welt eingesetzt«, konstatierte er, »eine geistliche und eine weltliche, jede von beiden absolut und unabhängig voneinander.« Ein paar Monate später überfielen drei Männer Fra Sarpi nahe Santa Fosca, stachen ihm ins Gesicht und ließen ihn liegen, im Glauben, er sei tot. Doch er

überstand den Anschlag und lebte noch weitere 16 Jahre.

Hinter der nächsten Brücke sehen Sie gleich links die vollkommen runde Kirche **La Maddalena** ❸ *(Campo della Maddalena, geöffnet nur für besondere Veranstaltungen; Vaporetto 1, 2, N bis San Marcuola).* Sie dominiert diesen kleinen ungewöhnlichen Platz. Das klassizistische Prunkstück wurde 1760 von dem Amateurarchitekten Tommaso Temanza gebaut, der den Grundriss des Pantheon in Rom imitierte.

Schauen Sie auf dem nächsten kleinen Platz, dem **Campiello dell'Anconetta** ❹, zum Gebäude an der Ecke zur Calle dell' Aseo hinauf. Dort sehen Sie ein schönes Mosaikbild der Jungfrau, allgemein als *anconetta* (kleine Ikone) bezeichnet. Die Bruderschaft vom Heiligen Antlitz hatte es zuerst in der Kirche San Marcuola untergebracht. Später wurde es nach einem Streit mit dem Gemeindepriester

hierher gebracht. Es überstand am 28. November 1789 einen katastrophalen Blitzeinschlag in der Nachbarschaft, durch den ein nahe gelegenes Lager mit Olivenöl Feuer fing.

Von hier ist es ein relativ kurzer Weg bis zum **Ponte delle Guglie** ❺. Die Steinbrücke ist an ihren vier Ecken mit *guglie* (Turmspitzen) besetzt. An dem Knotenpunkt gab es einst eine Fähre. 1285 baute man eine Holzbrücke, die 1580 durch eine steinerne ersetzt wurde. Die heutige Konstruktion stammt aus dem Jahr 1777. An diesem Punkt können Sie entweder die Brücke überqueren und zum Bahnhof gehen oder rechts ins ehemalige Getto (siehe S. 136f) abbiegen.

NICHT VERSÄUMEN:

Santi Apostoli • Statue von Fra Paolo Sarpi • La Maddalena • Ponte delle Guglie

---

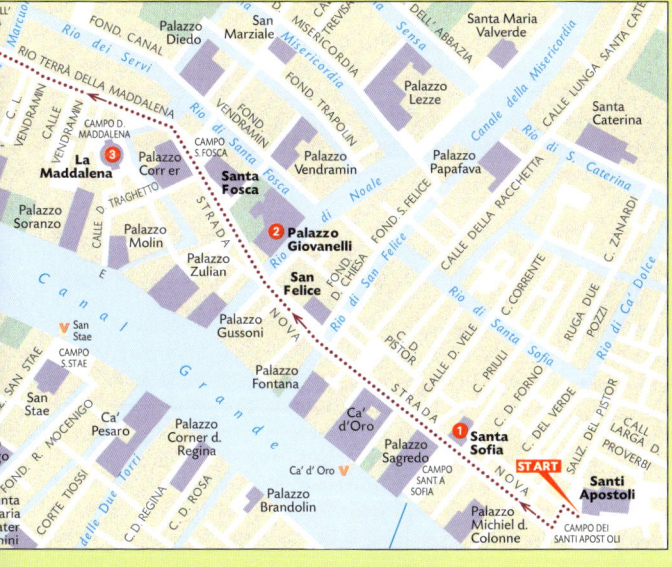

Madonna dell'Orto

Die gotische Kirche war dem heiligen Christophorus geweiht, wurde dann aber wegen der Statue Mariens mit dem Kind des Bildhauers Giovanni de' Santi zu »Unserer Lieben Frau vom Garten« umgewidmet. Anfangs behielt der Bildhauer die Statue in seinem nahe gelegenen Garten; aber es kamen so viele Pilger, dass man sie 1377 in die Kirche überführte, wo sie nun in der Markuskapelle steht. Die Kirche selbst ist eine Wallfahrtsstätte für Tintoretto-Fans.

Madonna dell'Orto

🗺 Karte S. 123

✉ Campo Madonna dell'Orto

☎ 041 719 933

🕐 So geschl.

💲 €

🚏 4.1, 4.2, 5.1, 5.2 bis Orto; 1, 2, N bis San Marcuola

Tintorettos *Tempelgang Mariens* ist mit seinem Wechselspiel von Licht und Schatten selbst für diesen Maler ungewöhnlich dramatisch

Madonna dell'Orto ist ein ebenmäßiges und selbstbewusstes spätgotisches Bauwerk, das jeweils 1399 und 1473 erneuert wurde. Die Verwendung von Ziegel und istrischem Marmor ist hier ebenso typisch wie in der Frari-Kirche (siehe S. 158ff) und in Santi Giovanni e Paolo (siehe S. 102ff). Die zwölf Apostel in den Nischen der Fassade wurden der Familie Dalle Masegne zugeschrieben, aber andere Quellen sprechen nur von »verschiedenen toskanischen Meistern«. Wer immer sie gemacht hat, erschuf eine Form der Dekoration, die für Venedig einzigartig ist. Das Portal mit einer Statue des heiligen Christophorus zwischen der Jungfrau Maria und dem Erzengel Gabriel ist von Bartolomeo Bon (1460). Der restaurierte Innenraum ist von schöner, weiträumiger Schlichtheit.

Tintoretto wurde in der Nachbarschaft geboren und verbrachte hier auch sein Leben. Sein Grab befindet sich in einer einfachen, merkwürdig modernen Kapelle rechts neben dem

Hochaltar. Für seine Heimatgemeinde schuf er eine Reihe eindrucksvoller Gemälde. Links neben dem Hochaltar befindet sich *Die Anbetung des Goldenen Kalbs* (die Männer, die das Kalb tragen, sollen von links nach rechts Giorgione, Tizian, Veronese und der Künstler selbst sein). Auf der rechten Seite sieht man *Das Jüngste Gericht*. Es ist unvergleichlich dramatischer und ergreifender als das Bild gleichen Titels im Großen Ratssaal des Dogenpalasts. In der Apsis finden sich *Die Kreuzesvision des heiligen Petrus* und *Die Enthauptung des heiligen Christophorus*. Äußerst ansprechend ist der *Tempelgang Mariens*. Das Bild, das Rainer Maria Rilke u. a. zu einem Gedichtzyklus inspirierte, funkelt geradezu von der Anmut der jungen Frau.

Doch auch zwei andere Kostbarkeiten verdienen Erwähnung, obwohl nur eine besichtigt werden kann. Es ist dies das Gemälde *Johannes der Täufer mit den Heiligen Markus, Hieronymus und Paulus* (1494) von Cima da

Conegliano. Der Hintergrund zeigt die Handschrift des Meisters. Man sieht eine venezianische Landschaft mit dem Schloss von Conegliano; die Farben und die Ruhe des Bilds sind eine willkommene Erholung von den dramatischen Verwicklungen in den Gemälden Tintorettos. Ebenfalls beachtenswert ist die *Muttergottes* von Giovanni Bellini. Davon ist jedoch nur ein Foto an der Stelle über dem Altar geblieben, an der das Bild hing, bis es 1993 gestohlen wurde. ■

Die Ziegel im Innenhof sind im Fischgrätmuster gelegt. Heute ist diese traditionelle Bepflasterung in Venedig eine Rarität

Leben im Kloster

Auf dem Höhepunkt seines Reichtums und seiner Macht besaß Venedig rund 123 Kirchen – heute sind es 95 –, und vielen war ein Kloster angeschlossen. Dieses Überangebot hatte weniger mit Frömmigkeit zu tun als mit dem Versuch, eine Lösung für heikle Familienprobleme zu finden.

Am Beginn des Mittelalters übernahmen die religiösen Orden viele wichtige soziale Funktionen: Sie versorgten die Armen mit Nahrung, pflegten die Kranken, unterhielten Herbergen für Pilger und vieles mehr. In Venedig war das anders. Hier spielten zwei Faktoren eine entscheidende Rolle: Geld war der erste Faktor. Vielen aristokratischen Familien, die über die Jahrhunderte unermesslich reich geworden waren, widerstrebte eine Aufteilung ihres Vermögens unter vielen Söhnen; außerdem wollten sie nicht mitansehen, wie ihr Besitz als Mitgift der Bereicherung anderer Familien diente. Deshalb wurden viele Nachkommen für eine religiöse Laufbahn bestimmt, insbesondere Töchter, die lieber in ein Kloster gesteckt wurden, als dass man ihnen erlaubte zu heiraten. Das füllte die Nonnenklöster mit vielen Frauen, die diese Lebensform nicht unbedingt freiwillig gewählt hatten.

Macht war der zweite wichtige Faktor. Venedig hatte immer ein gespanntes Verhältnis zum Vatikan und widersetzte sich allen Versuchen der Päpste, seine Geschicke bestimmen zu wollen. Mehr als einmal wurde die ganze Stadt exkommuniziert; aber weder Priester noch Bevölkerung beachteten die Bannsprüche. Frömmigkeit rangierte immer weit hinter den Eigeninteressen.

Im 16. Jahrhundert waren viele Nonnenklöster in Venedig kaum als solche zu erkennen. Die Nonnen sahen wenig anders aus als ihre weltlichen Schwestern; sie veranstalteten Feste, Masken- und Puppenspiele und empfingen in absoluter Freiheit Männer. Die Benediktinerinnen in San Zaccaria verjagten 1514 den Vikar des Patriarchen mit Steinen, als er dem Salon zu nahe kam, in dem sie die Gesellschaft ihrer vornehmen Freunde genossen. Die Nonnen von einem Leben in Keuschheit und Bescheidenheit zu überzeugen, gelang selten.

Der Fall der Suor Maria, der Äbtissin von Santa Maria Maggiore in Dorsoduro, ist ein anderes Beispiel dafür, wie zerrüttet die Zustände waren. 1502 wurde bekannt, dass sie eine Affäre mit einem Priester namens Francesco von San Stae hatte. Viele ihrer Geschenke wurden in seinem Haus konfisziert und verkauft. Der Erlös kam der Kirche zugute. Interessanterweise wurden beide vor einem Zivilgericht angeklagt; Francesco musste zehn Jahre ins Gefängnis, Maria wurde nach Zypern verbannt.

Zugleich hatten die Ordensfrauen auch zahlreiche Befugnisse: Sie verwalteten für die Klöster nicht nur Besitztümer, sondern tätigten auch Finanzgeschäfte – für weltliche Damen zu dieser Zeit undenkbar.

Als Napoleon Venedig einnahm, schaffte er die Klöster ab und ließ viele samt den angegliederten Kirchen niederreißen. Heute gibt es zwar noch einige Klöster in der Stadt, aber im Vergleich zur vornapoleonischen Zeit sind es nur wenige.

Oben: Die wenigen Nonnen, die man heute im Stadtbild sieht, sind aus religiöser Überzeugung im Kloster. Unten: Auf seinem Bild *Parlatorium der Nonnen am Besuchstag* (17. Jh.) zeigt Francesco Guardi Ordensschwestern in weit weniger frommen Zeiten

Rund um Madonna dell'Orto

Alltagsleben charakterisiert die Umgebung des Viertels Madonna dell'Orto. Früher war dies ein wichtiger Warenumschlagplatz, und die Familien, die hier lebten, haben faszinierende Spuren und Kunstwerke hinterlassen.

Tintoretto lebte 20 Jahre in dem bescheidenen Haus links. »Nur eine Straße und eine Brücke von der Madonna dell'Orto entfernt«, wie die Venezianer sagen. Sein Name steht noch an der Klingel

Madonna dell'Orto

🅜 Karte S. 123

Der lange schmale Campo, der zu Madonna dell'Orto führt, heißt **Campo dei Mori**. An der Ecke des Gebäudes, an der sich der Platz mit der Fondamenta dei Mori verbindet, steht die seltsame Statue eines Mannes mit einer dunklen, metallenen Nase – Ersatz für das Original aus Stein, das verwittert oder abgebrochen ist. Er wurde bekannt als »Sior Antonio Rioba«. Er und seine beiden Gefährten werden auf den Statuen in exotischer Kleidung dargestellt. Aber es sind keine Mohren (*mori*), wie man vermuten könnte, sondern drei Kaufmannsbrüder – Rioba, Sandi und Afani

Mastelli –, die 1112 von Morea (Peloponnes) hierher kamen. Zwei bemerkenswerte Gebäude in der Nähe stehen mit der Familie Mastelli in Beziehung. Das eine ist ihr Wohnhaus, der **Palazzo Mastelli**, dessen Fassade gegenüber dem Rio Madonna dell'Orto deutlich sichtbar ist, wenn Sie auf der linken Seite der Kirche stehen. Den Palast kann man sehr gut an dem großen Relief erkennen, auf dem ein schwer beladenes Kamel von einem Mann geführt wird. Das Haus wird allgemein »Kamelpalast« genannt.

Das andere Gebäude ist die **Casa del Tintoretto** auf der Fondamenta dei Mori Nr. 3399. Eine Plakette und eine Büste des Künstlers schmücken das bescheidene Äußere des Hauses, in dem sich einst das Gewürzlager und die Fabrik der Familie Mastelli befanden. Tintoretto lebte hier von 1574 bis zu seinem Tod 1594. Die lateinische Inschrift auf der Tafel über der Tür lautet: »Der du vorübergehst, übersieh nicht das alte Haus von Jacopo Robusti, genannt Il Tintoretto, dessen Gemälde von hier aus in alle Welt gingen, bewundert in der Öffentlichkeit wie im Privaten, meisterhaft ausgeführt mit seinem feinen Pinselstrich. Die Hingabe des gegenwärtigen Besitzers macht dir dieses be-

kannt. 1842.« Das Haus ist für die Öffentlichkeit nicht zugänglich.

Genau drei Kanäle und drei Brücken südöstlich von Madonna dell'Orto steht die Kirche **San Marziale**. Sie wurde 1133 gebaut und ab 1693 renoviert, ist aber wenig bemerkenswert. Ihr Bekanntheitsgrad rührt von einer Holzstatue der Jungfrau Maria her, die am zweiten Altar auf der linken Seite steht. Diese Statue wurde angeblich 1286 von einem Schäfer in der Nähe von Rimini angefertigt, in ein Boot gesetzt und den Strömungen überlassen; schließlich soll sie hier am Ufer gelandet sein.

Aus irgendeinem Grund scheint diese Gemeinde Unheil anzuziehen. An einem Sonntag im Oktober 1545 fand auf einer nahen Brücke eine der berühmten »Schlachten« zwischen den Castellani und den Nicolotti statt (siehe S. 100). Die Nicolotti waren klar im Nachteil, als ein Priester, ein Friseur und sein Freund Dachziegel auf die Castellani zu werfen begannen. Am Ende waren über 30 Menschen tot – erstochen, erschlagen oder ertrunken. 1575 nahm die furchtbare Pest, die die Stadt heimsuchte, im Haus des Vincenzo Franceschi in der Gemeinde ihren Ausgang; er beherbergte einen Gast aus Trient, der ihn ansteckte. ■

San Marziale
 Karte S. 123
✉ Campo San Marziale
☎ 041 719 933
🕐 So geschl.
🚊 4.1, 4.2, 5.1, 5.2 bis Orto, 1, N bis Ca'd'Oro

Das kräftige Kamel und sein besorgter Herr zieren die Wand des Palazzo Mastelli. Die Darstellung verweist auf die Geschäfte der Familie: Sie waren Gewürzhändler

Getto

Das Wort Getto (ital. *ghetto*) bezeichnete ursprünglich sowohl die Gießerei, die in der Nachbarschaft stand (*gettare* bedeutet »Metall gießen«), als auch die Gepflogenheit, einzelne ethnische Gruppen abzusondern. Venedig hieß zahlreiche Menschen mit den unterschiedlichsten Nationalitäten und Glaubensbekenntnissen willkommen, viele von ihnen sammelten sich in besonderen Stadtgebieten. Alle wurden streng überwacht, Juden aber wurden regelrecht abgeschirmt.

Das Getto ist von Wasser umgeben; nachts patrouillierte einst die venezianische Polizei

Getto
Karte S. 122

waffnete Wächter patrouillierten auf den Kanälen. Im Jahr 1541 wurde das »Alte Getto« angefügt und 1633 schließlich mit dem »Neuesten Getto« verbunden. Es herrschte Platzmangel, und so wuchsen die Häuser bald in die Höhe und waren um ein Drittel höher als die in der übrigen Stadt; manche hatten bis zu sieben Stockwerke.

Drei verschiedene Gemeinschaften existierten hier nebeneinander: die *alemagni* (Juden, die aus Deutschland, Polen und anderen Teilen Osteuropas kamen), die Levantiner und die Spanier. Allen war es verboten, einen »ehrenwerten« Beruf auszuüben. Allerdings durften sie Ärzte werden; diesen war es erlaubt, das Getto nachts zu verlassen. Handel war Juden nur untereinander gestattet. Und sie unterlagen Kleidervorschriften.

Besucher erreichen das Getto von der Fondamenta di Cannaregio nahe dem Ponte delle Guglie. Wenn Sie den kleinen Durchgang

Juden lebten seit 1152 in Venedig, wahrscheinlich zuerst auf der Giudecca. Nach mehreren Umzügen wurde ihnen 1516 das Land im »Neuen Getto« zugeteilt. Die Zugänge wurden nachts mit Toren verschlossen. Be-

Arbit Blatas schuf auf dem Campo Ghetto Nuovo eine Gedenkstätte, die an den Holocaust erinnert. Sie zeigt nicht nur das Schicksal der venezianischen Juden auf

benutzen, können Sie die Löcher in den steinernen Türpfosten für die metallenen Türangeln erkennen, an denen einst die Holztüren befestigt waren.

Es gibt noch einige wenige jüdische Geschäftsleute, ein Altersheim und zwei Synagogen (eine für den Sommer, die andere für den Winter), rund 200 Menschen leben hier. Wie viele im Holocaust umgekommen sind, verdeutlichen die unzähligen Namen auf den verschiedenen Gedenktafeln und Denkmälern. Auf dem Campo Ghetto Nuovo finden Sie zwei große und sehr eindrucksvolle Denkmäler aus Bronze von Arbit Blatas (1979), die an den Holocaust erinnern.

Zwei andere Gedenktafeln sind ebenfalls erwähnenswert: Die eine befindet sich gleich am Beginn der Fondamenta di Cannaregio hoch oben an der linken Wand. Es ist eine ziemlich verwitterte Steintafel aus den Tagen der Republik Venedig. Sie enthält einen Strafenkatalog. Er betrifft Juden, die trotz ihrer Konvertierung zum Christentum heimlich ihren jüdischen Bräuchen nachgingen. Einige Schritte weiter befindet sich an der linken Wand der Wintersynagoge eine Steintafel mit italienischer Inschrift: »1939–1945/ Zweihundert Juden aus Venedig/ Achttausend Juden

aus Italien/Sechs Millionen Juden aus Europa/Gejagt, gepeinigt, ausgelöscht von blindem barbarischem Hass in fernen Ländern/Zur Erinnerung an den grausamsten Angriff auf die menschliche Zivilisation/Erinnert alle Menschen/An die heiligen Gesetze Gottes/An die Gefühle der Brüderlichkeit und Liebe/die Israel zuerst bejahte unter den Völkern.«

Zur Abrundung Ihres Besuchs sollten Sie an einer Führung durch die Synagogen teilnehmen; man darf sie nur in Gruppen betreten.

Ein Besuch des kleinen, aber gut eingerichteten **Museo Ebraico** ist ebenfalls empfehlenswert. Es zeigt eine Anzahl faszinierender religiöser Objekte. Der Buchladen und das (koschere) Café sind in jedem Fall einen Abstecher wert.

Am Sabbat werden (im Sommer) in der spanischen und (im Winter) in der levantinischen Synagoge orthodoxe Gottesdienste abgehalten. ■

Museo Ebraico

Karte S. 122

Campo del Ghetto Nuovo

041 715 359

Museum Sa & jüdische Feiertage geschl.

€; Führungen in Museum & Synagoge: €€ Auf Anfrage werden auch Führungen über den Jüdischen Friedhof auf dem Lido angeboten

4.1, 4.2, 5.1, 5.2 bis Guglie und S. Alvise; 1, 2, N bis S. Marcuola

San Giobbe & Umgebung

Hiob war der Schutzpatron eines 1378 hier gegründeten Hospizes. 1450 begann Antonio Gambello mit dem Umbau. Spuren der spätgotischen Konstruktion sind der Glockenturm und ein Flügel des Klosters samt Säulengang.

Alltägliches Leben am Canale di Cannaregio

San Giobbe

- Karte S. 122
- Campo San Giobbe
- 041 524 1889
- So geschl. Zurzeit wegen Renovierung ganz geschl.
- 5.1, 5.2, 22 bis Tre Archi Giobbe

1470 wurde Pietro Lombardo beauftragt, das Werk weiterzuführen. Er änderte den Stil und entwarf eines der ersten Renaissancegebäude Venedigs, dessen Fassade an San Giovanni in Bragora erinnert. Die Statuen über dem Portal von Pietro Lombardo und seinen Mitarbeitern stellen die Heiligen Bernardino, Antonio und Ludovico dar; die Lünette zeigt Hiob und Franziskus. Die vielleicht interessanteste Kapelle im Inneren

ist die der Familie Martini. Sie waren toskanische Kaufleute aus Lucca und ließen die Decke mit farbig glasierten Terrakottakacheln aus der Schule von Luca della Robbia auskleiden.

Der Doge Cristoforo Moro (1390–1471), dessen Grabmal sich auf der rechten Seite befindet, war ein schwieriger Mann von überspannter Frömmigkeit. Seine Erfolge als Doge waren nicht sonderlich groß; er führte Venedig zu einer Reihe demütigender Niederlagen durch die Türken. Bei seinem Tod, so hatte er verlangt, wolle er in der Kleidung eines Franziskanermönchs beigesetzt werden, und er hinterließ Geld für die Erneuerung der Kirche. Sein Grabmal steht in der Kapelle seines Freundes, des heiligen Bernhardin von Siena. Im rechten Seitenschiff befindet sich ein schwerfälliges Barockdenkmal. Die französische Inschrift besagt, dass es Renato de Voyer de Paulmy, Signore d'Argenson, gewidmet ist. Er war Botschafter König Ludwigs XIV. in Venedig und starb hier 1651.

Am Ende der Fondamenta di San Giobbe steht an der Ecke gegenüber der Lagune **Ex-Macello**, ein Gebäude mit mehreren Türen und verfallenen Rampen, die zum Wasser hinunter führen. Früher waren das Venedigs *macelli* (Schlachthäuser). An diesen Rampen entlud man die Tiere von den Booten. In den Straßen um San Giobbe wimmelte es von Vieh; die Arbeit begann um zwei Uhr morgens. Bemerkenswert sind die schön geformten Rinderschädel über dem Torwegen.

An der Ecke von Canal Grande und Cannaregio-Kanal steht der **Palazzo Labia** aus dem 18. Jahrhundert. Seine Berühmtheit beruht jedoch mehr auf seinen Bewohnern als auf der prachtvollen Barockfassade und den üblichen Kunstschätzen. Die Familie Labia, aus der spanischen Provinz Katalonien stammend, kam Mitte des 15. Jahrhunderts nach Venedig. Nachdem sie 300 000 Dukaten für den Kampf um Kreta beigesteuert hatte, wurde sie in die venezianische Aristokratie aufgenommen. Die Familie war unermesslich reich, und Francesco Labia fand, er benötige einen Palast, der seinem Reichtum und seinem Status entspreche. Der Wermutstropfen war nur: Der Palast lag nicht am Canal Grande. Die Familie sparte nicht an Geld für Festivitäten, die in ihrer Pracht selbst die Luxus gewohnten Venezianer erstaunten. Paolo Antonio Labia lud zu verschwenderischen Banketten ein, bei denen das Essen auf goldenen Tellern serviert wurde, die er dann aus dem Fenster in den Kanal warf, wobei er rief: »Le abia, o non le abia, sarò sempre Labia« (Ob ich sie habe oder nicht habe, ich bleibe immer Labia.). Dabei hatte er allerdings unter Wasser Netze anbringen lassen. So konnte man die Teller später wieder einsammeln. Nach dem Untergang der Familie hatte der Palast eine Reihe von Besitzern. Heute befindet sich hier die Zentrale des Senders RAI; einzig der Salone di Tiepolo ist für Publikum geöffnet. ∎

Steinerne Schädel schmücken die Fassade des ehemaligen Schlachthauses. Das Gebäude gehört heute der Universität von Venedig

Ex-Macello

🅰 Karte S. 122

✉ Fondamenta di S. Giobbe

Palazzo Labia

🅰 Karte S. 122

✉ Campo San Geremia

☎ 041 524 2812

🕐 Nur nach Anmeldung Mi, Do & Fr 15–16 Uhr

🚏 1, 2, 3. 4.1, 4.2, 5.1, 5.2, N bis Ferrovia; 4.1, 4.2, 5.1, 5.2 bis Guglie

Weitere Sehenswürdigkeiten

Corte Prima & Corte Seconda del Milion

Gleich hinter der Kirche **San Giovanni Crisostomo** liegen diese beiden kleinen Innenhöfe. Ihre Namen beziehen sich auf Marco Polos berühmte Reiseberichte. Die byzantinischen Bogen an der Fassade des Teatro Malibran sollen Teil von Marco Polos Vaterhaus gewesen sein. Möglicherweise hat die Familie in dem kleineren Haus am Kanal gelebt. Wahrscheinlich aber war es nur in ihrem Besitz.

🅰 Karte S. 123 🚏 1, 2, N bis Rialto

Capitelli mit Marienbildern findet man vor allem an Straßenecken, wo sie einst für nächtliche Beleuchtung sorgten

San Geremia e Lucia

San Geremia e Lucia wurde im 11. Jahrhundert gegründet und danach 1174 und dann wieder 1753 nach einem Entwurf des Priesters Carlo Corbellini umgebaut. Auf der Seite zum Canal Grande verkündet eine Tafel, dass hier die Reliquien der heiligen Lucia liegen, einer Jungfrau und Märtyrerin aus Syrakus, die »Licht und Frieden erfleht« und Schutzheilige der Augenkranken ist. Ihre Reliquien wurden aus ihrer eigenen Kirche hierher gebracht, da diese abgerissen wurde, um Platz für den Bahnhof zu schaffen. Sehenswert ist die kunstvolle Steinmetzarbeit eines Schädels. Er war das Zeichen der Bruderschaft der Heiligen Jungfrau der

Hilfe für die Toten, die sich in der Kirche traf. Die Organisation kümmerte sich um die Bestattung der Armen. Im 18. Jahrhundert war der Campo vor der Kirche auch Ort von Stierkämpfen.

🅰 Karte S. 122 ✉ Campo San Geremia ☎ 041 716 181 🚏 1, 2, 3. 4.1, 4.2, 5.1, 5.2, N bis Ferrovia; 4.1, 4.2, 5.1, 5.2 bis Guglie

Sant' Alvise

Die schlichte Fassade der spätgotischen Kirche aus den 80er Jahren des 14. Jahrhunderts ist ergreifend schön. Das Innere wurde im 17. Jahrhundert renoviert und enthält einige frühe Gemälde von Giambattista Tiepolo, insbesondere seinen riesigen *Weg nach Golgatha* (um 1740). Bewundernswert sind die blendenden Farben und das Gefühl für Dramatik, die den Einfluss Tintorettos und des jungen Künstler zeigen. In der Sakristei hängen naive Temperabilder mit Bibelszenen. Der englische Kunsthistoriker John Ruskin schreibt sie Vittore Carpaccio zu, aber der war zu dieser Zeit erst acht Jahre alt. Trotzdem nennt sie jeder »Baby-Carpaccios«.

🅰 Karte S. 123 ✉ Campo Sant' Alvise ☎ 041 275 0462 🕐 So geschl. 💲 € 🚏 4.1, 4.2, 5.1, 5.2 bis Sant' Alvise

Oratorio dei Crociferi

Der Kreuzträgerorden hatte das Gebäude im 13. Jahrhundert errichten lassen. Es wurde aber wegen kontinuierlichen Missverhaltens aufgelöst. Ein Bilderzyklus (1583–92) von Palma il Giovane zeigt Ereignisse aus der Geschichte des Ordens.

🅰 Karte S. 123 ✉ Campo dei Gesuiti ☎ 041 271 9012 🕐 Mo–Do geschl., Nov.–März nur auf Anfrage geöffnet 🚏 4.1, 4.2, 5.1, 5.2, 12, 13, 22, N bis Fondamenta Nuove

In diesen beiden *sestieri* liegen der zweitgrößte Platz der Stadt, zwei ihrer größten Bauwerke und ein berühmter Markt. Gut möglich, dass Sie hier Ihre beste Zeit in Venedig verbringen werden

San Polo
& Santa Croce

Fischmarkt am Rialto

San Polo & Santa Croce

Benannt nach dem heiligen Paulus und dem Heiligen Kreuz, bieten diese zwei *sestieri* die großartige gotische Franziskanerkirche Santa Maria Gloriosa dei Frari, die Scuola Grande di San Rocco mit genialen Tintoretto-Werken und den Rialto-Markt, der einst das Herz Venedigs und eines der Finanzzentren Europas war. Es gibt hier aber auch überraschend viele scheinbar vergessene Ecken und noch weitere bemerkenswerte Kirchen.

Der Name Santa Croce stammt von dem Benediktinerkloster und der dazugehörigen Kirche, die 774 dem Heiligen Kreuz geweiht wurde. Sie standen auf dem damals sehr abgelegenen Gelände in der Nähe des heutigen Piazzale Roma. Im Jahr 1470 gründeten zwei Nonnen ihren eigenen kleinen Orden; ihre Kirche wurde Santa Chiara genannt. Beide Orden wurden 1810 auf Napoleons Geheiß aufgelöst und ihre Kirchen zerstört. Die einzigen Reste,

die man heute noch sehen kann, sind die gotischen Bogen am Hotel Santa Chiara auf dem Piazzale Roma und am Giardino Papadopoli.

Das an der östlichen Kanalschleife gelegene San Polo war (wie im Übrigen

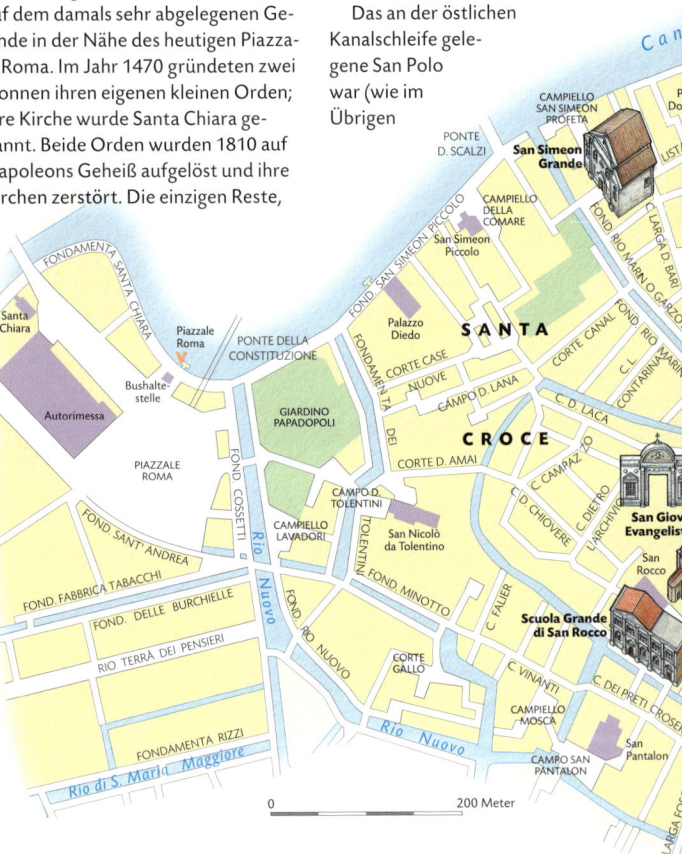

auch Santa Croce) immer ein geschäftiger Bezirk; das vergleichsweise hohe und feste Terrain und die Aktivitäten rund um den Rialto-Markt haben dieses Viertel für Kaufleute, Bankiers und Handwerker attraktiv gemacht. Der große Campo San Polo diente als wichtiger Versammlungsort, als Übungsgelände für Bogenschützen und Aufmarschplatz für Militärparaden. Außerdem fanden hier alle möglichen Festlichkeiten, Märkte, öffentliche Bälle und Stierkämpfe statt (und mitunter ein Mord). In seinem Reise-

NICHT VERSÄUMEN:

Einen »Spritz« an den Fabbriche Vecchie trinken, mit Blick auf den Canal Grande   **147**

Tizians *Assunta* in der von außen schlichten Frari-Kirche   **158–163**

Tintorettos Ausstattung der Scuola Grande di San Rocco   **166–168**

Das magische Deckengemälde von San Pantalon   **169**

Die Casa Goldoni, Geburtsort des großen Komödiendichters   **170**

bericht erwähnte Thomas Coryat 1608, dass der Platz »ganz grün« sei. Er wurde später gepflastert. Früher floss ein Kanal zwischen dem Campo San Polo und dem Palazzo Soranzo mit seiner imposanten Fassade. ■

Zur Orientierung

Campo San Polo

Der Platz, der dem heiligen Paulus gewidmet ist, hat dramatische Augenblicke erlebt. So gab es 1343 am Namenstag des Heiligen ein Erdbeben. Laut einer Chronik dauerte es 15 Tage an; 1000 Häuser wurden zerstört.

San Polo

- ⓐ Karte S. 143
- ✉ Campo San Polo
- ☎ 041 523 7631
- ⏱ So geschl.
- 💲 €
- 🚏 1, 2, N bis San Tomà; 1 bis San Silvestro

Bis zum Ende der Republik Venedig war auf dem Platz jeden Mittwoch Markt; heute wird während des Karnevals die alte Tradition wiederbelebt. Dann gibt es Stände, die Masken verkaufen, und in Zelten werden Erfrischungen angeboten. Im Sommer wird hier Freiluftkino geboten.

Am 26. Juli 1450 hielt ein Mönch namens Fra Santo eine Brandrede. Er wollte die Reichen und Hemmungslosen zu Reue bewegen, indem er das »Feuer der Eitelkeiten« entzündete und »große Mengen Seide, kunstvolle Fransen und sogar Frauenlocken« in die Flammen warf. Unter den verschiedenen Spektakeln, die auf dem Campo San Polo aufgeführt wurden, war 1497 ein Karnevalsfest, das von maskierten florentinischen Kaufleuten veranstaltet wurde.

Auf dem Platz wurden am 26. Februar 1548 Lorenzino de' Medici und sein Onkel ermordet, nachdem sie der Rache des Fürsten von Florenz entflohen waren. Die bezahlten Attentäter fanden heraus, wo Lorenzino unter falschem Namen lebte, und erschlu-

gen die beiden Männer, als sie ins Freie traten. Allerdings war dem Geschehen vorangegangen, dass Lorenzino auch wegen Mordes am Cousin des Herzogs gesucht wurde.

Die dominierenden Gebäude des Platzes sind die Kirche **San Polo** und ihr Campanile. Die erste Kirche wurde hier 837 errichtet, eine neue im 15. Jahrhundert, die im 19. Jahrhundert renoviert wurde. Heute besucht man sie wegen einiger wichtiger Gemälde.

Giandomenico Tiepolo malte von 1747 bis 1749 einen Kreuzweg mit 14 Stationen; man kann sie in der Betkapelle zum Kreuz (Eingang unter der Orgel) betrachten. Es ist eine ausgezeichnete Darstellung des venezianischen Adels in all seiner Pracht, der die heilige Geschichte nur oberflächlich beigefügt ist. Und natürlich ist da auch Tintoretto mit einem dramatischen *Letzten Abendmahl* von 1568/69 vertreten.

Die Schiffskieldecke aus Holz ist eine der wenigen, die es in Venedig noch gibt; Santo Stefano (S. 96) und San Giacomo dell' Orio (S. 154) besitzen ebenso eine.

Dem Eingang gegenüber steht der Campanile (1362) mit den beiden aus dem 12. Jahrhundert stammenden Löwen, ein seltenes Beispiel für romanische Kunst in Venedig. Obwohl ihre Entstehungszeit dem widerspricht, wird behauptet, dass die Schlange, die gerade von einem Löwen verschlungen wird, den verräterischen Dogen Marino Falier darstelle, der 1355 enthauptet wurde. Der Kopf, den der andere Löwe festhält, soll der des Grafen Francesco Carmagnola sein, der 1402 auch wegen Verrats hingerichtet wurde. ■

Großartige Masken bekommen Sie in Venedig das ganze Jahr über. In der Karnevalszeit gibt es auf dem Campo San Polo zahlreiche Stände, die besondere Masken verkaufen

Rialto-Märkte

Die Insel, die Rivo Altus (hohes Ufer) genannt wurde, hatte offenbar für die ersten Siedler eine große Anziehungskraft. Schon 810 entschied man, dass dies der ideale Ort für einen Stadtmarkt sei. Doch wurden nicht nur Lebensmittel angeboten, sondern hier standen auch die erste Residenz des Dogen, die Gerichtshöfe, die städtischen Lagerhäuser und Kasernen. Wenn San Marco Venedigs politisches Herz war, dann war Rialto fraglos das kommerzielle Zentrum.

Fangfrischer Fisch und Meeresfrüchte auf dem Rialto-Fischmarkt

Rialto-Märkte
🗺 Karte S. 143
🕐 Di–Sa vormittags, Gemüsemarkt auch nachmittags
🚤 1, 2, N bis Rialto

Im 12. Jahrhundert haben mächtige venezianische Kaufleute auf dem Rialto Europas erste staatliche Bank eingerichtet, und für wenigstens 300 Jahre mach-

ten sie Geschäfte quer durch Europa.

Ein katastrophales Feuer vernichtete 1514 faktisch das gesamte Rialto-Gebiet. Was wir heute sehen, stammt aus der Renaissance oder späteren Zeiten. Eine Reihe von Gebäuden weist auf die frühere Bedeutung als städtisches Zentrum hin. Die Häuser in der Naranzeria, die den Palazzo dei Camerlenghi flankieren, wurden wahrscheinlich zwischen 1525 und 1528 von Guglielmo Bergamasco gebaut. Sie waren die Residenz der drei *camerlenghi*, der staatlichen Schatzmeister. Die **Fabbriche Vecchie** an der Seite des Campo Rialto waren früher der Sitz der Behörde, die sich um den Handel, den Lotsendienst und den Nachschub kümmerte. Ein ähnliches Gebäude am Canal Grande steht mit dem Rücken zu den Obst- und Gemüseständen. Es beherbergt das Gericht; Barkassen bringen die Straftäter zu ihren Prozessen dorthin.

Der Rialto ist immer noch ein riesiger, quirliger Markt, aber Konkurrenz durch Supermärkte und strengere Hygiene-Vorschriften haben die Gegend teurer und uninteressanter für Gewerbetreibende gemacht. ■

Marco Polo

Er ist vielleicht der berühmteste Venezianer, sein Name steht für den Forschungsreisenden schlechthin. Marco Polos Reisen nach China offenbaren wesentliche venezianische Qualitäten: Er war zuallererst Händler, neugierig, findig und zäh. Außerdem war er offenbar ein Mann mit einem beachtlichen Charisma – und ein geborener Geschichtenerzähler.

Marco Polo wurde 1254 als Spross einer Familie venezianischer Juwelenhändler geboren. Sein Vater Niccolò und sein Onkel Maffeo hatten bereits Handelsreisen bis zum Hof des Mongolenherrschers Kublai Khan unternommen, und als sie 1271 erneut dorthin aufbrachen, reiste Marco mit ihnen. *Il milione*, Marco Polos Bericht über seine 17 Jahre, die er in China als Händler und sogar Abgesandter des Khans verbrachte, hat unter Forschern heftige Diskussionen entfacht. Einige bezweifeln den Wahrheitsgehalt seiner Behauptungen, die meisten aber sind der Meinung, dass das Wesentliche glaubwürdig sei. Marco Polo starb 1324.

Marco Polo auf einem deutschen Holzschnitt (1477)

Spaziergang um den Rialto

Erforschen Sie das historische Wirtschafts- und Handelszentrum von Venedig. Überall stößt man auf Spuren von seiner einstigen Bedeutung. Start der Tour ist am Fuß der Rialto-Brücke gegenüber dem Markt.

Auf dem Rialto werden heutzutage vor allem Souvenirs feilgeboten

Gehen Sie, von der Brücke weg, geradeaus den überdachten Gehweg entlang, der gleich zu Ihrer Linken ist: die **Ruga degli Orefici**. Die farbenprächtigen Fresken in den Gewölben wurden vor einigen Jahren renoviert. Beachten Sie auch die schweren Eisengitter vor den Fenstern im dritten Stock. Dort befinden sich die Lagerräume der Goldschmiede, deren Werkstätten darunter liegen.

Am Ende der Passage kommen Sie zu der breiten Straße Ruga Vecchia San Giovanni. Biegen Sie gleich links ab, und ein paar Meter weiter sehen Sie den gewölbten und mit Fresken versehenen Eingang der Kirche **San Giovanni Elemosinario** ❶.

Drehen Sie wieder um, und gehen Sie rechts auf die breite Hauptstraße zurück. Gleich vor dem **Ponte di Rialto** machen Sie an der Kirche zu Ihrer Linken Halt. Sie ist **San Giacomo di Rialto** ❷ geweiht *(Campo San Giacomo, Tel. 041 522 4745; Vaporetto 1 bis San Silvestro oder 1, 2, N bis Rialto)*. Gewöhnlich wird sie nur San Giacometto genannt. Sie ist das einzige Gebäude, das den Brand von 1514 überstanden hat, und man behauptet (was schwer zu beweisen ist), dass sie die älteste Kirche in Venedig sei. Sie könnte 421, 428 oder 540 errichtet worden sein und wurde zahllose Male wieder aufgebaut und renoviert, zum letzten Mal 1600. Heute werden hier Konzerte beworben.

Siehe auch Karte S. 143

► Ponte di Rialto

↔ 0,5 km

⏱ Eine halbe Stunde

► Pescheria

Der Platz vor der Kirche mit dem Springbrunnen ist der **Campo Giacomo di Rialto**, der von 1097 bis vor ein paar Jahren der Großmarkt für Obst und Gemüse war.

Am äußersten Ende des Platzes befindet sich ein Piedestal (Sockel) mit Stufen, das auf den Schultern eines knienden Mannes ruht. Es wird **Gobbo di Rialto**, der Bucklige vom Rialto, genannt und wurde 1541 von Pietro da Salò geschaffen. Der Sockel wurde für öffentliche Verlautbarungen genutzt, denn dieser Platz diente Venezianern als Kanzel, um Missstände oder Ungerechtigkeiten anzuprangern. Einige Wissenschaftler meinen, dass die Figur gar kein Buckliger sei, sondern nur eine Darstellung eines gewöhnlichen Arbeiters aus Bergamo: Nachdem Venedig die Region im 15. Jahrhundert erobert hatte, kamen sie in Scharen hierher, um Arbeit zu finden. In venezianischen Satiren werden sie oft als grober Klotz gezeichnet.

Hinter der Figur verweisen die Namen einiger kleiner Straßen auf die umfangreichen Finanzgeschäfte, die hier abgewickelt wurden: Calle de la Sicurità, Calle de Banco Giro. Venedig war auch der Ort, an dem die Idee,

NICHT VERSÄUMEN:

Ruga degli Orefici • San Giacomo di Rialto • Gobbo di Rialto • Mascari • Pescheria

Die Drogheria Mascari erinnert an die Zeit, als Gewürze noch »Drogen« genannt wurden. Bis heute werden hier exotische Waren angeboten

Der Gobbo di Rialto diente als Podium für öffentliche Bekanntmachungen

Schiffe und ihre Ladung zu versichern, zuerst aufkam.

Wenden Sie sich am Gobbo di Rialto nach links, und biegen Sie anschließend rechts in die nächste Straße ein. So gelangen Sie zur Ruga degli Speziali, der Straße der Gewürzhändler. An der nächsten Ecke links liegt die **Drogheria Mascari** ❸ *(381 San Polo, Ruga degli Speziali, Tel. 041 522 9762; sonntags geschlossen; Vaporetto 1 bis San Silvestro oder 1, 2, N bis Rialto)*. Sie ist eines der venezianischen Geschäfte, die einem lange in Erinnerung bleiben. Seit über 50 Jahren wird hier ein reichhaltiges Sortiment an Gewürzen, Kaffee- und Teesorten angeboten, alles wunderschön dekoriert – eine selten gewordene exotische Fülle, die einst den ganzen Markt beherrschte.

Der nahe **Campo Beccarie** ❹ wurde nach den vielen Arbeiterkneipen benannt, die an diesem Platz standen. Ein paar sind erhalten und laden zu einer Verschnaufpause ein. Fischliebhaber drängt es zur **Pescheria** ❺, dem Fischmarkt. Jeden Morgen, außer Sonntag und Montag, brodelt es unter dem Pavillon. Diese Konstruktion wirkt gotisch, wurde aber erst 1907 an Stelle einer älteren Überdachung errichtet. Wenn Sie die Calle Beccarie hinunter zum Canal Grande gehen und dann links in die Straße einbiegen, kommen Sie zu einer Brücke. Davor, auf der Kanalseite des Fischmarkts, ist eine Marmortafel angebracht, auf der die Namen der Fische (auf Venezianisch) und ihre Mindestlänge verzeichnet sind. Die Angaben sind noch immer gültig.

Ca' Pesaro

Dieser verschwenderische Palast der Pesaros bestand ursprünglich aus drei mittelalterlichen Palästen, die die Familie zwischen 1558 und 1628 erwarb. Sie beauftragte Baldassare Longhena mit der Renovierung. Die Arbeiten wurden erst 1710 abgeschlossen, lange nach dem Tod des Architekten und seines Auftraggebers. Das Ergebnis ist eines der Meisterwerke des venezianischen Barock.

Ausschnitt aus dem Bild *Die Prinzessin und der Soldat* (1914) von Vittorio Zecchia. Es basiert auf einer Geschichte aus *Tausendundeiner Nacht* und hängt in der Galerie für moderne Kunst

Heute ist im Palast die **Galleria d'Arte Moderna** untergebracht. Die Sammlung besteht aus Werken, die nach ihrer Präsentation bei einer der Ausstellungen angekauft wurden. Auch sind hier die Meister des späten 19. und frühen 20. Jahrhunderts zu sehen: Henri Matisse, Marc Chagall, Gustav Klimt, Paul Klee, Henry Moore und darüber hinaus viele italienische Künstler.

Das **Museo d'Arte Orientale** (Museum für ostasiatische Kunst) ist ebenfalls in der Ca' Pesaro untergebracht. Es besitzt eine der weltweit größten Kollektionen japanischer Kunst; sie wurde von Prinz Enrico II. auf seinen Japan-Reisen gesammelt. ∎

Ca' Pesaro
- Karte S. 143
- Fondamenta Ca' Pesaro
- 041 721 127
- Mo geschl.
- €€
- 1, N bis San Stae

San Stae

Die schönste Kirche der Gegend ist dem heiligen Eustachius geweiht (San Stae im venezianischen Dialekt). Sie wurde 1107 errichtet und 1678 wieder abgerissen. An ihrer Stelle baute Giovanni Grassi eine neue Kirche, deren Fassade auf den Canal Grande gerichtet ist. Die Fassade selbst wurde 1710 von Domenico Rossi entworfen.

San Stae

- Karte S. 143
- Campo San Stae
- 041 275 0462
- So geschl.
- €
- 1, N bis San Stae

Die kleine, anmutige Kirche weist alle Elemente von Palladios Ästhetik auf: Das Innere ist ein einziger, nicht durch Säulen unterteilter, Raum; die halbmondförmigen Fenster am Rand zur Decke lassen viel Licht herein, und Schlichtheit wie Symmetrie bringen die Gemälde perfekt zur Geltung.

Die wichtigsten Werke hängen um den Hochaltar. Besonderes Augenmerk gilt an der rechten Wand folgenden Bildern: *Der heilige*

Die 1979 renovierte Kirche wird heute als Aufführungsstätte für Barockmusik genutzt

Hieronymus (1717) von Giambattista Piazzetta und *Das Martyrium des heiligen Andreas* (1722/23) von Giovanni Antonio Pellegrini; an der linken Wand *Die Befreiung des heiligen Petrus aus dem Gefängnis* (1717–24) von Sebastiano Ricci und *Das Martyrium des heiligen Bartholomäus* (1722), ein Jugendwerk von Giambattista Tiepolo. Auf diesem Bild kontrastiert das riesige Messer, das zum tödlichen Stich ansetzt, dramatisch mit der verwundbaren weißen Haut des alten Mannes. Wie es oft der Fall ist, gehen die wenigen Bilder (und eine bescheidene Marmorstatue), die den Schutzheiligen darstellen, in der Reihe berühmterer Martyrien nahezu unter.

In der Foscarini-Kapelle links neben dem Hochaltar befindet sich ein prächtiges Marmorkruzifix (Giuseppe Torretto, um 1790). Nicht nur die Haltung des gekreuzigten Christus mit stark verdrehten Schultern ist ungewöhnlich, sondern es liegt auch etwas in seinem Ausdruck, das glauben lässt, es handle sich um das Porträt einer realen Person. ∎

Palazzo Mocenigo

Der Renaissancepalast mit seinen Wandfresken und Glaslüstern wirkt noch immer wie ein Wohnhaus. Hier versteht man, was Henry James in seinen *Italienischen Stunden* äußerte: »Ein venezianischer Palast ..., der nicht durch seine Wucht überwältigt, verleiht fast jedem Leben, das man dort führen könnte, Anmut.«

Der Palast der »alten« Mocenigos; der »junge« Zweig der Familie wohnte am Canal Grande

Die Familie Mocenigo war eine der größten Venedigs, und wie viele Patrizier erwarb sie neue Paläste, wenn die Familie sich verzweigte. Aus den Reihen der Mocenigos kamen Botschafter, Generäle und sieben Dogen. Aber den größten Ruhm erwarb sich Alvise Mocenigo. Er war Mitte des 16. Jahrhunderts Admiral der Marine und schlug viele Schlachten gegen die Türken. »Dieser Held«, so berichtet eine Quelle, »wurde bei seinem Tod nicht nur von seinen eigenen Leuten betrauert, sondern auch von seinen Gegnern. Als er beigesetzt wurde, hissten sie auf ihren Schiffen schwarze Fahnen und schleppten als Zeichen der Trauer ihre Banner durch die Wellen.«

Schon im 15. Jahrhundert stand hier ein Palast. Der jetzige Bau wurde nach und nach vergrößert und verbessert. Was wir heute vor uns haben, stammt vom Beginn des 17. Jahrhunderts. Einige Bilder im Innern zeigen die Heldentaten der Familie Mocenigo.

Heute nimmt das 1985 gegründete Zentrum für Studium und Geschichte der Textilien und Kleidung einen Teil des Palasts ein. Es hat eine Textilienkollektion aus dem Stadtmuseum übernommen. ■

Palazzo Mocenigo

🗺 Karte S. 143
✉ Salizzada San Stae
☎ 041 721 798
🕐 Mo geschl.
💲 €€
🚏 1, N bis San Stae

San Giacomo dell'Orio

Der Name der Kirche kommt von *alloro*, Lorbeer, da es einst auf dem Platz davor Lorbeerbäume gab. Sie ist eine der wenigen frühen venezianischen Kirchen (10. Jahrhundert), die den kraftvollen romanisch-byzantinischen Mischstil zeigt. Später wurden gotische Elemente hinzugefügt.

Die Schiffskieldecke, eine von wenigen in Venedig, verweist auf die Schiffsbautradition der Stadt

San Giacomo dell'Orio

- Karte S. 143
- Campo San Giacomo dell'Orio
- 041 275 0462
- So geschl.
- €
- 1, 5.1, 5.2, N bis Riva de Biasio

Die verschiedenen Stile machen die unwiderstehliche Anziehungskraft der Kirche aus, die ansonsten noch immer die Atmosphäre einer Pfarrkirche ausstrahlt, die sie auch ist.

Unter ihren vielen Schätzen findet sich rechts neben dem Hochaltar eine grüne Granitsäule, die wohl aus einer byzantinischen Kirche stammt (einige Experten schreiben sie einem heidnischen Tempel zu). Die ausgezeichnete Schiffskieldecke ist eine der wenigen in Venedig.

Links neben dem Hochaltar steht eine exquisite Marmorskulptur der Ver-

kündigung, ein Thema, das meist malerisch und nicht bildhauerisch bearbeitet wurde.

Links vom Hochaltar befindet sich auch die alte Sakristei; sie wird von mehreren Bildern des Venezianers Palma il Giovane geschmückt, die er 1580/81 malte.

Zwischen den traditionellen religiösen Sujets finden sich außerdem selten gestaltete Ereignisse aus dem Alten Testament, wie *Mannaregen* und *Die Bronzeschlange*.

In der Kapelle daneben, die dem heiligen Laurentius geweiht ist, kann man ein Altarbild (um 1581) der Heiligen Laurentius, Hieronymus und Prospero von Veronese sehen – mit wahrlich meisterhafter Farbgebung. Sehen Sie sich die bemalte Holzkanzel neben der Säule genau an, und erkunden Sie, welche der Platten geöffnet werden kann, um die Kanzel zu betreten.

Genauso lohnend wie der Besuch der Kirche ist der eines Cafés auf dem Platz. Am Nachmittag verwandeln die Kinder der Nachbarschaft den Ort in einen bunten Spielplatz. ■

San Zan Degolà

Dieses Schmuckstück, dem heiligen Johannes dem Enthaupteten geweiht, liegt nicht gerade am Weg. Aber es ist ein Vergnügen, eine der ältesten (und deshalb kleinsten und stimmungsvollsten) Kirchen Venedigs zu besuchen.

Sie wurde nach einem byzantinischen Muster im Jahr 1007 erbaut. Die acht aus dem 11. Jahrhundert stammenden Säulen aus griechischem Marmor haben byzantinische Kapitelle, und die Decke in Form eines Schiffskiels beeindruckt in handwerklicher wie auch in künstlerischer Hinsicht.

Die auffälligsten Kunstwerke sind die Fresken, die bei den umfangreichen Restaurierungsarbeiten zwischen 1983 und 1994 entdeckt wurden. Der Fund war umso überraschender, weil die meisten dem feuchten Klima zum Opfer gefallen waren. Die Fresken in der Kapelle links neben dem Hochaltar sind zwar heute unvollständig, aber Meisterwerke im romanisch-byzantinischen Stil: An der Decke sieht man ein Kreuz aus dem 15. Jahrhundert, das von den Symbolen der vier Evangelisten umgeben ist; die Fresken an der rechten Wand zeigen *Die Verkündigung* und *Die heilige Helena sowie die vier Heiligen* (Johannes, Petrus, Thomas und Markus, 11. Jh.). Ein wunderbares Fresko ziert die Decke des Querschiffs. Es stellt *Christus unter den*

Bei einer Renovierung wurde byzantinische Fresken entdeckt. Sie zeigen die heilige Helena und darunter die Heiligen Johannes, Petrus, Thomas und Markus

Evangelisten (frühes 13. Jh.) dar. In der Kapelle rechts vom Hochaltar sieht man ein kraftvolles Fresko in einem gotischen Steinrahmen, *Der Erzengel Michael* (14. Jh.), der über den Satan triumphiert.

Die schlichte Kirche hat im Lauf der Zeit viele Schätze eingebüßt, aber sie gibt noch immer den perfekten Rahmen für die ergreifenden Bilder ab. Heute wird sie von der russisch-orthodoxen Gemeinde genutzt. ■

San Zan Degolà

🅰 Karte S. 143

✉ Campo San Zan Degolà

☎ 041 524 0672

🕐 Mi, Fr, Sa, So & nachmittags geschl.

🚤 1, 5.1, 5.2, N bis Riva de Biasio

San Simeon Grande & San Simeon Piccolo

Merkwürdigerweise ist San Simeon Grande klein und Nachbar San Simeon Piccolo, der an das römische Pantheon erinnert, groß. Andereseits kann man gerade daran die beiden Bauwerke besonders gut erkennen.

Die Kirche San Simeon Piccolo beeindruckt jeden, der sie zum ersten Mal sieht

San Simeon Grande

 Karte S. 142
 Campo San Simeon Profeta
 041 718 921
🕐 So geschl.
🚤 1, 2, 4.1, 4.2, 5.1, 5.2, N bis Ferrovia oder 1, 5.1, 5.2, N bis Riva de Biasio

San Simeon Piccolo

 Karte S. 142
 Campo San Simeon Piccolo
🚤 1, 2, 4.1, 4.2, 5.1, 5.2, N bis Ferrovia

San Simeon Grande, offiziell San Simeone Profeta, steht möglicherweise auf den Überresten einer Kirche aus dem 10. Jahrhundert.

Im Inneren sind zwei Kunstwerke bemerkenswert: *Das letzte Abendmahl* von Tintoretto (wohl sein Lieblingsmotiv). Der Auftraggeber des Gemäldes ist der weiß gewandete Priester, der an der Seite steht. Das zweite ist eine Statue des heiligen Simeon (1317) von Marco Romano, von dem man nur dieses eine Werk kennt.

Im 18. Jahrhundert ordnete die Stadt an, dass in der Kirche ein neuer Fußboden gelegt werden müsse,

da 1630 dort ein Seuchenopfer begraben worden war. Spätere Restaurierungen haben gezeigt, dass der frühere Boden mit seinen Grabbedeckungen noch in sehr gutem Zustand war. In der zweiten Kapelle im linken Seitenschiff befindet sich ein Altar, der der Scuola dei Garzotti geweiht ist, der Gilde der Wollkämmer.

Bei näherer Betrachtung der monumentalen Kirche San Simeon Piccolo, die säkularisiert ist, erkennt man mehrere architektonische Elemente, die sehr klug verbunden wurden, als die Kirche im 18. Jahrhundert von Giovanni Scalfarotto erneuert wurde. ∎

Scuola Grande di San Giovanni Evangelista

Kirche und Scuola stehen sich an einem kleinen Platz gegenüber, der auf der einen Seite durch einen Hausdurchgang, auf der anderen von einem Marmorportal bewacht wird.

Eine Kreuzreliquie gab 1261 den Anlass zur Gründung der Scuola Grande. Sie wurde zu einer der wohlhabendsten religiösen Vereinigungen in Venedig und beauftragte 1454 Mauro Coducci mit dem Bau eines größeren Gebäudes. Seine majestätische Doppeltreppe ist ein Meisterwerk der Renaissance. Sie führt zum *albergo*, dem Hauptversammlungsraum, der reich an Bildern von Giorgio Massari ist. Sie zeigen das Leben des heiligen Johannes (1727). Fast alle anderen Bilder stammen aus dem 16. Jahrhundert (von rechts): *Der Fall des Tempels von Ephesus durch die Gebete des heiligen Johannes* von Domenico Tintoretto, *Das Martyrium des heiligen Johannes, der in einen Kessel kochenden Wassers getaucht wird* von Sante Peranda, *Der heilige Johannes und der Philosoph Kratylos* von Andrea Vicentino und *Der heilige Johannes erweckt zwei Tote zum Leben* von Giambettino Cignaroli (18. Jh.). Die Deckengemälde (18. Jh.) zeigen Szenen der Apokalypse.

Die Kreuzreliquie wird in einem Kästchen auf dem

Das Emblem des heiligen Johannes und das Wahre Kreuz zieren das von Pietro Lombardo gestaltete Portal

Altar in der Gebetskapelle im Saal des Kreuzes aufbewahrt. Die für die Scuola entstandenen Gemälde von Gentile Bellini und Vittore Carpaccio, die die Wunder der Kreuzreliquie darstellen, hängen in der Accademia.

Das herrliche Portal wird immer wieder von Künstlern auf Leinwand gebannt.

Vis-à-vis des Platzes steht die Kirche **San Giovanni Evangelista** aus dem 15. Jahrhundert. ∎

Scuola Grande di San Giovanni Evangelista

⛰ Karte S. 143
✉ Campiello della Scuola
☎ 041 718 234
🕐 Kirche nachmittags & So geschl.; Scuola geschl. außer zu Sonderveranstaltungen
🚤 1, 5.1, 5.2, N zur Riva de Biasio

Santa Maria Gloriosa dei Frari

Den Besuch dieser Kirche dürfen Sie auf keinen Fall versäumen: Sie ist imposant und doch warm und hat sich trotz vieler heterogener Elemente eine ergreifende Einfachheit bewahrt. Die Meisterwerke aus der Renaissance machen sie darüber hinaus zu einem regelrechten Museum.

Santa Maria Gloriosa dei Frari

- 🗺 Karte S. 142f
- ✉ Campo dei Frari
- ☎ 041 272 8611
- ⏱ Zeitweise geschl. für Trauungen oder andere Gottesdienste
- 💲 €
- 🚤 1, 2, N bis San Tomà

Jünger des Franz von Assisi kamen 1222 nach Venedig. Nachdem sie ein Stück Land zugewiesen bekommen hatten, errichten sie eine kleine Kapelle, die sich jedoch schon bald als zu klein erwies. Um 1250 beauftragten sie den Architekten Nicolò da Pisa, für sie ein Kloster und eine Kirche zu bauen. Letztere wurde der glorreichen heiligen Maria »von den Fratres« (Brüdern) gewidmet und 1280 geweiht. Der wachsende Einfluss der Franziskaner in Venedig verlangte nach einem eindrucksvolleren Gebäude; so stammt die gotische Konstruktion, die wir heute sehen, aus der Mitte des 15. Jahrhunderts. Der **Campanile**, der höchste nach dem von San Marco, wurde zwischen 1361 und 1369 errichtet.

Als die Orden im frühen 19. Jahrhundert eine Zeit lang verboten wurden, brachte man das **Staatsarchiv** in einem Teil des Klosters unter, wo es sich heute noch befindet.

Tizian

Seine venezianischen Patrizierinnen sind hinreißend, seine Kompositionsgabe ist meisterhaft, aber »Farbe« ist das Wort, das einem zuerst einfällt, wenn man an Tizians Werk denkt.

Tiziano Vecellio wurde um 1480 in Pieve di Cadore im Veneto geboren und studierte bei den venezianischen Meistern Giovanni und Gentile Bellini, bevor er mit Giorgione zusammenarbeitete.

Tizians Selbstporträt in einem späteren Stich

Tizian wurde als Porträtist gerühmt, selbst in Bildern mit eindeutig religiösem Sujet. Vor allem jedoch wurde er für seine sinnlichen Farben gepriesen. Gegen Ende seines Lebens änderte er seinen Stil und malte in dunklen Farben, wobei einige Bilder überraschend modern wirken. Er starb 1576 an der Pest. Seinem Wunsch gemäß wurde Tizian in der Frari-Kirche beigesetzt.

Farbe und Licht beeindrucken in Tizians *Himmelfahrt Mariens* (1518)

Die Statue Johannes
des Täufers (von
Jacopo Sansovino,
1554) steht traditio-
nell über dem Weih-
wasserbecken

Betritt man die Kirche
durch den Haupteingang,
so bekommt man einen
hervorragenden ersten
Eindruck des gesamten,
102 Meter langen Kirchen-
schiffs.

Linker Hand erblicken Sie
das Grabmal zu Ehren Ca-
novas (1827), erbaut von einer ganzen Riege von Schülern des Bildhauers Antonio
Canova (1757–1822) nach
Plänen des Meisters. Eine
Figur, die gerade durch die
halb geöffnete Tür der
Pyramide geht, hält in der
Hand eine Vase, in der Canovas Herz aufbewahrt ist.
Die anderen sterblichen
Überreste liegen in einem
Mausoleum in der Nähe seines Hauses in Possagno. Es
mag ein wenig morbid er-
scheinen, dass ein Künstler
sein eigenes Grabmal ent-
wirft, zumal eines von solch
extremer Melancholie.
Tatsache ist aber, dass
Canova das Mausoleum für
Tizian bauen wollte. Als
Tizian 1576 während einer
Pestepidemie starb, wollte
er in der Frari bestattet werden, in der sich zwei seiner
großen Meisterwerke be-
fanden. Aber Tizians Grabmal, direkt gegenüber von
dem Canovas, wurde erst
zwei Jahrhunderte später
in einem seltsam kühlen Barockstil von zwei Schülern
Canovas, Luigi und Pietro
Zandomenghi, gebaut. Bei-
de hatten auch an der letzten Ruhestätte des Meisters

selbst mitgewirkt. Der
Grund für die Vertauschung
der Gräber ist nicht ganz
klar, aber wahrscheinlich
glaubten Canovas Schüler,
dass sein eigener Entwurf
besser zu ihm als zu Tizian
passe. Experten haben an-
gemerkt, dass Alessandro
Vittorias muskulöse Statue
des heiligen Hieronymus
gleich neben Tizians Grab
ein genaueres Abbild des
großen Malers ist als das
»offizielle«. Die von Canovas klassizistischen Schülern
gefertigte Statue stellt eher
einen griechisch-römischen
Patriarchen dar. Dass Canova eine ägyptische Pyramide
für Tizians Grab wählte,
erscheint ebenfalls merk-
würdig, obwohl das immer-
hin den trauernden Markus-
löwen am Eingang der
Pyramide erklärt. Er symbolisiert Venedigs Trauer über
den Verlust eines seiner
größten Genies.

Rechts daneben befindet
sich das Grabmal des Dogen
Giovanni Pesaro, das von
Baldassare Longhena, Mel-
chior Barthel und Bernardo
Falcone da Lugano errichtet
wurde (1660–69). Ein-
drucksvoller als die lateinische Inschrift sind die vier
Statuen von schwarzen
Männern in zerrissener Kleidung, die das Monument
tragen.

Linker Hand neben dem
Pesaro-Altar ist eine kleine
Bombe an der Wand befes-
tigt. Sie ist dort als eine Art

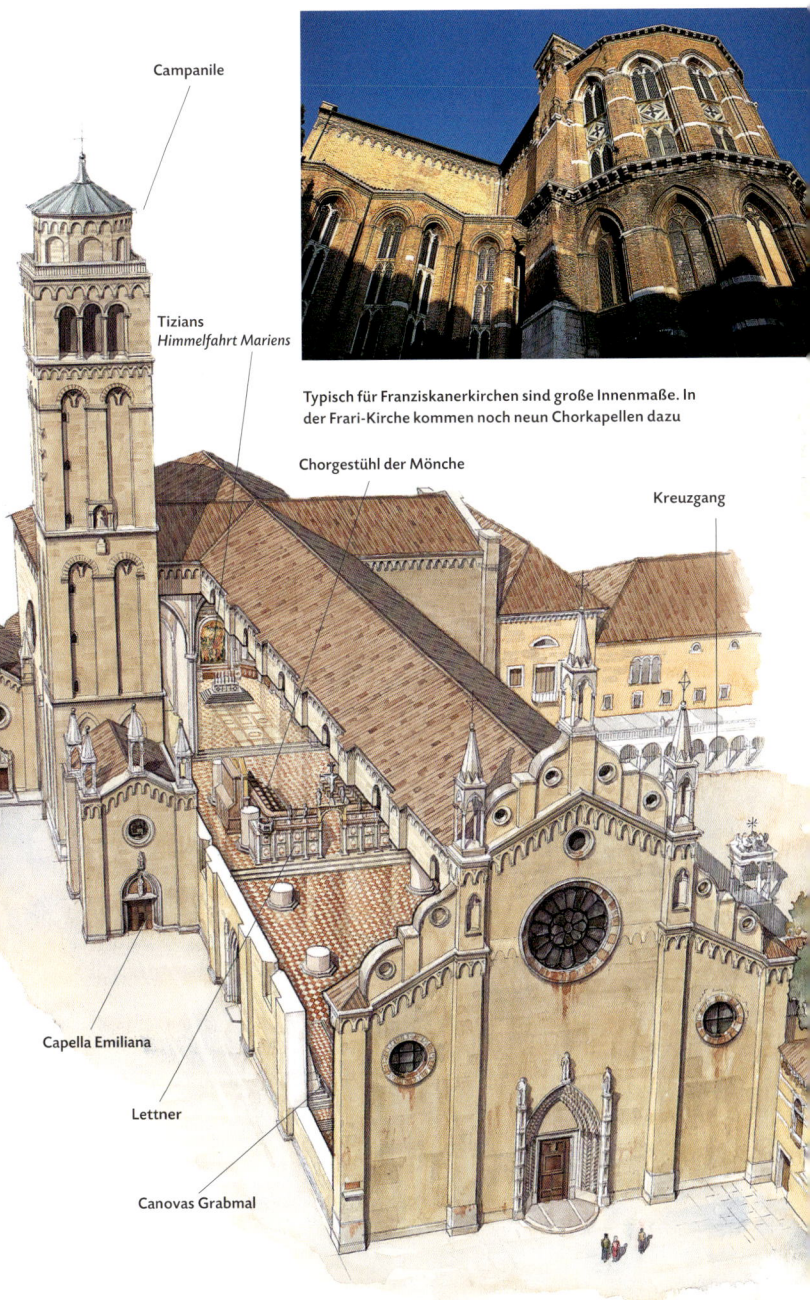

Campanile

Tizians
Himmelfahrt Mariens

Typisch für Franziskanerkirchen sind große Innenmaße. In
der Frari-Kirche kommen noch neun Chorkapellen dazu

Chorgestühl der Mönche

Kreuzgang

Capella Emiliana

Lettner

Canovas Grabmal

Das Chorgestühl der Frari-Kirche ist eine Rarität; es wird bis heute von den Mönchen benutzt

Danksagung dafür platziert, dass sie nicht explodierte, als sie am 27. Februar 1918 durchs Dach fiel.

Kurz vor dem Seiteneingang erblicken Sie dann Tizians *Madonna di Ca' Pesaro* (1519–26). Die etwas schiefe Haltung der Madonna, des heiligen Petrus und der Mitglieder der Familie Pesaro sowie die funkelnden und immer noch frischen Farben geben dem Gemälde eine Lebendigkeit, die man bei der Darstellung von ähnlichen heiligen Gruppen oft vermisst. Es war das erste Mal, dass ein venezianischer Künstler die Szene asymmetrisch malte, was keineswegs allgemein Beifall fand.

Das **Chorgestühl der Mönche** (1468) ist das einzige noch erhaltene in Venedig; seine 124 Holzsitze sind von Marco Cozzi fantastisch geschnitzt und ausgelegt. Die Außenseiten sind mit Marmorreliefs aus dem

15. Jahrhundert verziert; sie stellen Propheten aus dem Alten Testament dar. Die Reliefs kommen hauptsächlich aus der Werkstatt der Lombardo-Brüder.

Gleich links über dem Eingang zur Sakristei befindet sich eine Reiterstatue des Kommandanten Paolo Savelli von einem unbekannten toskanischen Künstler (Mitte 15. Jh.). Paolo Savelli war der erste Söldner, der in Venedig ein Reiterdenkmal bekam.

Die **Sakristei** birgt ebenfalls Schätze: Das Altarbild *Madonna auf dem Thron mit Heiligen* (1488) von Giovanni Bellini, dessen leichte und juwelengleiche Farben es überraschend dreidimensional erscheinen lassen, sowie die *Madonna mit Kind,*

Der heilige Markus erteilt seinen Segen auf diesem Altargemälde von Bartolomeo Vivarini. Es befindet sich in der Kapelle, die Giovanni Corner seinem Onkel Marco widmete

dem heiligen Franziskus und der heiligen Elisabeth, die den Dogen und die Dogaressa begleiten (1339) von Paolo Veneziano. Das Gemälde macht einen lebendigen Eindruck, obwohl es sich offensichtlich noch den Beschränkungen der byzantinischen Kunst beugt. Man kann geradezu sehen, wie die Renaissance mit ihren lebensnahen Gesten und variablen Körperhaltungen der Hauptcharaktere die Konventionen durchbricht.

Die **florentinische Kapelle** befindet sich rechts vom Hochaltar. Dort steht die Holzstatue von Johannes dem Täufer, die der Bildhauer Donatello 1438 schuf. Die karge Kraft des Werks beeinflusste Generationen von Künstlern.

Das größte unter all den Meisterwerken ist jedoch das Gemälde, das unübersehbar den Hochaltar dominiert: *Assunta*, die *Himmelfahrt Mariens* (1518), die der damals 30-jährige Tizian schuf und die Canova als »das schönste Gemälde der Welt« bezeichnete. Seine luftige Grazie macht es zu einem der geglücktesten religiösen Werke überhaupt. Das Gold ist die traditionelle byzantinische Farbe für den Himmel und ein angemessenes Attribut für die Namenspatronin der Kirche. ■

Scuole

Im Mittelalter lag die Fürsorge für die Armen, Kranken und Sterbenden nicht in der Verantwortung des Staates, sondern in den Händen der Frommen, Mönche, Nonnen oder gottesfürchtigen Laien. Sehr oft subventionierten reiche Bürger Hospize. In Venedig waren zum Beispiel die Pietà und der Ospedaletto Institutionen, die Armen eine Ausbildung ermöglichten oder Mitgiften finanzierten. Außerdem gab es noch die *scuole*. Sie waren keine »Schulen« im bekannten Sinn des Wortes, sondern Bruderschaften oder karitative Gesellschaften, deren Mitglieder Beiträge zahlten.

Die kleineren *scuole*, von denen es in der Stadt über 300 gab, waren Gilden, die die Interessen eines bestimmten Handwerks vertraten: Die *scuole* der Kürschner, der Schuhmacher, der Metzger und andere existieren heute noch. Außerdem gab es *scuole* der ethnischen Minderheiten, zum Beispiel der Albaner, Griechen, Deutschen und Dalmatiner.

Die sechs großen *scuole* waren vermögend und einflussreich. Jede hatte mehrere hundert Mitglieder, die großzügig Geld für die Armen und Leidenden spendeten. Sie waren San Giovanni Evangelista, Santa Maria della Carità, San Marco, Santa Maria della Misericordia, San Teodoro und San Rocco geweiht. Solche Bruderschaften existierten in ganz Europa, aber in Venedig gab es einen wichtigen Unterschied: Hier waren es zivile Organisationen, die vom Staat (in diesem Fall vom Rat der Zehn) genehmigt werden mussten und die trotz ihrer religiösen Widmung und der heiligen Schutzpatrone keine offizielle Verbindung zur römisch-katholischen Kirche hatten. Sie waren, wie ein Historiker es ausdrückte, »ein Staat im Staat« und wurden von einem »Großen Hüter« und gewählten Vorständen regiert. Die Mitglieder zahlten ihre jährlichen Beiträge, und es wurde erwartet, dass sie,

wenn nötig, Ruderer für Venedigs Galeeren stellten. Die *scuole* zahlten auf ihr Vermögen Steuern und konnten vom Staat überprüft werden. Klassengegensätze verschwanden; alle Mitglieder waren gleich, vom ärmsten bis zum reichsten; Patrizier durften zwar beitreten, aber kein offizielles Amt bekleiden. Ein weiterer Indikator dafür, dass die *scuola* auf den Staat und nicht auf die Kirche hin orientiert war, ist der, dass der Doge und nicht der Patriarch von Venedig zum feierlichen Hochamt am Fest des Schutzpatrons eingeladen wurde.

Nicht alle Bruderschaften konnten sich ein eigenes Gebäude leisten; sie gaben sich deshalb mit einem Altar, der ihrem Heiligen geweiht war, in einer Kirche ihrer Wahl zufrieden. In der Kirche der Carmini steht der Altar der Fischverkäufer, in der von San Trovaso jener der *squeraroli* (Gondelbauer). Die großen *scuole* jedoch bauten prächtige Gebäude, die wie kleine Paläste angelegt waren; sie hatten eine Eingangshalle, einen Hauptsaal (oft mit einem Altar) und einen kleineren *albergo* (Versammlungsraum), in dem die Mitglieder sich trafen.

Die sechs großen *scuole* waren stolz auf ihre Unabhängigkeit, aber sie nahmen auch an den jeweiligen Feiern der anderen teil. Am Tag des heiligen Mar-

kus (25. April), dem wichtigsten Festtag im Staatskalender, nahmen alle
scuole an der großen Prozession auf
der Piazza und in den umliegenden
Straßen teil. Eifersüchtig hüteten sie
ihre Rechte. Bei feierlichen Anlässen
kam es unter den Mitgliedern der
scuole nicht selten zu einem Handgemenge um die Rangordnung. Mehr
als einmal musste der Rat Vertreter
der *scuole* bestrafen, weil sie sich ge-
genseitig mit silbernen Kandelabern
geschlagen hatten.

Napoleon verbot die *scuole* mit
der gleichen Entschiedenheit wie die

Kirchen und Klöster und konfiszierte
große Mengen Silber, Edelsteine und
Kunstwerke. Aber die Scuola di San
Rocco öffnete als Einzige in Venedig
zwei Monate später wieder ihre Pfor-
ten: Ihren Verwaltern war es gelungen,
den französischen Vizekönig davon zu
überzeugen, dass eine Zerschlagung
der Bruderschaft zu Gewalttätigkeiten
führen würde.

Die *scuole* von San Giovanni Evangelista, San Teodoro und der Carmini
wurden im frühen 20. Jahrhundert neu
gegründet und widmen sich immer
noch der Fürsorge.

Die *Vision des heiligen Augustinus* (1502), eines von sieben Bildern, die Vittore Carpaccio für die
Scuola di San Giorgio degli Schiavoni malte

Scuola Grande di San Rocco

Rund 24 Jahre lang arbeitete Tintoretto an der Ausgestaltung der *scuola*. Henry James schrieb: »Wir werden kaum irgendwo vier Wände finden, die auf einer ähnlich großen Fläche das gleiche Ausmaß an Genie enthalten. Die Luft ist davon erfüllt ...«

Die im Renaissancestil gehaltene luxuriöse Scuola Grande ist berühmt für ihre Ausstattung

Scuola Grande di San Rocco

- 🗺 Karte S. 142
- ✉ Campo San Rocco
- ☎ 041 523 4864
- 💲 €€
- 🚏 1, 2, N bis San Tomà

Der heilige Rochus, Schutzpatron der Pestopfer, hat verständlicherweise eine eifrige Gefolgschaft in Venedig, das als Hafenstadt sehr häufig unter dieser tödlichen Epidemie zu leiden hatte. So traf es sich gut, die Reliquien des Heiligen in der Kirche zu bewahren, die seinen Namen trug und die der *scuola* gegenüber auf der anderen Seite des Platzes steht.

Die Bruderschaft von San Rocco war die letzte der sechs großen *scuole*, die in Venedig (siehe S. 164f) gegründet wurden. Während der Pest von 1478 begannen die Mitglieder mit dem Bau ihres Hauptsitzes, und 1481 wurde die *scuola* offiziell vom Rat der Zehn registriert. Um 1516 war die Zahl der Mitglieder auf 500 angestiegen, sodass ein größeres und prächtigeres Gebäude benötigt wurde. Im Jahr 1549 abgeschlossen, war es die Arbeit von drei aufeinanderfolgenden Architekten: Bartolomeo Bon, Sante Lombardo und schließlich Antonio delli Abbondi, genannt Lo Scarpagnino. Trotz der Pracht war es das Anliegen der heute noch existierenden Bruderschaft, den Armen zu helfen.

Den Auftrag, die Räume auszugestalten, bekam Tintoretto, nicht zuletzt wegen eines dreisten Tricks: Statt Skizzen für die Gemälde einzureichen, enthüllte er das schon vollendete Werk an der Decke des *albergo* (Versammlungsraum), an der man es heute noch sehen kann. Er verbrachte die nächsten 24 Jahre (1564–88) damit, die Wände und Decken der *scuola* mit einigen seiner größten Meisterwerke zu schmücken.

Zunächst scheint die Halle sehr dunkel zu sein; verweilen Sie einen Moment, damit sich die Augen daran gewöhnen. An der Wand gegenüber, nahe der linken Ecke, befindet sich *Die Verkündigung*, eine überraschende und originelle Darstellung dieser oft gemalten

Tintorettos Deckengemälde im Großen Saal sind Teil eines Zyklus biblischer Szenen. Sie weisen auf die karitativen Bemühungen der *scuola* hin

Szene. Tintoretto hat, in brillantem und für ihn charakteristischem Einblick, Maria als Bauernmädchen dargestellt. Ihre rauen Hände und die kräftige Gestalt sind ein radikaler Abschied von der üblichen Mariendarstellung als einer blassen aristokratischen Dame. Und der Engel nähert sich nicht höflich; er scheint geradezu durch die Wand zu brechen.

Wenn Sie die Treppe hinaufgehen, sehen Sie auf der rechten Seite (auf dem zweiten Absatz) *Die Jungfrau erscheint den Pestkranken* (1666) von Antonio Zanchi. Es ist eine treffende Darstellung der Pest in Venedig; sie zeigt einen muskulösen Bootsmann, Knochen, Kadaver und einen

Mann, der sich ein Tuch vor die Nase hält. Das Bild bezieht sich vermutlich auf die schreckliche Pest, die die Stadt 1630 heimsuchte.

Der Hauptsaal ist im wahrsten Sinn des Wortes bedeckt von 23 Gemälden, die Szenen aus dem Alten und dem Neuen Testament zeigen (Spiegel stehen zur Verfügung, um sie besser sehen zu können). Der vom Altar am weitesten entfernte Raum ist der Versammlungsraum, und an seiner Decke ist Tintorettos »Probearbeit« für San Rocco zu bewundern. Aber das wahre Glanzstück ist *Die Kreuzigung*, ein Gemälde, das die ganze Wand bedeckt und eines der besten des Künstlers ist. ∎

Tintoretto

Jacopo Robusti, geboren 1518, war der Sohn eines Färbers und trug den Spitznamen Tintoretto (»kleiner Färber«). Abgesehen von einer kurzen Zeit in Tizians Atelier war er nie Schüler eines Meisters.

Mit 30 begann er seine großartige Karriere, die von einer intensiven Produktivität und einem neuen Manierismus gekennzeichnet ist. Seine Szenen sind dramatisch und zeichnen sich durch starke Emotionen, Gesten und scharfe Kontraste von Licht und Schatten aus. Tintoretto scheint oft mehr Sympathien für das hart arbeitende einfache Volk zu hegen als für die

Ein Selbstporträt des Künstlers

Aristokraten. Sein größtes Werk waren die Gemälde in der Scuola Grande di San Rocco, denen er 24 Jahre schwerer Arbeit widmete. 1590 malte er für den großen Ratssaal im Dogenpalast das *Paradies*. Heute ist es weniger für seine Schönheit bekannt denn als das größte Ölgemälde der Welt. Unbestritten ist Tintorettos furchtloses Auge in Sachen Psychologie einzigartig. Der Künstler starb an der Pest 1594 und wurde in seiner Gemeindekirche Madonna dell'Orto beigesetzt.

San Pantalon

Seit dem 11. Jahrhundert stand hier eine Kirche, die mehrmals wieder aufgebaut und schließlich endgültig abgerissen wurde. Francesco Comino baute zwischen 1668 und 1686 ein neues Kirchengebäude. Die Fassade blieb unvollendet, doch das ist nicht der Grund für seine Bekanntheit.

San Pantalon

🗺 Karte S. 142

✉ Campo San Pantalon

☎ 041 523 5893

🕐 So geschl.

⛴ 1, 2, N bis San Tomà

Es dauerte über 20 Jahre, die Arbeit an den 40 aneinandergefügten Leinwänden, aus denen das Deckengemälde besteht, zu vollenden.

In einem Triumph der Sinnestäuschung scheint die Decke in den Himmel zu ragen. Die optische Illusion ist das Werk von Giovanni Antonio Fumiani, der das Öl-Deckengemälde *Das Martyrium und die Apotheose des heiligen Pantalon* in den Jahren von 1680 bis 1704 schuf. Es ist eine schwindelerregende Komposition mit Szenen aus dem Leben des Namenspatrons der Kirche und vermutlich das größte seiner Art.

In einer Kapelle befindet sich *Die Heilung eines Jungen durch San Pantalon* (1587) ein Spätwerk von Paolo Veronese. In der Kapelle des heiligen Nagels wird die Reliquie eines Nagels vom Kreuz Christi aufbewahrt. Dort hängt auch *Die Krönung der Jungfrau* (1444) von Antonio Vivarini und Giovanni d' Alemagna. ∎

Weitere Sehenswürdigkeiten

Casa Goldoni

Das Geburtshaus Carlo Goldonis (1707–93) informiert multimedial über das Leben und Wirken von Venedigs bedeutendstem Bühnenautor.

🅰 Karte S. 143 ☎ 041 275 9325 🕐 Mi geschl. 💲 €€ 🚣 1, 2, N bis San Tomà

Die Giardini Papadopoli befinden sich dort, wo einst die mittelalterliche Kirche und das Kloster von Santa Croce standen

Casa Aldo Manuzio

Venedig war ein europäisches Zentrum des Buchdrucks. Dies verdankt die Stadt größtenteils Aldus Manutius (1449–1515) und seinem Verlag Aldine. Manutius erfand faktisch die Bücher, wie wir sie heute kennen: kleine Bände im Oktavformat. Sein Haus, in dem 1508 auch der Humanist Erasmus von Rotterdam weilte, liegt am Rio Terrà Secondo Nr. 2311.

🅰 Karte S. 143 ✉ Rio Terrà Secondo, neben Campo Sant' Agostin

Santa Maria Mater Domini

Die byzantinische Kirche wurde 960 zu Ehren der heiligen Christina (und nicht, wie ihr jetziger Name lautet, zu Ehren der Muttergottes) errichtet und im 16. Jahrhundert wahrscheinlich nach einem Entwurf von Giovanni Buora neu gebaut. Man glaubt, dass Jacopo Sansovino die Fassade im toskanischen Renaissancestil vollendet hat. Das schönste Gemälde ist *Das Martyrium der heiligen Christina* (1520) von Vincenzo Catena, einem Schüler Bellinis. Trotz der lebhaften Farben hat das Gemälde eine mystische Atmosphäre, die durch den blassen Himmel über den von See und Bergen schweren Hintergrund hervorgehoben wird.

🅰 Karte S. 143 ✉ Campo Santa Maria Mater Domini ☎ 041 721 408

Palazzo Soranzo

Der Palazzo Soranzo aus dem 15. Jahrhundert dominiert den Campo San Polo gegenüber der Kirche. Beim ersten Hinsehen scheint es merkwürdig, dass die Hauptfassade (die einst mit Fresken von Giorgione bedeckt war) aufs Land hinausgeht statt aufs Wasser, aber das war nicht immer der Fall, und man kann noch die Spuren des Kanals sehen, der bis 1761 vor dem Gebäude vorbeifloss. Der Florentiner Dichter Dante Alighieri (1265–1321) wohnte hier als Gast des Dogen Giovanni Soranzo. Es gibt auch Verbindungen zu Casanova. Der junge Giacomo Casanova (siehe Kasten S. 91) wurde als Violinist für einen Drei-Tage-Ball engagiert. Dabei freundete er sich mit einem älteren Senator an, der ihn als seinen Sohn adoptierte. Das Haus gehört immer noch der Familie Soranzo.

🅰 Karte S. 143 ✉ Campo San Polo

Der *sestiere* bekam den Namen »harter Rücken« wahrscheinlich vom soliden Grund an dieser Stelle. Gehobene Wohnviertel und Galerien prägen die östliche Hälfte; Studenten bestimmen die Szene auf dem Campo Santa Margherita, einem der lebendigsten Plätze Venedigs

Dorsoduro

Figur vor dem Maskengeschäft
Mondo Novo

Dorsoduro

Dorsoduro bietet wirklich alles, von hoher Kunst bis zu – für venezianische Verhältnisse – lautem Nachtleben. Es ist deshalb nicht verwunderlich, dass viele Wohlhabende sich in diesem *sestiere* ihren (Zweit-)Wohnsitz einrichten; zahllose Paläste und Wohnungen östlich des Campo Santa Margherita wurden von Auswärtigen gekauft.

Zusammen mit dem Rialto war diese Gegend bei den ersten Siedlern sehr beliebt, weil der Grund eindeutig fester ist als auf vielen anderen kleinen Inseln. Populär ist die Gegend auch bei jungen Leuten und Touristen, die in wachsender Zahl die Peggy-Guggenheim-Samm-

lung besuchen (siehe S. 65). Das Museum hat eine der besten Sammlungen moderner Kunst in Europa. Ein weiterer Publikumsmagnet ist die an der gleichnamigen Brücke gelegene Gallerie

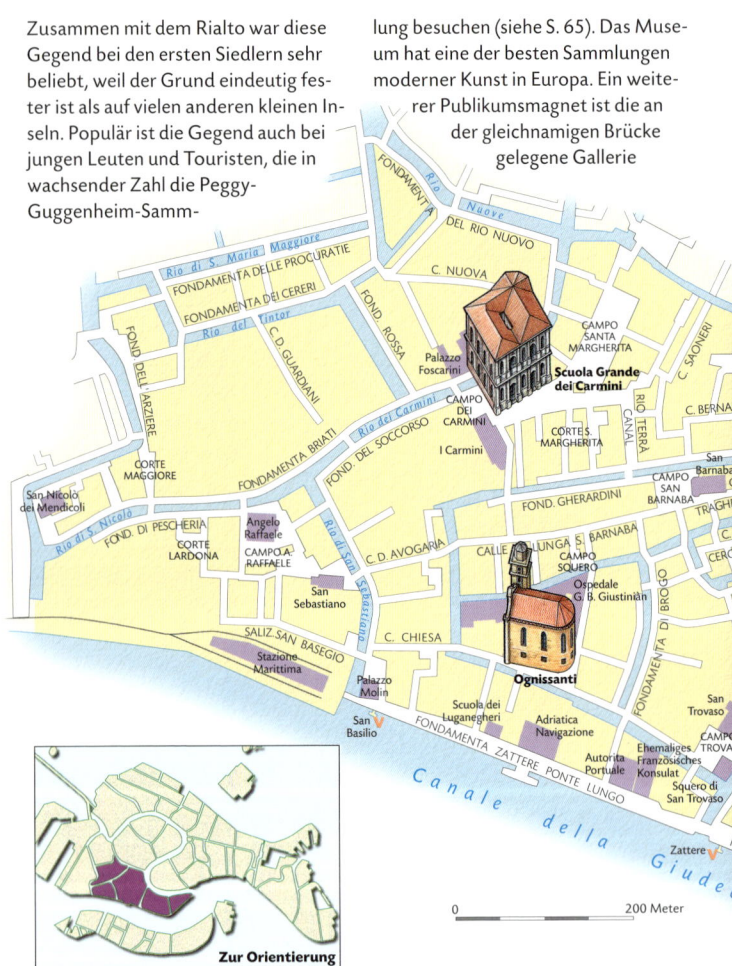

FONDAMENTA DEL RIO NUOVO

Rio di S. Maria Maggiore
FONDAMENTA DELLE PROCURATIE
FONDAMENTA DEI CERERI
Rio del Tintor
FOND. DEL GUARDIANI
FOND. DELL'ARZERE

RIO ROSSA
C. NUOVA
Palazzo Foscarini
CAMPO SANTA MARGHERITA
Scuola Grande dei Carmini
C. SAONERI
CAMPO DEI CARMINI
Rio dei Carmini
FOND. DEL SOCCORSO
I Carmini
CORTE S. MARGHERITA
RIO TERRA
CANAL
C. BERNA

CORTE MAGGIORE
FONDAMENTA BRIATI
San Nicolò dei Mendicoli
Rio di S. Nicolò
FOND. DI PESCHERIA
Angelo Raffaele
CORTE LARDONA
CAMPO A. RAFFAELE
C. D. AVOGARIA
Rio di San Sebastiano
San Sebastiano
SALIZ. SAN BASEGIO
Stazione Marittima
FOND. GHERARDINI
CALLE LUNGA S. BARNABA
CAMPO SQUERO
Ospedale G. B. Giustinian
San Barnaba
CAMPO SAN BARNABA
TRAGHE
CERC
FONDAMENTA DI BROGO

C. CHIESA
Palazzo Molin
San Basilio
Scuola dei Luganegheri
FONDAMENTA ZATTERE PONTE LUNGO
Adriatica Navigazione
Autorità Portuale
Ognissanti
San Trovaso
Ehemaliges Französisches Konsulat
Squero di San Trovaso
CAMPO TROVA

Canale della Giudec
Zattere

0   200 Meter

Zur Orientierung

dell'Accademia (siehe S. 183) mit der größten Gemäldesammlung Venedigs. Kurz vor der Spitze Dorsoduros erhebt sich unübersehbar die barocke Kirche Santa Maria della Salute (siehe S. 68).

Groß ist auch die Anziehungskraft des Campo Santa Margherita, der an lauen Sommerabenden vor allem von Studenten aufgesucht wird. Falls Sie nicht über die Maßen anspruchsvoll sind, findet sich hier Essen für jeden Geschmack, vom Pizza-Imbiss bis zum mehrgängigen Menü.

Die Ca' Rezzonico (siehe S. 64) ist eines von Venedigs prächtigsten Palastmuseen und gewiss einen Besuch wert. 1687 gelang es der sehr reichen Familie Rezzonico aus Como, sich den Eintrag ins *Libro d'oro* der aristokratischen Familien zu erkaufen. Sie erwarb auch den halb fertigen Palast der verarmten Familie Bon und beauftragte Giorgio Massari, ihn zu renovieren. Damit hatte sich die Familie etabliert; sie konnte ihren Sohn Lodovico mit der Tochter der Savorgnans, einer der ältesten Familien Venedigs, verheiraten. Zu den Hochzeitsfeierlich-

keiten im Jahr 1758 schuf Tiepolo wunderschöne Fresken, die bei Weitem heller und froher sind als die Motive, die hinter dem Ereignis steckten.

Um den Druck der Tagesausflügler vom Piazzale Roma zu nehmen, wurde ein Fährbetrieb zwischen Fusina und den Zattere eingerichtet. Dies, zusätzlich zu den Gruppen von den Kreuzfahrtschiffen, führte jedoch zu noch größerem Gedränge in Dorsoduro. Aber sobald der Andrang vorbei ist und die Touristen sich zerstreut haben, kehrt der *sestiere* zu seinem Alltag zurück. ∎

Campo Santa Margherita & Umgebung

Der weitläufige Platz hat sich zum Treffpunkt für junge Leute entwickelt. Studenten wie Besucher werden gleichermaßen von den Cafés und günstigen Pizzerien angezogen. Auch die Anwohner treffen sich hier, lassen ihre Kinder und Hunde herumtollen und erledigen ihre Einkäufe.

Während benachbarte Plätze still daliegen, geht es auf dem Campo Santa Margherita lebhaft zu. Die Obst- und Gemüsestände machen den Platz zu einem beliebten Treffpunkt schon am Tage

Campo Santa Margherita
🅰 Karte S. 172

Der gestutzte Campanile am äußersten Ende des Platzes gehörte früher zu einer Kirche, die im Jahr 853 gegründet wurde. Seitdem hat sie verschiedene Phasen durchlebt, war sogar eine protestantische Kirche und ein Kino. Heute ist in dem Gebäude ein attraktiver Hörsaal der Universität von Venedig untergebracht.

Auf der gegenüberliegenden Seite befindet sich ein frei stehendes Backsteinhaus aus dem Jahr 1725.

Früher hatte dort die *scuola* der Kürschner *(varoteri)* ihren Sitz; nach dem Zweiten Weltkrieg nutzten es die Christdemokraten als Versammlungsort. Bemerkenswert ist die Marmortafel (gefertigt 1501 und von der früheren *scuola* hierher gebracht) an der Seite zum Campo Santa Margherita; wie die auf dem Rialto (siehe S. 150) listet sie die venezianischen Namen und die Mindestlänge der Fische auf, die an den nahen Ständen verkauft werden.

Direkt vor der südöstlichen Ecke des Gebäudes sieht man einen Haufen etwa kniehoher Steinsäulen. Jahrelang benutzten Frauen sie, um ihren gesalzenen Kabeljau, *baccalà*, weich zu schlagen, bevor sie ihn kochten. Von hier aus können Sie in Richtung der Carmini-Kirche deutlich aus weißen Steinen die Umrisse des alten Kanals erkennen, der heutzutage aufgefüllt und gepflastert ist.

Der Karmeliterorden besaß ein Kloster und die angegliederte Kirche **I Carmini**. Eine Bruderschaft etablierte sich in der **Scuola Grande dei Carmini**, die 1663 nach einem Entwurf von Baldassare Longhena gebaut wurde. Sie ist reich verziert mit Gemälden von Giambattista Tiepolo aus den 1740er Jahren. Sein Deckenfresko im Obergeschoss, *Die Jungfrau Maria*

gibt dem heiligen Simeon Stock das Skapulier der Karmeliter, gilt als eines seiner Meisterwerke (das Skapulier ist Teil der Ordenstracht). Die Kirche aus dem 14. Jahrhundert wurde im 16. Jahrhundert umgebaut. Sie enthält eher schlichte Kunstwerke, doch das gewichtige Grabmal der Familie Foscarini, das den Haupteingang umrahmt, zeigt schöne Reliefs venezianischer Galeeren. Im rechten Seitenschiff befindet sich über einem Altar der Fischverkäufergilde Tintorettos wunderschöne *Darbringung im Tempel*. Bisweilen werden in der Kirche Orgelkonzerte veranstaltet. Achen Sie auf entsprechende Aushänge.

Jeder, der sich zum Werk Paolo Veroneses hingezogen fühlt, pilgert zur Kirche **San Sebastiano**. Faktisch jedes der dortigen Bilder zeigt ihn auf der Höhe seines künstlerischen Schaffens. Am interessantesten sind die Deckengemälde, die drei Ereignisse aus dem Leben Esthers festhalten (*Esther wird zu Ahasver geführt, Esther wird gekrönt* und *Mardochai triumphiert*). Es sind dramatische Szenen, die kaum als Motive für eine Kirchendekoration gedacht waren. Der Künstler und sein Bruder sind hier begraben.

Die kleine romanisch-byzantinische Kirche **San Nicolò dei Mendicoli** kann für sich beanspruchen, eine

**I Carmini &
Scuola Grande
dei Carmini**
△ Karte S. 172
✉ Campo dei Carmini
☎ 041 5289 4200
§ €
🚤 1 bis Ca' Rezzonico; 2, 5.1, 5.2, 6, 8, 10, 16, N bis Zattere; 2, 4.1, 4.2, 8, N bis San Basilio; alle Linien bis Piazzale Roma

San Sebastiano
△ Karte S. 172
✉ Campazzo San Sebastiano
☎ 041 275 0462
§ €
🚤 1 bis Ca' Rezzonico; 2, 5.1, 5.2, 6, 8 bis Zattere; 2, 4.1, 4.2, 8, N; alle Linien bis Piazzale Roma

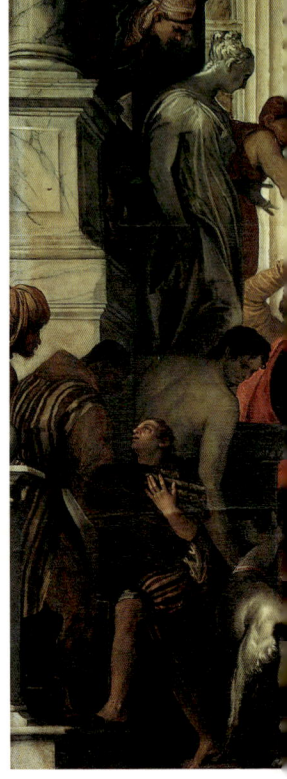

In der Scuola Grande dei Carmini hängen einige außergewöhnliche Gemälde von Tiepolo

San Nicolò dei Mendicoli

Karte S. 172
Campo S. Nicolò
041 270 2464
4.1, 4.2, 5.1, 5.2 bis Santa Marta; 2, 5.1, 5.2, 8, N bis San Basilio; alle Linien bis Piazzale Roma

der ältesten Kirchen Venedigs zu sein. Sie ist eine Gründung aus dem 7. Jahrhundert, und selbst die verschiedenen Umbauten haben ihre schlichten Umrisse und die angenehmen Proportionen aus dem 13. Jahrhundert nicht überdecken können. Der Kreuzgang, einst ein typisches Merkmal der venezianischen Kirchen, ist eines der beiden in Venedig noch erhaltenen Exemplare, obwohl er, wie auch der von San Giacometto, erst im 15. Jahrhundert hinzugefügt wurde. Liebhaber

des spannenden Filmklassikers *Wenn die Gondeln Trauer tragen* werden die Kirche gewiss wiedererkennen. Hier war Donald Sutherland in dem britisch-italienischen Horror-Thriller als Restaurator tätig. San Nicolò dei Mendicoli wurde zuerst von Flüchtlingen aus Padua gebaut. Jahrhundertelang lebten in ihrer Nachbarschaft einfache Fischer, und bis vor Kurzem hielten sich hier viele Bettler auf. (Von der Kirche haben die Einwohner auf dieser Seite des Kanals den Namen Nicolotti.) Der

Die Kirche San Sebastiano ist berühmt für ihre Veronese-Bilder. Dieses zeigt das Martyrium des Namenspatrons

Campanile stammt aus dem 12. Jahrhundert.

Das Innere der Kirche wurde in den 1970er Jahren von dem britischen Verein »Venice in Peril« restauriert. In dem anheimelnden Wirrwarr von Kunstwerken und Artefakten ist beinahe jedes Jahrhundert vertreten. Allerdings besitzt die Kirche kein herausragendes Werk. Sie hat eine dunkle, grottengleiche Atmosphäre, die durch die von Paolo Veroneses Sohn bemalte Orgel aus dem 16. Jahrhundert ein wenig erhellt wird. In

der Apsis steht eine große Holzstatue aus der Mitte des 15. Jahrhunderts, die vielleicht aus der Werkstatt Bartolomeo Bons stammt.

San Nicolò dei Mendicoli ist die Pfarrkirche der Arbeiter, die in der Nachbarschaft wohnen. Wenn Sie auf dem kleinen Platz davor stehen, sehen Sie die lange Backsteinfassade der **Hochschule für Architektur**. Sie sieht nicht nur aus wie eine Fabrik, sie war auch eine: Hier wurde von 1883 bis vor ein paar Jahren Baumwolle verarbeitet. ■

Spaziergang auf den Zattere

Zattere bedeutet »Flöße«; hier kamen riesige zusammengebundene Baumstämme aus Wäldern in den Alpen oder aus Dalmatien an. Sie wurden für den Bau von Schiffen, Gebäuden und Möbeln benötigt. Die weitläufige Promenade, die sich vom Fährhafen bis zur Punta della Dogana den Giudecca-Kanal entlang erstreckt, wurde 1519 gebaut. Heute sind die Zattere eine von Venedigs schönsten Promenaden; besonders im Sommer kommen viele Menschen her, um in der Abendkühle zu flanieren.

Startpunkt ist am westlichen Ende bei **San Basilio**, benannt nach einem Kloster, das längst abgerissen ist. Ein paar Häuser weiter steht ein blassgelber Palast (Nr. 1473); die beiden Marmorplatten, die die Statue des Abtes, des heiligen Antonius, flankieren, weisen darauf hin, dass hier einst die **Scuola dei Luganegheri**, die Gilde der Wurstmacher, ihren Platz hatte (der Heilige beschirmt die Landwirtschaft, insbesondere Schweine).

Mehrere der imposanten Paläste dienen inzwischen als Büros. Auf dem Spaziergang passiert man die verzierte gotische Fassade des Palazzo Molin aus dem 15. Jahrhundert; heute ist

hier der Sitz der Fährgesellschaft **Adriatica Navigazione**. Es folgen die **Autorità Portuale**, die im Renaissancestil gebaute moderne Hafenbehörde, und das **ehemalige französische Konsulat**, einst der Palazzo Priuli Bon aus dem 16. Jahrhundert. Hier befindet sich an der rechten Tür ein kunstvoller Türklopfer aus Bronze, der Neptun mit zwei geflügelten Pferden darstellt.

Sie überqueren den Ponte Lungo, die »lange Brücke«, und erreichen die von Mauro Coducci oder Tullio Lombardo 1423 erbaute Kirche **Santa Maria della Visitazione** ❶ *(Tel. 041 522 4077; Vaporetto 2, 5.1, 5.2, 6, 8, 10,*

16, N bis Zattere oder 1, 2, N bis Accademia). Ihre größte Attraktion ist die bemalte Decke mit 58 Porträts von Propheten und Heiligen, die von einem unbekannten umbrischen Künstler gemalt wurden. Alle anderen Kunstwerke hat Napoleon mitgenommen.

Das nächste Portal führt zu einem ehemaligen Kloster, das später als Berufsschule für junge Handwerker genutzt wurde, daher die Bezeichnung **Artigianelli**. Auf der linken Seite befinden sich einige noch erhaltene Gesichter von steinernen Löwen, deren Maul offen steht, um anonyme Anschuldigungen entgegenzunehmen. Die Inschrift erklärt, dass hier der Ort war, sich über das öffentliche Gesundheitswesen in Dorsoduro zu beklagen. Beachten Sie die Schreibweise auf dieser Inschrift »De Ossoduro«. Es handelt sich um eine venezianische Variante und bezeichnet Land, das fester als gewöhnlich ist.

Die Kirche an der Ecke ist Santa Maria del Rosario geweiht, aber sie ist besser bekannt als **Gesuati** ❷ *(Tel. 041 275 0462; So geschl.; Vaporetto bis Zattere).* Das war der Name eines kleinen Mönchsordens, der 1668 im Dominikanerorden aufging. Die gegenwärtige, zwischen 1726 und 1736 von Giorgio Massari erbaute Kirche zeigt einen üppigen Barock- und sogar Rokokostil. Die Deckenfresken (1737–39) von Giambattista Tiepolo erzählen Ereignisse aus der Geschichte der Dominikaner. Sie gehören nicht nur zu den schönsten Kunstwerken ihrer Art, sondern verkünden auch nach zwei Jahrhunderten der Ölmalerei die Rückkehr der Freskenmalerei nach Venedig.

NICHT VERSÄUMEN:

Scuola dei Luganegheri • Santa Maria della Visitazione • Gesuati • Emporio dei Sali • Punta della Dogana

---

- Siehe auch Karte S. 172f
- San Basilio
- 1,7 km
- Eine Stunde
- Punta della Dogana

Gleich zu Ihrer Linken liegt der **Campo Sant' Agnese** ❸, ein kleiner schattiger Platz mit Bänken. Wenn Sie zur Kirchenmauer und noch weiter sehen, erkennen Sie eine Reihe von großen marmornen Halbbogen, die sich von der Straße erheben. Früher waren es die Eingänge zu den Bootshäusern, die nicht länger gebraucht wurden, als der Kanal zugeschüttet wurde. Der Campo Sant' Agnese war Schauplatz interessanter Ereignisse in der Geschichte Venedigs. 1866 stießen Männer beim Bohren nach Wasser im Garten einer Brauerei unerwartet auf einen artesischen Brunnen. Eine Wassersäule schoss 36 Meter in die Höhe und bedeckte die Kirche und die umliegenden Gebäude mit Schlamm. Sehr viel ernster war die Situation 1630, als die schreckliche Pest hier ihren Anfang nahm mit einem infizierten Zimmermann namens Giovanni Maria Tirinello. Zum Dank für die Erlösung von dieser Epidemie wurde die Kirche Santa Maria della Salute erbaut.

Nach den beiden nächsten Brücken kommen Sie am ehemaligen **Ospedale degli Incurabili** ❹ vorbei. »Unheilbar« klingt besser als »Syphilitiker«, was die meisten Patienten waren. Das Krankenhaus wurde 1522 von zwei Aristokratinnen gegründet, und später unterstützte es auch Waisen und mittellose Mädchen. Biegen Sie links in den Ramo dietro gli Incurabili. An dem Gebäude am Ende dieser kurzen Straße ist eine Marmortafel angebracht, die verkündet, dass Kartenspiel, Fluchen und andere Laster verboten sind – eine Reaktion auf die früheren Hafenkneipen am Ufer.

Gehen Sie zurück zu den Zattere, wo die nächste Kirche zu Ihrer Linken dem Heiligen Geist, **Spirito Santo** ❺, geweiht ist *(Tel. 041 523 7274, geschl.* *außer für Gottesdienste 9 Uhr Mo bis Sa, 10 Uhr So; Vaporetto 2, 5.1, 5.2, 6, 8, 10, 16, N bis Zattere oder 1, 2, N bis Accademia).* Sie wurde 1483 zusammen mit einem Augustinerinnenkloster gegründet. Heute ist sie immer nur kurzzeitig geöffnet. Die hiesigen Nonnen waren noch berüchtigter für ihre unstatthafte Lebensweise als ihre Schwestern in Ognissanti (siehe S. 181). Die Gründungsäbtissin war auffällig oft »krank«, um Besuche eines gewissen Arztes empfangen zu können; sie versetzte auch die Schätze des Klosters. Der Altarraum wirkt ruhig und etwas verloren, doch die illusionistischen Effekte der Deckenverzierung sind beeindruckend.

Hinter der nächsten Brücke sehen Sie das gewaltige **Emporio dei Sali** ❻, das sich links am Kanal entlang erstreckt. Seit dem frühen 16. Jahrhundert standen hier Lagerhäuser für Salz. Das heutige Gebäude wurde zwischen 1835 und 1838 gebaut. Die Räume nutzen verschiedene Sportvereine, insbesondere Venedigs altehrwürdiger Ruderverein Bucintoro; hier finden auch Ausstellungen statt.

Am Ende der Zattere liegt die **Punta della Dogana** ❼, das Zollhaus mit dem neuen Museum für zeitgenössische Kunst (siehe S. 69). Eine merkwürdige Figur steht auf Zehenspitzen auf einer goldfarbenen Kugel und hält, wie es aussieht, ein Schiffsruder in Händen. Es ist eine Darstellung der Fortuna aus dem 16. Jahrhundert. Sie dient auch als Wetterfahne.

Hier, am Ende von Dorsoduro, haben Sie die spektakulärste Aussicht von ganz Venedig: über den Bacino di San Marco zur Piazza San Marco, zur Insel San Giorgio, zur Reihe palladianischer Kirchen auf der Giudecca und den Canal Grande hinauf.

Ognissanti

Um das Jahr 1450 verließ eine Gruppe von Zisterzienserinnen die von der Malaria heimgesuchte Insel Torcello und ließ sich hier nieder. 1472 gründeten sie ein Hospiz, ein Kloster und eine Kirche, die der Jungfrau Maria und allen Heiligen geweiht war.

Der Umbau der Kirche (1505) wurde mit dem Geld finanziert, das dem wunderwirkenden Marienbild gespendet wurde. Aber die göttliche Schutzherrschaft half den Nonnen augenscheinlich wenig, denn ihr lockerer Lebenswandel wurde stadtbekannt. Die Äbtissin und einige ihrer Schützlinge wurden sogar von einem Priester namens Francesco Persegin schwanger. Der Patriarch enthob sie daraufhin ihrer Ämter. Schließlich verbesserte sich die Situation, und die Kirche wurde 1586 geweiht. Das Kloster wurde 1960 in ein Krankenhaus umgewandelt, das bis heute besteht. Einer Besonderheit verdankt die einfache Kirche ihre Anziehungskraft – sie steht den Patienten und ihren Familien offen. ∎

Ognissanti

🗺 Karte S. 172

✉ Fondamenta Ognissanti

☎ 041 523 6623

🚤 2, 5.1, 5.2, 6, 8, 10, 16, N bis Zattere; 2, 5.1, 5.2, 8, N bis San Basilio

Veroneses *Krönung der Jungfrau* (1586) schmückte einst den Hochaltar der Kirche von Ognissanti. Heute hängt das Gemälde in der Accademia

Palazzo Cini

In exquisiter Umgebung werden wenige, aber dafür herausragende Kunstwerke präsentiert. Das kaum bekannte Museum neben der Accademia bietet höchsten Kunstgenuss.

Allegone von Dollo Dossi (um 1490–1542) gemalt, der seine Karriere als Hofmaler in Ferrara begann

Palazzo Cini

- Karte S. 173
- Piscina Forner, Dorsoduro 864
- 041 521 0755
- Mo & Dez.–März geschl.
- €€
- 1, 2, N bis Accademia; 2, 5.1, 5.2, 6, 8, 10, 16, N bis Zattere

Der reiche Industrielle Vittorio Cini erwarb den Palazzo Caldagno-Valmarana und brachte hier seine Sammlung religiöser Kunstwerke des Mittelalters und der Renaissance aus der Toskana und Ferrara unter. Auf zwei Etagen werden diese Schätze heute gezeigt. Über ein spiralförmiges Treppenhaus aus Marmor kommen Sie zum Hauptflur. Schon allein der Palast ist ein Kunstwerk. Die Räume sind nicht sehr groß und haben hohe, fein gearbeitete Stuckdecken; die Wände sind mit Brokat verkleidet und werden von Lüstern aus Murano-Glas beleuchtet. Anders als bei manchen verschwenderisch eingerichteten Palästen kann man sich hier ein Alltagsleben vorstellen, wenn auch ein außergewöhnlich kultiviertes.

Der **erste Raum** enthält eines der Prachtstücke der Sammlung, das *Doppelporträt zweier Freunde* vom manieristischen Maler Jacopo Pontormo (1494–1557). Nahezu steif in seiner Einfachheit konzentriert sich das Gemälde auf die beiden Gesichter mit ihrer blassen Haut und den faszinierenden Augen. Der **zweite Raum** zeigt *Das Urteil des*

Paris von Sandro Botticelli, dessen Göttinnen seine Markenzeichen aufweisen: flatternde Locken und merkwürdige Mandelaugen. Anziehender als die Damen sind die beiden großen Jagdhunde im Vordergrund und die Ziege im Hintergrund, die sich mit ihrem Hinterhuf am Ohr kratzt.

Im selben Raum gibt es eine *Madonna mit Kind* des Ausnahmegenies der Renaissance, Piero della Francesca. Er hat die beiden Figuren vor einem leeren Hintergrund platziert und dem Jesuskind einen seltsam stechenden Blick verliehen.

Im **letzten Raum** befindet sich ein Schaukasten mit 20 Elfenbeinschnitzereien, die religiöse Szenen darstellen. Eine zeigt Christus als König; sie wurde im 13. Jahrhundert in Sizilien angefertigt und ist von geometrischen maurischen Mustern eingerahmt. Trotz der kleinen Dimensionen wirkt die Figur mit dem üppigen Bart majestätisch. Der *Tod der Jungfrau* ist ebenfalls sizilianisch und stammt aus dem 14. Jahrhundert. Dargestellt wird auf einer winzigen Elfenbeinplatte die trauernde Gefolgschaft der Muttergottes. ■

Gallerie dell'Accademia

»Es war das unvermeidliche Schicksal Venedigs, gemalt und mit Leidenschaft gemalt zu werden«, schrieb der amerikanische Schriftsteller Henry James. Die Gallerie dell'Accademia sind nicht nur Venedigs führendes Museum, sie enthalten auch die weltweit vollständigste Sammlung venezianischer Kunst. Am besten hebt man sich den Besuch als krönenden Abschluss auf.

Gemälde aus geschlossenen oder zerstörten Kirchen haben in diesem Museum einen neuen Platz gefunden. Hier sieht man die schönsten venezianischen Kunstwerke des 12. bis 19. Jahrhunderts

Das Museum ist in den Gebäuden untergebracht, die einst die *scuola* und die Kirche der Carità beherbergten, eine der ältesten und reichsten großen *scuole* Venedigs. Über dem Eingang des Klosters gegenüber dem Platz befindet sich ein einnehmendes Relief, *Die Krönung der Jungfrau* (1445) von Bartolomeo Bon. Die klassizistische Fassade der Gallerie wurde im 19. Jahrhundert hinzugefügt, als die *scuola* in ein Museum umgewandelt wurde. Die Kirche hat heute keinen Campanile mehr; der Kirchturm brach am 27. März 1744 zusammen. Die Quellen berichten, dass der Einsturz Wellen hervorgerufen habe, die einige Gondeln aufs Land gespült hätten.

Die Accademia wurde in der Mitte des 18. Jahrhunderts gegründet; zweiter Präsident war Giambattista Tiepolo. Das Kernstück der Sammlung sind die Gemälde der »akademischen« Maler aus dem 18. Jahrhundert; später erwarb man viele sakrale Kunstwerke aus den säkularisierten Kirchen und Klöstern.

Die Säle sind im Großen und Ganzen chronologisch angeordnet, das Erdgeschoss wird nach Abschluss der Umbauarbeiten künftig den Zeitraum 1600–1880 abdecken. In der ehemaligen Versammlungshalle der *scuola* werden Gemälde aus

Gallerie dell'Accademia

🅐 Karte S. 173

✉ Campo della Carità

☎ 041 522 2247 oder 041 520 0345 (Führungen)

💲 €€

⛴ 1, 2, N bis Accademia; 2, 5.1, 5.2, 6, 8, 10, 16, N bis Zattere

HINWEIS: Bis 2017 werden die Gallerie dell'Accademia umgebaut und umgestaltet und nicht alle der beschriebenen Säle sind zurzeit zu besichtigen. Aktuelle Infos erhält man am Eingang.

Gallerie dell'Accademia:
Nummerierung der Räume (im Umbau)

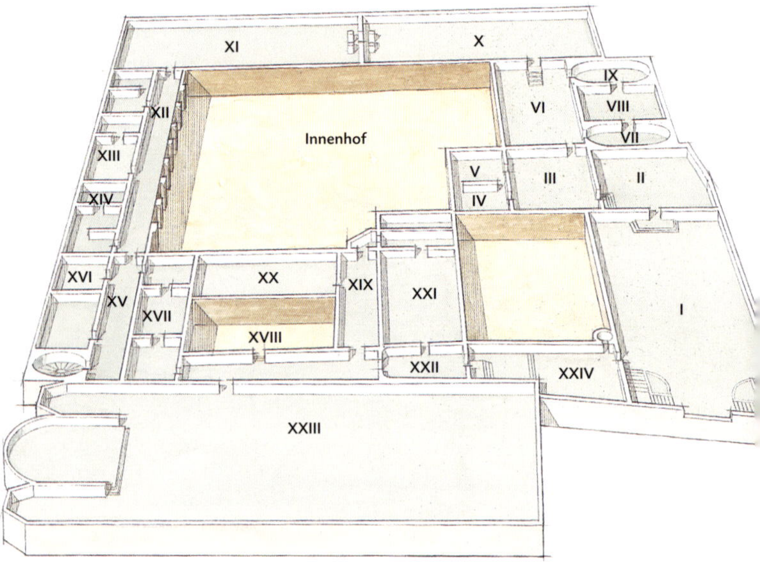

Gallerie dell' Accademia

Das Kreuzeswunder auf der Brücke von San Lorenzo wurde 1500 von Gentile Bellini gemalt

dem 14. Jahrhundert gezeigt, darunter Meisterwerke von Paolo Veneziano und Jacobello del Fiore. Sie wirken statisch, zeigen aber lebendige Farben, die den Übergang vom byzantinischen zum gefälligeren gotischen Stil markieren.

In **Saal II** können Sie drei Altarbilder sehen, die ursprünglich zur Kirche San Giobbe gehörten, darunter die *Sacra Conversazione* (Maria mit den Heiligen Franz, Johannes der Täufer, Hiob, Sebastian und Ludwig; um 1487) von Giovanni Bellini, die *Darbringung Christi im Tempel* (1510) von Vittore Carpaccio und *Christus am Ölberg* (1516) von Marco Basaiti.

Beim Gang durch die folgenden Räume spürt man, wie viele Talente hier versammelt sind, u. a. Bilder der toskanischen Meister Andrea Mantegna und Piero della Francesca sowie Werke von Giovanni Bellini und Tizian. Viele streben allerdings zu **Saal V** mit Giorgiones zu Recht berühmtem *Gewitter* (um 1508). Die rätselhafte Szene mit dem Soldaten und der stillenden Mutter vor einem drohenden stürmischen Hintergrund bietet jenseits ihrer unverkennbaren Faszination keine Erklärung.

Saal X enthält eines von Paolo Veroneses bekanntesten Werken, das kolossale *Gastmahl im Hause des Levi*

(1573), das er für das Refektorium des Klosters Santi Giovanni e Paolo gemalt hat. Es trug ursprünglich den Titel *Das letzte Abendmahl*; aber die Inquisition hielt es für blasphemisch, denn es zeigt Hunde, einen Zwerg, Trunkenbolde und deutsche Hellebardiere. Man verlangte, dass er diese Figuren herausnehme, aber am Ende änderte er nur den Titel.

Unter den zahlreichen Meisterwerken ist besonders Tizians letzte Arbeit, die *Pietà* (1576), beachtenswert, die in der Nähe seines Grabmals in der Frari-Kirche hängen sollte. Ihr fehlen fast ganz die für den Maler charakteristischen Farben, wodurch sie seltsam modern anmutet.

In den folgenden Räumen sind zwei Werke bemerkenswert. *Die Madonna dei Camerlenghi* (1567) von Tintoretto war eine von vielen Auftragsarbeiten und – wie an den Geldbeuteln zu erkennen – das Geschenk eines scheidenden Finanzmagistrats. Das zweite ist Paolo Veroneses Bild *Die wundersame Vermählung der heiligen Katherina* (1575), das seine hinreißende Meisterschaft in der Behandlung der Farben bezeugt, besonders in der Drapierung der Gewänder.

Die weiteren Räume enthalten Arbeiten wichtiger nichtvenezianischer Meister aus dem 17. Jahrhundert, wie Luca Giordano, Bernardo Strozzi, Sebastiano Mazzoni und Francesco Maffei.

Diesen folgt Venedigs Genie des 18. Jahrhunderts, Giambattista Tiepolo, mit Bildern aus verschiedenen Kirchen. *Die frommen Anbeter* aus der Scalzi überstand ein Bombardement im Ersten Weltkrieg.

Schauen Sie sich in den Räumen um; aber verpassen Sie nicht die **Säle XX** und **XXI**. Hier befinden sich die riesigen, verwirrend detailreich venezianische Geschichten erzählenden Szenen von den Bellinis und Vittore Carpaccio für zwei große *scuole*. Sie sehen hier ein Venedig, das fantastisch und sehr real zugleich ist. Alles ist vorhanden: von Wundern bis zu wütenden Gondolieri, von abgesetzten Königinnen bis zur flatternden Wäsche.

Der Zyklus von den acht Wundern der Kreuzreliquie wurde von verschiedenen Künstlern zwischen 1494

Ponte dell'Accademia

Der Ponte dell'Accademia ist eine von nur vier Brücken, die den Canal Grande überspannen, und von diesen bietet er fraglos die großartigste Aussicht. Stromaufwärts sehen Sie den imposanten Palazzo Balbi mit seinen beiden Obelisken an der scharfen Biegung des Canal Grande. Stromabwärts schweift der Blick hinunter zum Bacino di San Marco, wo Santa Maria della Salute in den Himmel ragt.

Der Chronist Stefano Magno merkt an, dass der Senat am 10. August 1488 den Vorschlag, an diesem Punkt eine Brücke über den Kanal zu bauen, in Erwägung zog,

aber als »der ganze Senat lachte, wurde darüber gar nicht erst abgestimmt«.

Eine gerade Eisenbrücke wurde 1854 von dem englischen Ingenieur Neville gebaut, sie wurde 1932 durch diese höhere Konstruktion ersetzt, damit die Vaporetti unter ihr hindurchfahren konnten. Sie wurde aus Holz gebaut, da jedermann glaubte, dass sie nur provisorisch sein würde.

Die Holzbrücke wird häufig von Skateboardern überquert; sie wurde deshalb mit Stahlträgern verstärkt

Das modern wirkende Gemälde *Das Gewitter* (um 1508) ist wohl das bekannteste Werk Giorgiones. Bisher hat niemand seinen Inhalt verbindlich deuten können

und 1502 gemalt; sie waren für die Scuola San Giovanni Evangelista bestimmt, die eine Kreuzreliquie besaß. *Die Prozession auf dem Markusplatz* (Gentile Bellini, 1496) blendet nicht nur durch ihre Pracht, sondern zeigt auch die Piazza San Marco aus einer ganz anderen Perspektive: Achten Sie auf die Mosaiken über den Eingangsportalen der Markuskirche, das Pflaster mit Ziegelsteinen, die beiden Prokuratorien noch in ihrer byzantinischen Form aus dem 12. Jahrhundert und das goldene Blatt auf der damals neuen Porta Carta des Dogenpalasts.

Auf dem Gemälde *Das Kreuzeswunder* (Gentile Bellini, 1500) sieht man Caterina Cornaro (oder Corner), die Königin von Zypern, im linken Vordergrund knien. Die *Heilung eines Besessenen* (Vittore Carpaccio, 1496) zeigt vorn im Zentrum die alte Holzbrücke am Rialto. Man sieht den Fondaco dei Tedeschi, den Handelshof der Deutschen, vor dem Brand von 1505 und erfährt, wie die Ca' Da Mosto einst ausgesehen hat.

Der große Zyklus über das Leben und Sterben der heiligen Ursula wurde von Carpaccio in über 20 Jahren geschaffen (1475–95). Er war für die *scuola* der heiligen Ursula bestimmt, die im frühen 19. Jahrhundert durch ein Feuer zerstört

wurde. Die Szenen erzählen die Legende von Ursula, einer christlichen Prinzessin aus der Bretagne. Sie stimmte einer Vermählung mit dem heidnischen König von Britannien unter der Bedingung zu, dass sie und 11 000 Jungfrauen zuerst eine zweijährige Pilgerreise zu allen heiligen Stätten der Welt unternehmen dürften.

Im nächsten Saal, Teil der ehemaligen Kirche von Carità, sind in der Apsis frühe Triptychen von Giovanni Bellini aufgestellt.

Der letzte Raum war der Versammlungsraum der *scuola*. Hier befindet sich das einzige Bild, das Tizian für die Bruderschaft gemalt hat: *Der Tempelgang Mariens* (1534–38). ∎

Feste & Karneval

Als die Republik Venedig stark und mächtig war, wurde das harte Alltagsleben oft von religiösen Festtagen, feierlichen Staatsakten und prächtigen Unterhaltungen für königliche Besucher unterbrochen. Die Regierung war sich des Nutzens solcher Feiern durchaus bewusst, denn sie stärkten den Stolz der Bürger und ihre Identifikation mit ihrem Stadtstaat. Auch Jahrestage wurden mit viel Pomp begangen. Venedigs Gründung, die Eroberung Friauls, der Fall Konstantinopels – alles bot Anlass zu feiern.

Das größte Fest war ohne Zweifel **La Sensa**, der Himmelfahrtstag, wenn man des Aufbruchs des Dogen Pietro Orseolo II. gegen die *narentani*, die dalmatinischen Piraten, im Jahr 1000 gedachte. Sein Sieg sicherte Venedigs Herrschaft über die Adria. Bei der symbolischen »Vermählung mit dem Meer« führte der Doge eine ungeheure Bootsprozession nach San Nicolò am Lido an und warf dort einen goldenen Ring mit den Worten ins Wasser: »Ich heirate dich, o Meer, als ein Zeichen wahrhafter und vollkommener Herrschaft.« Dieser Staatsakt bekräftigte die Absicht Venedigs, die Meere zu beherrschen. La Sensa wird heute noch mit einer Bootsprozession zum Lido gefeiert, wobei der Bürgermeister den Platz des Dogen einnimmt.

Zwei andere Feiern sind den Venezianern gleichermaßen ans Herz gewachsen. Das erste ist **Redentore** am dritten Sonntag im Juli. Man gedenkt der Rettung vor der Pest im Jahr 1577 (siehe S. 198f). Eine Pontonbrücke wird von den Zattere zur Giudecca gebaut, sodass jedermann hinüber kann, um die Kirche Redentore zu besuchen. Am Samstagabend vor dem Festtag fahren viele Venezianer mit ihren Booten, die mit Freunden, Essen und Getränken beladen sind, hinaus. Vom Giudecca-Kanal aus erleben sie das mitternächtliche Feuerwerk mit.

Am 21. November, dem Fest der **Madonna della Salute**, wird eine kleinere Pontonbrücke über den Canal Grande errichtet. Der Anlass ist die Danksagung für die Befreiung der Stadt von der Pest 1630. Jeder Venezianer weiht an diesem Spätherbstabend der Madonna eine Kerze, die an den Ständen vor den Toren der Kirche Madonna della Salute verkauft werden.

Die **Regata Storica** findet am ersten Sonntag im September statt. Sie gibt einen Eindruck von den einstigen venezianischen Ruderrennen, die zu Ehren hoher Besucher veranstaltet wurden. Seit dem 14. Jahrhundert wurden Rennen auf dem Canal Grande abgehalten. Die Ziellinie war immer die Volta de Canal bei der Ca' Foscari.

Der **Karneval** ist das am stärksten vom Tourismus geprägte jährliche Fest. Die venezianischen Karnevalsbräuche des 18. Jahrhunderts warfen einen entlarvenden Blick auf die sozialen Probleme der Stadt. Aber der normale Besucher von heute kümmert sich nicht darum; man putzt sich heraus, wie es einem gefällt, und flaniert auf der Piazza San Marco – um zu sehen und gesehen zu werden. Auch in den anderen Teilen der Stadt gibt es Musik und Unterhaltung sowie unzählige Partys in Palästen und bescheideneren Privathäusern. Vor langer Zeit lag der Reiz des Karnevals in seiner Freizügigkeit;

Die Regata Storica (oben) beginnt mit einer Bootsprozession, die von der *Serenissima* angeführt wird; sie ist das kunstvollste der allegorischen Boote, die man *bissone* nennt. Der Karneval (rechts) füllt zehn Tage lang die Stadt mit Feiernden in prächtigen Kostümen. Das Fest Redentore erreicht seinen Höhepunkt mit dem Feuerwerk über dem Bacino di San Marco (unten)

die verschiedenen Schichten vermischten sich, und die strengen Regeln des alltäglichen Lebens waren aufgehoben, ja, man machte sich über sie lustig. Heute hat auch der venezianische Karneval, 1797 von Napoleon verboten und in den 1980er Jahren wiederbelebt, diese Schärfe verloren und dient dazu, sich geheimnisvoll und schön zu verkleiden – vor allem für die Besucher, denn die Massen von Touristen, die alljährlich in die Stadt strömen, haben unvermeidlich dazu geführt,

dass der Karneval für die Venezianer selbst zu einer weniger festlichen Angelegenheit geworden ist.

Es besteht die Möglichkeit, selbst kreativ zu werden und Farbe und Form der geheimnisvollen Masken zu gestalten: Bei Ca' Macana in Dorsoduro *(Calle Cappeller, Tel. 041 520 3229, www.camacana.com, ab 60 €)* werden entsprechende Kurse angeboten, auch für Kinder. Am Ende hält jeder seine individuelle Karnevalsmaske in den Händen – ein schönes Souvenir.

Weitere Sehenswürdigkeiten

Angelo Raffaele

Dieses Gebäude aus dem 17. Jahrhundert scheint düster und verwahrlost, aber die fünf Szenen des Gemäldes an der Orgel, *Tobias und die Engel* (1750–53), erhellen die Szenerie. Das Bild stammt von Gianantonio Guardi, möglicherweise mit der Hilfe seines berühmteren Bruders Francesco.

🅰 Karte S. 172 ✉ Campo Angelo Raffaele ☎ 041 522 8548 🚤 2, 5.1, 5.2, 8 bis San Basilio

Die Straßennamen belegen, dass es früher in Venedig viele *squeri*, Gondelwerften, gab. Die Werft in San Trovaso ist eine von vieren, die noch in Betrieb sind

San Barnaba & Campo

Filmfreunde werden diesen Platz und die Fassade – eine Antwort des 18. Jahrhunderts auf die Gesuati von Lorenzo Boschetti – von zwei unterschiedlichen Filmen her kennen: *Traum meines Lebens* und *Indiana Jones: Der letzte Kreuzzug*. Die Kirche ist heute nur zu Ausstellungen geöffnet. Der einfache Campanile aus Ziegelsteinen stammt aus dem Jahr 1000 und ist einer der ältesten in Venedig.

🅰 Karte S. 172 ✉ Campo San Barnaba ☎ 041 296 0630 🚤 2, 5.1, 5.2, 6, 8, 10, 16, N bis Zattere oder 1 bis Ca' Rezzonico

San Trovaso

Die Kirche aus dem 9. Jahrhundert wurde von Francesco Smeraldi, einem Anhänger Palladios, 1584 wieder aufgebaut und hat zwei gleich schöne Fassaden.

In der Kirche gibt es einige Gemälde von Tintoretto und seinen Söhnen, aber die wirklichen Schätze befinden sich in der rechten Chorkapelle: Zunächst ist da ein Altarrelief, das eine Gruppe von drei weißen Marmorengeln (1470) zeigt. Man vermutet, dass sie aus der Schule von Donatello stammen. Das zweite ist ein Reiterbild des heiligen Chrysogonus von Michele Giambono (aktiv von 1420–62). Gegen diese leuchtende mystische Vision im Stil der Gotik sieht alles andere in der Kirche verworren und stümperhaft aus. Der Altar zur Rechten ist immer noch der Gilde der *squeraroli*, der Bootsbauer, geweiht.

🅰 Karte S. 172 ✉ Campo San Trovaso ☎ 041 724 1044 🕐 So geschl. 🚤 1, 2, N bis Accademia; alle Linien bis Zattere

Squero di San Trovaso

Ein Blick auf die vielen Straßen, die Calle del Squero heißen, bestätigt, dass es in Venedig einst viele Gondelwerften gab, die auf traditionelle Weise Boote bauten. Diese ist eine von nur noch vier aktiven Werften in Venedig, und am besten kann man sie von der Fondamenta auf der gegenüberliegenden Seite des Kanals San Trovaso sehen. Das Haus daneben ist, wie es üblich war, im Stil einer Berghütte gebaut, da viele Arbeiter aus den nahen Alpen kamen. Der Arbeitsplatz ist noch ziemlich traditionell.

🅰 Karte S. 172 ☎ 041 522 9146 🚤 2, 5.1, 5.2, 6, 8, 10, 16, N bis Zattere

Die Lagune ist übersät von Inseln. Manche sind berühmt, andere vergessen. Dass einige, besonders Torcello und Mazzorbo, einst wichtiger waren als Venedig, verleiht ihnen einen nostalgischen Glanz und wirft ein Licht auf die Geschichte der Seemacht

Die Inseln

Muranos berühmtes Glas
fasziniert ungebrochen

Die Inseln

Fast alle Inseln, die von Venedig aus in der Lagune zu sehen sind, waren einst blühende Eilande, aber die meisten wurden mit der Zeit verlassen und versanken in der Bedeutungslosigkeit. Neben den Inseln gibt es zahllose Sandbänke und morastige Flecken, die gerade noch die Oberfläche des Wassers durchbrechen und ein Paradies für Pflanzen und Wasservögel sind.

Geschäfte mit Glaswaren und *fornaci* (Schmelzöfen) säumen Muranos Kanäle

Die besser bekannten Inseln haben ihre eigene verwickelte Geschichte und sind selbst heute kaum mit Venedig verbunden. Ein Venezianer würde

NICHT VERSÄUMEN:

Den Glasbläsern auf Murano
  zuschauen 202–204

Die bunten Fischerhäuser von
  Burano fotografieren 204–206

Die älteste Kirche der Lagune auf
  Torcello besichtigen 206–207

Den Blick vom Campanile auf San
  Giorgio Maggiore auf Venedig,
  die Giudecca und die Lagune 210

niemals jemanden, der von Burano stammt, einen Venezianer nennen, und schon gar nicht jemanden von der Giudecca – gleichgültig, was der Stadtplan offiziell sagt. Die meisten der Inseln grenzen sich ihrerseits deutlich ab, selbst wenn sie ganz nah an Venedig liegen. Ein Venezianer kann einen Bewohner der anderen Inseln eindeutig an subtilen Details seines Akzents erkennen.

Murano, seit dem Mittelalter weltberühmt für seine Glasproduktion, ist wahrscheinlich die bekannteste unter den Inseln der Lagune. Burano ist die Heimat handgemachter Spitzen. In der Vergangenheit gab es auf den Inseln viele Klöster und Krankenhäuser:

Palude della Rossa

Favaro
Terzo
Aeroporto Marco Polo
Tessera
Museo dell'Estuario
SS14
Canale Osellino
Torcello
Cattedrale di S. Maria Assunta
Campalto
Santa Caterina
Mazzorbo
San Martino
Burano
Mestre
San Angelo della Madonna del Monte
Veneta
San Giuliano
San Giacomo in Palude
San Francesco del Deserto
Murano
Laguna
PONTE D. LIBERTÀ
Porto Marghera
SS11
Santi Maria e Donato
Museo dell' Arte Vetraria
Sant' Erasmo
Littorale di S. Erasmo
Punta Sabbioni
San Michele
La Certosa
Le Vignole
VENEZIA (VENEDIG)
Fort Sant' Andrea
San Giorgio Maggiore
Zitelle
San Giorgio in Alga
Santa Eufemia
Il Redentore
San Nicolò
Golf von Venedig
Porto di Lido
Laguna
La Giudecca
La Grazia
San Servolo
San Clemente
San Lazzaro degli Armeni
Lido
Littorale di Lido
Sant'Angelo delle Polvere
Sacca Sessola
Santo Spirito
Lazzaretto Vecchio
Palazzo del Cinema
Lido di Venezia
Poveglia
Malamocco
Littorale di

0   3 Kilometer

Auf San Servolo war ein Heim für geistig behinderte Männer, auf San Clemente eines für Frauen; auf Sacca Sessola stand ein Sanatorium für Tuberkulosekranke, und auf La Grazia wurden bis1999 Infektionskrankheiten von Pocken bis Aids behandelt. Auf der etwas weiter draußen liegenden Insel Poveglia befand sich bis vor Kurzem ein Altersheim; der Kirche von Santo Spirito war einst bekannt für Werke von Tizian und Veronese, die später nach Venedig verbracht wurden.

San Giorgio in Alga liegt näher am Festland und verfügte über eine kleine Kirche, und auf San Giovanni in Polvere gab es ein österreichisches Pulvermagazin.

Im Norden liegen die verlassenen kleinen Inseln San Giacomo in Palude und Sant' Angelo della Madonna del Monte; beide hatten eine eigene Kirche und ein eigenes Kloster. San Giacomo in Palude wurde später auch militärisch genutzt.

In vielen Fällen vertrieb die Malaria die Bevölkerung von den Inseln. Vorschläge für die Wiederbesiedelung der Inseln werden von Zeit zu Zeit vorgebracht und verschiedene Möglichkeiten erwogen – so war Poveglia unter anderem als Ort für eine Jugendherberge im Gespräch. Auf San Clemente ist 2003 ein Luxushotel eröffnet worden, während das Lazzaretto Vecchio aus dem 15. Jahrhundert mit seinen flachen Backsteinmauern – Venedigs früheste Quarantänestation – heute ein Tierheim beherbergt. ■

La Giudecca

Wenn man die Giudecca von den Zattere aus sieht, erscheint die Insel wie ein Bühnenbild. Verstärkt wird dieser Eindruck durch die majestätischen Fassaden der drei Kirchen, die Palladio gebaut hat. In Venedig hätte er kaum eine solche Umgebung für diese Meisterwerke gefunden, und man würdigt sie aus der Ferne fast noch mehr als von Nahem.

Die Fondamenta Santa Eufemia grenzt an den Canale della Giudecca; sie führt bis zur ehemaligen Pasta-Fabrik, der massiven Molino Stucky, heute Sitz des Hilton-Hotels

La Giudecca
 Karte S. 193

Man ist sich uneinig darüber, wie die Inselgruppe zu ihrem seltsamen Namen kam. In antiker Zeit wurde sie *spina longa* genannt – vielleicht weil sie einer Gräte ähnelt –, und der breite Kanal hieß Canale Vigano. Einige vertreten die Meinung, dass der Name von *giudei*, Juden, komme, die früher hier lebten, bevor sie nach Cannaregio umgesiedelt wurden. Andere glau-

ben, dass der Name sich aus *giudecati* (auf Venezianisch *zudegà*) entwickelt habe, den rebellischen Patriziern, die im 9. Jahrhundert »verurteilt« und hierher verbannt wurden. Wie dem auch sei, die Bewohner werden Giudecchini genannt und würden sich nur einem Nichtvenezianer gegenüber als Venezianer bezeichnen.

Im Mittelalter und in der Renaissance, als es auf der

abseits gelegenen Insel ruhig zuging, gab es hier nicht
weniger als sieben Klöster.
Heute leben auf dem Eiland
nur noch Kapuzinermönche
der Redentore und die
Kanonissinnen. Auch
Michelangelo suchte die
Abgeschiedenheit, als er
während seines Exils 1529
hier lebte.

Bevor die Strände an der
Brenta als Ferienorte in
Mode kamen, bauten die
reichen venezianischen
Aristokraten auf der Giu-
decca ihre überaus eleganten Landhäuser.

In jenen Tagen bestand
die Insel vor allem aus Gärten. Im 18. Jahrhundert
konnte man einige von
ihnen tageweise für Land-
partien mieten, und es kam
dabei, wie eine Quelle un-
verblümt beschreibt, zu
»Orgien und Bacchanalen«.
Übrig geblieben von diesem
grünen Luxus ist heute
nur noch das Nobelhotel
Cipriani mit seiner wunderschönen Oase zur Lagune
hinaus.

Die Giudecca ist schon
lange zu einer reinen Arbei-
tergegend geworden; bis in
die 60er Jahre des 20. Jahrhunderts hinein hatten
die Häuser kein fließend
Wasser. Viele Familien arbeiteten in den zahlreichen
Fabriken, die in den einst
idyllischen Gärten entstanden oder die in die aufge-
lassenen Klostergebäude
gezogen waren. Im 19. und

20. Jahrhundert gab es hier
unter anderem die Molino
Stucky (eine Getreidemühle
und Pasta-Fabrik), Betriebe,
die Klaviere, Uhren und Feuerwerkskörper herstellten,
sowie Brauereien.

Heute beschränken sich
die wirtschaftlichen Aktivitäten im Wesentlichen auf
wenige Bootswerften und
das Frauengefängnis. Einige
Künstler haben ihre Ateliers
hier eingerichtet, aber die
Insel ist deshalb nicht zur
Künstlerkolonie geworden.

Die Kirche **Le Zitelle** ist
eines der Wunderwerke
Palladios, das die Skyline der
Giudecca bereichert. Der
offizielle Name ist Santa
Maria della Presentazione,
aber sie wurde immer »die
alten Jungfern« genannt. Im
angeschlossenen Kloster
erhielten nämlich mittellose
junge Frauen vorwiegend
Unterricht in der Herstellung von Spitzen. Zwar wurde die Kirche von Andrea
Palladio entworfen, aber
gebaut wurde sie erst nach
seinem Tod (1580). Jacopo
Bozzetto führte die Arbeiten zwischen 1582 und
1586 durch. Die Mönche
von Redentore leiten heute
die Kirche.

Mit ihrer einfachen dori-
schen Pergola (1596) und
dem gedrungenen Campa-
nile auf dem Kai gegenüber
dem Giudecca-Kanal gibt
die Kirche **Santa Eufemia**
einen Eindruck von den
Dimensionen des hiesigen

Le Zitelle
- Karte S. 193
- Fondamenta delle Zitelle
- 041 271 9012
- Geöffn. zu Sonderausstel-lungen
- 2, 4.1, 4.2, 8, N bis Zitelle

Das Gemälde *Christus im Garten Gethsemane* von Palma Giovanni (1544–1628) hängt in der Kirche Le Zitelle

Santa Eufemia

- Karte S. 193
- Fondamenta Santa Eufemia
- 041 522 5848
- 2, 4.1, 4.2, 8, N bis Palanca

Lebens, bevor die Pracht Palladios Einzug hielt. Die Kirche wurde im 9. Jahrhundert gegründet. Ihre Silhouette zeigt deutliche romanisch-byzantinische Formen.

Das Mittelschiff und die Seitenschiffe lassen den ursprünglichen Entwurf noch erkennen, und einige wenige Säulen und Kapitelle aus dem 11. Jahrhundert sind noch erhalten. Der Stuck und viele der Bilder stammen aus dem 18. Jahrhundert. Der erste Altar auf der rechten Seite (dem Hoch-

altar gegenüber) trägt das Triptychon *San Rocco und der Engel*; das Gemälde in der Lünette darüber zeigt die *Jungfrau mit dem Kind* (1480), beides Werke von Bartolomeo Vivarini. Die anderen Bilder sind meist von den Epigonen und nicht von den Meistern selbst.

Eines von Palladios Meisterwerken und immer noch ein Wahrzeichen des religiösen und festlichen Lebens in Venedig ist die Giudecca beherrschende Kirche **Il Redentore**. Sie ist die erste von zwei Kirchen (die andere ist Santa Maria della Salute), die aus Dankbarkeit für die Befreiung von der Pest gebaut wurden. In diesem Fall handelt es sich um die verheerende Epidemie von 1575 bis 1577, der 50 000 Menschen, also ein Drittel der damaligen Bevölkerung, zum Opfer fielen.

Der Bauplatz wurde nicht nur wegen seiner spektakulären Lage gewählt, sondern auch, weil man dorthin eine Brücke für Prozessionen bauen konnte. 1592 wurde der Bau unter Antonio Da Ponte abgeschlossen.

Die Redentore-Kirche ist ein Meilenstein in Palladios Schaffen: die hoch aufragende Kuppel, die prunkvolle Treppe zum Eingang, die ausgewogenen und doch zurückgenommenen Proportionen. Das Innere zeigt alles, was Palladio in Rom gelernt hatte – bis zu

Die Kirche Il Redentore ist fraglos die größte Attraktion auf der Giudecca. Über die beiden kleinen Türme, die Minaretten ähnlich sind, gibt es widersprüchliche Theorien

den Thermenfenstern in den Gewölben, die denen in klassischen römischen Bädern gleichen. Der weiße istrische Stein und der weiße Stuck scheinen fast zu karg, aber Palladio versuchte damit die Franziskaner zu beschwichtigen, denen der Entwurf zu verschwenderisch erschien. Die Statuen zu beiden Seiten des Eingangs und des Hochaltars stellen die Heiligen Markus und Franziskus dar. Am dritten Sonntag im Juli wird das große Redentore-Fest gefeiert (siehe S. 198f).

Eine historische Anekdote ist in das Fundament am Fahnenmast gemeißelt. Sie erinnert an eine Heldentat aus dem Ersten Weltkrieg, die »Beffa di Buccari«. Angeführt von dem Poeten Gabriele D'Annunzio brach am 10. Februar 1918 von hier aus eine Gruppe Freischärler auf, um im Hafen von Buccari (dem heutigen Bakar, Kroatien) drei österreichische Schiffe zu torpedieren. In Flaschen ließen sie Botschaften für den Flottenkommandanten zurück, in denen sie betonten, dass »die italienischen Seeleute über jedes Hindernis lachen und immer bereit sind, das Unmögliche zu tun«. ■

Il Redentore

Karte S. 193

Campo del SS. Redentore

041 275 0462

So geschl.

€

2, 4.1, 4.2, 8, N bis Redentore

Das Fest von Redentore

Über Jahrhunderte hinweg gab es in Venedig eine Vielzahl von religiösen und weltlichen Festen. Sie wurden mit einer Pracht und Leidenschaft begangen, die wir uns heute kaum noch vorstellen können. Das Fest des Erlösers, Redentore, ist als eines der wenigen erhalten geblieben, wenigstens in groben Umrissen.

Zur Zeit der Republik Venedig feierte der Doge die wichtigsten religiösen Feste, indem er eine zeremonielle Prozession zu der entsprechenden Kirche anführte. Damit repräsentierte er symbolisch die Macht des Staates, der den wichtigen Heiligen seine Ehrerbietung erwies. Diese Staatsprozessionen waren ein fantastisches Spektakel. Der Doge stand dabei unter einem großen Baldachin aus golddurchwirktem Stoff. Es folgten der Senat, die Kanzler, die Räte und alle Beamten der Regierung. Dann kamen der päpstliche Nuntius, Botschafter, Gesandte und die venezianische Aristokratie. Die Junker und Pagen trugen weiße, rote, blaue und grüne Seidenbanner, und für Musik sorgten sechs Silbertrompeten.

Im Fall von Il Redentore ergab sich jedoch das logistische Problem, dass das Wasser den Dogenpalast von der Kirche trennte. Also wurde eine schwimmende Brücke – ursprünglich aus Booten – über den Giudecca-Kanal gebaut, die sich von den Zattere bis zum Fuß der Kirche auf der anderen Seite erstreckte. Heute montieren Brückenbauingenieure des Militärs eine feste olivgraue Pontonbrücke.

Der Bau der Kirche selbst (siehe S. 196f) ist die Erfüllung eines Versprechens, das der Senat gab, wenn die Stadt von der katastrophalen Pest der Jahre 1575–77 befreit werde. Mit der Kirche kam der Feiertag (immer am dritten Sonntag im Juli), und mit dem Feiertag kam die Feier. Heute eröffnet am frühen Samstagabend der Kardinal von Venedig offiziell die Festlichkeiten, indem er über die Brücke schreitet, gefolgt vom Bürgermeister, verschiedenen Geistlichen und einer Abordnung des Militärs.

Während ein paar hundert Menschen die Brücke überqueren, verbringen Tausende den Tag mit der Vorbereitung ihrer Boote. Essen und Getränke werden für das abendliche Ereignis an Bord geschafft. Bei Sonnenuntergang füllen sich der Bacino di San Marco und der Giudecca-Kanal nach und nach mit Booten, die durchs Wasser gleiten (die Brücke hat anderthalb Tage lang den Verkehr blockiert); dann ankert man, um das Feuerwerk anzusehen. Bis vor ein paar Jahren haben die Menschen ihre Boote nach traditioneller Art geschmückt. An selbst gemachten blattreichen Lauben befestigte man Laternen. Heute sind fast alle Boote motorisiert, und die Kunst der Dekoration ist beinahe verloren gegangen. Aber jene, die daran festhalten, setzen eine alte venezianische Tradition fort, die über Jahrhunderte hinweg bei Sommerfesten gepflegt wurde. Damals glitten Hunderte von geschmückten Booten mit leuchtenden Laternen über den Giudecca-Kanal, die Menschen sangen und freuten sich über die kühle Brise nach der Hitze des Tages.

Die Feuerwerke und das Essen haben sich nicht verändert. Man genießt die traditionellen venezianischen Ge-

Die geweihte Brücke über den Giudecca-Kanal war Schauplatz einer der prächtigsten Prozessionen von Venedig, wie sie in einem Gemälde von Joseph Heintz d. J. zu sehen ist.

richte: *sardine in saor*, *bigoi in salsa*, *pasta e fagioli* und *bovoletti*, die kleinen in Öl und Knoblauch gekochten Schnecken. Und jeder scheint mindestens eine Wassermelone im Boot zu haben. So essen und trinken Familien und Freunde, singen und schwimmen manchmal sogar, bis die Dunkelheit hereinbricht und Mitternacht näherrückt. Dann explodiert plötzlich der Himmel. Ein rund 45-minütiges Feuerwerk erleuchtet den Bacino di San Marco und Tausende von entzückten Gesichtern, die fasziniert in den Himmel blicken. Wenn die letzte Rakete gezündet ist, zerstreuen sich die Boote, und die Zuschauer an Land ziehen heimwärts. Aber einige singen noch traditionelle Lieder wie *Viva viva Redentore* oder jenes Lied, in dem der Sänger beschreibt, wie er sein Boot vergeblich »mit Luftballons und Girlanden« geschmückt hat, um eine Frau für eine Bootspartie zu finden.

Viele gehen am nächsten Tag in die Kirche – aber für alle Bewohner ist

diese »berühmteste Nacht« einer der erhabenen Augenblicke des Jahres in ihrer Stadt.

Heute macht das Feuerwerk den größten Eindruck

Lido di Venezia

Für die Venezianer ist dies die am wenigsten »venezianische« Insel in der Lagune, und man erkennt leicht, warum. Vor dem 19. Jahrhundert war der Lido di Venezia lediglich ein Streifen grasbewachsener Dünen, einer von vielen Orten, die für Landpartien so beliebt waren. Heute kommen Venezianer und Urlauber gleichermaßen hierher, um sich am Strand und in der Sonne zu vergnügen.

Venedigs Lido, der Strand, war einer der ersten Plätze in Europa, an denen das Baden in Mode kam. Die Kabinen gehören zum Hotel Excelsior, aber jedermann kann am Strand spazieren gehen

Lido

 Karte S. 193

1, 2, 5.1, 5.2, 6, 8, 10, 14, 20, N, B, R bis Lido

Das italienische Wort *lido* bedeutet »Strand«, und Anfang des 20. Jahrhunderts war dies der eleganteste Badeort in ganz Europa. Der Lido di Venezia, meist nur »der Lido« genannt, war einst eine attraktive Mischung aus bodenständigem Charme – Fahrräder,

Pferdewagen und mehr Artischockenfelder als Urlauber – und luxuriöser Pracht, darunter das (ehemalige) Hotel des Bains, das Hotel Excelsior und das Sommerkasino. Und es war auch der Schauplatz für die letzten Tage in Thomas Manns Novelle *Der Tod in Venedig*. Der zwölf Kilometer lange Inselstreifen wurde in den letzten Dekaden immer weiter ausgebaut. Weit entfernt davon, eine ruhige Zufluchtsstätte an der See zu sein, hat der Lido jetzt mehr den Charakter eines Vororts. Trotzdem ist es eine großartige Sache, einen solchen Strand in Stadtnähe zu haben, und viele venezianische Familien pflegen die Tradition, für den Sommer eine Strandkabine zu mieten. Die Strände vor den großen Hotels sind Privatgrund, aber ein neun Meter breiter Sandstreifen am Wasser entlang muss per Gesetz öffentlich zugänglich bleiben.

Es gibt nur wenige Sehenswürdigkeiten auf dem Lido – und man kommt ja auch nicht der Geschichte oder der Kunst wegen, aber Sie können den **jüdischen Friedhof** aus dem 14. Jahrhundert besuchen, auf dem vom Museo Ebraico (siehe S. 137) auch Führungen angeboten werden, oder die Kirche **San Nicolò** aus dem 17. Jahrhundert, die allerdings am äußersten nördlichen Ende liegt. Sie besitzt geschnitzte Chorstühle (1635) und zwei romanisch-byzantinische Kapitelle, die noch von der ursprünglichen Kirche aus dem 11. Jahrhundert stammen.

Von San Nicolò können Sie über die enge Wasserstraße hinweg das **Fort Sant' Andrea** erkennen. Es wurde von Michele Sanmichele im 16. Jahrhundert entworfen. Auch Casanova (siehe S. 91) war hier eine Zeit lang in Haft. ■

Das Filmfestival von Venedig

Das erste Filmfestival, wie wir es heute kennen, hatte 1932 Premiere, und es ist immer noch eines der berühmtesten. Ein Goldener Löwe bringt nach wie vor beträchtliches Prestige. Das Festival beginnt am letzten Donnerstag im August, und zwölf Tage lang ist der Lido voll von Filmstars, Presseleuten und Cineasten. Man strömt zum Palazzo del Cinema und zu einigen kleineren Kinos, um einen Kassenschlager oder die vielen Programmfilme zu sehen. Die Zeitungen bringen lange Listen der Vorstellungen und berichten

Hollywood-Stars auf dem roten Teppich in Venedig: 2015 kam Ralph Fiennes

von der Ankunft und Abreise der Schauspieler. Aber abgesehen davon, dass es schwierig ist, in dieser Zeit ein Hotelbett zu finden, bleibt die Stadt (anders als Cannes) von dem Glamour ziemlich unbeeindruckt. Venedig selbst hat keine nennenswerte Filmproduktion.

Infos und Eintrittskarten für das ganze Festival oder einzelne Vorstellungen erhält man unter *www.labiennale.org, info@ labiennale.org, info@card.labiennale.org, Tel. 041 521 8711.*

Murano, Burano & Torcello

Von diesen drei Inseln hat jede ihre eigene und einzigartige Atmosphäre. Murano ist berühmt für sein Glas, Burano für seine Spitzen, und auf Torcello steht das älteste Bauwerk in der Lagune – eine Kathedrale.

Auf der Insel Murano lassen sich Glasmacher über die Schulter schauen

Murano
🅰 Karte S. 193

Museo del Vetro
🅰 Karte S. 193
✉ Fondamenta
 Giustinian 8
☎ 041 739 586
💲 €€
⛴ 3, 4.1, 4.2, N,
 R bis Murano
 Museo

Murano

Murano ist heute so sehr Teil eines typischen Venedigbesuchs geworden, dass man den früheren teilautonomen Status der Insel leicht vergisst. Wegen der Bedeutung der Glasindustrie hatte Murano von 1272 bis 1797, als Venedig an Napoleon fiel, einen eigenen Rat, einen eigenen Bürgermeister und sein eigenes *Libro d'Oro*, in dem die alt-

eingesessenen Familien aufgeführt waren. Das bedeutete, dass ein venezianischer Aristokrat die Tochter eines Glasmeisters heiraten konnte, ohne seinen Status zu verlieren. Vielleicht wundern Sie sich über den Leuchtturm auf Murano, doch sein Licht scheint weit in die Adria hinaus und ist ein wichtiges Signal für die Schiffe, die bei San Nicolò in die Lagune einfahren.

Murano ist fast so berühmt wie Venedig selbst, da es seinen Namen einem Glas gegeben hat, das in der ganzen Welt bewundert wird. Die Insel lebt immer noch von der Glasherstellung, hauptsächlich der für profane Zwecke, wie Türknaufe und Glasblöcke, die beim Bau Verwendung finden. Weniger gewürdigt werden dagegen die kunstvollen Skulpturenunikate aus der Werkstatt von Venini oder Seguso oder die

Eine verzierte Teetasse mit Untertasse – Beispiel für Muranos berühmte Glasproduktion

zahllosen kleinen Glasbonbons. Früher lebten über 30 000 Einwohner auf Murano; heute sind es noch um die 5000, und viele von ihnen sind Pendler.

1291 entschied die Regierung Venedigs, immer in der Angst vor Bränden, die Glasmacher und ihre Schmelzöfen nach Murano zu verlegen. Außerdem war so eine strengere Kontrolle möglich, denn die Glasindustrie wurde wie ein Staatsgeheimnis gehütet (wie auch das venezianische Scharlachrot, das von Venedigs Färbern erfunden wurde und als besonders gut galt). Im 16. Jahrhundert wurde Murano schließlich eine beliebte Sommerresidenz der Venezianer.

Muranos größte Sehenswürdigkeiten sind heute die beiden Hauptstraßen mit vielen Glasgeschäften – die **Fondamenta dei Vetrai** und die **Fondamenta Cavour** –, das **Museo del Vetro** mit der weltgrößten Sammlung von venezianischem Glas

Die Murano-Regatta

Am ersten Sonntag im Juli findet die Murano-Regatta statt, Zuschauer können von den Fondamente aus zusehen. Bei dem Rennen muss man die alte Technik des Ruderns *a un remo*, nur mit einem Ruder, beherrschen. Ein Sieg bei der Regata Storica ist eine große Sache, doch rudert man dabei nicht allein. Eine Gondel zu bewegen ist an sich schon schwierig genug – aber der Wettbewerb über fünf Kilometer bei einer Höchstgeschwindigkeit von 11 km/h ist eine ganz andere Herausforderung. Sergio Tagliapietra (»Ciaci«) hat das Rennen 14-mal hintereinander gewonnen: so oft, dass die anderen Teilnehmer sich weigerten, weiter in ihren bunten Gondeln gegen ihn anzutreten.

und die schöne Kirche **Santi Maria e Donato**. Dieses aus dem 7. Jahrhundert stammende romanisch-byzantinische Juwel wurde im 12. Jahrhundert umgebaut. Die Kirche verfügt über einen Mosaikboden (1149), eine seltene Schiffskieldecke aus dem 15. Jahrhundert und in der Apsis über ein eindrucksvolles Marienmosaik aus dem 13. Jahrhundert.

Burano

Wie Murano hat auch Burano eine lange, von Venedig unabhängige Geschichte. In den frühen Jahrhunderten war die Insel unter der Verwaltung von Torcello und hieß Boreana. Dieser Name kommt vielleicht von den starken Bora, den Nordostwinden. Obwohl die meisten Einwohner Fischer waren, erfreute sich Burano jahrhundertelang in ganz Europa eines Ruhms als Quelle auserlesenster Spitzen (1566 beauftragte Philipp II. von Spanien Burano mit der Anfertigung der Aussteuer für Mary Tudors Hochzeit). Während viele Buranelli immer noch vom Fischfang leben, hat schließlich auch der Tourismus Wohlstand gebracht.

Die Spitzen, die im Überfluss angeboten werden, sind heute meist an ganz anderen Orten hergestellt. Echte Burano-Spitzen gibt es nur noch in wenigen Geschäften oder direkt bei den Spitzenmacherinnen selbst, wenn Sie eine bei der Arbeit sehen. Es sind nur noch wenige Frauen, die diese kompliziert geknüpften Wunder herstellen. Seien Sie darauf

Frauen im Spitzenmuseum der Scuola dei Merletti bei der Arbeit an den klassischen Burano-Spitzen

Blick auf Burano: Die Kirche San Martino überragt die Häuser

Burano-Spitzen

Für die Idee, dass sich die Kunst, Spitzen herzustellen, aus der Technik des Netz-flickens entwickelt habe, spricht zwar insbesondere die verblüffende Ähnlich-keit zwischen beiden Tätigkeiten, aber Spitzen wurden zuerst von Nonnen und Edelfrauen gemacht, später dann von Frauen aus niederen Ständen, die so ihr Leinen verschönerten und, wenn möglich, ihr Einkommen aufbesserten.

Burano wurde zuerst im 16. Jahrhun-dert für seine Spitze berühmt, und die Frauen benutzen viele verschiedene Techniken, darunter den *punto Buranese* (jede Spitzenmacherin in Burano spezia-lisierte sich dabei auf einen anderen Kno-tentyp), eine Arbeit mit gezogenen Fä-den, ein *reticello* (Geflecht) und den ex-klusiven venezianischen *punto in aria*, der so genannt wird, weil die Spitzen ohne eine Vorlage gemacht werden. Der *punto Buranese* dagegen wird nach einem Ent-wurf auf einem Blatt Papier hergestellt. Wenn alle Knoten geknüpft sind, wird das Papier entfernt, und die Spitze ist fertig.

1872 gründete die Contessa Adriana Marcello auf Burano die Scuola dei Mer-letti, um die Spitzenkunst wiederzube-leben und die Wirtschaft der Insel an-zukurbeln. Sie wurde 1970 geschlossen. Heute beherbergt das Gebäude das Mu-seo del Merletto und ein Archiv.

Für manche venezianischen Spitzen braucht man Klöppel

Torcello

Karte S. 193

**Museo
dell'Estuario**

Karte S. 193

Palazzo del
Consiglio, Piazza
di Torcello

041 730 761

Mo geschl.

€

9, 12, N

**Cattedrale di
Santa Maria
Assunta &
Campanile**

Karte S. 193

€€

Torcello hat nur fünf
Restaurants, eines ist
das ruhige Al Ponte
del Diavolo.

gefasst, dass sie für ihre
Produkte entsprechend
hohe Preise verlangen.

Die in lebhaften bunten
Farben bemalten Häuser
sind Buranos andere Se-
henswürdigkeit (die Farben
dürfen von den Hausbesit-
zern nicht mehr verändert
werden), und an einem nebligen Winterabend erscheinen sie wohl noch schöner
als an einem hellen Som-
mernachmittag.

Der Komponist Baldassa-
re Galuppi (1706–85) ist
Buranos einzige prominente
Persönlichkeit. Er hat über
hundert Werke für das Theater geschrieben. Eine Straße und Buranos größter
Platz, auf dem ihm ein
merkwürdiges Denkmal
errichtet wurde, sind nach
ihm benannt.

Die Kirche **San Martino**
ist mit ihrem schiefen Turm
ein Wahrzeichen der Lagu-
ne. In ihr hängt auch Buranos einziges großes Kunstwerk, *Golgatha* (um 1725),
ein frühes Werk von Giam-
battista Tiepolo.

Die kleine Insel **Mazzorbo** ist durch eine bogenförmige Holzbrücke mit Bura-
no verbunden. Heutzutage
gibt es dort hauptsächlich
Weinbau und Ackerland.
Die Insel ist eine friedliche
Zufluchtsstätte, die zum
Wandern einlädt. Es sind
auch einige wenige Trattori-
en vorhanden, in denen man
den hiesigen Wein probie-
ren kann.

Die kleine Kirche **Santa
Caterina** aus dem 14. Jahrhundert wird noch genutzt,
aber das angeschlossene
Benediktinerinnenkloster
ist längst verfallen.

Torcello

Torcello ist die schlafende
Schönheit der Lagune. Die
byzantinische Kathedrale
und die Atmosphäre stiller
Abgeschiedenheit beruhi-
gen und verstören zugleich.
Die Insel des »kleinen
Turms« war einst die wichtigste Insel und besitzt die
älteste Kirche in der Lagune.

Flüchtlinge aus Altinum
ließen sich im 5. Jahrhundert
hier nieder, und nach der
Plünderung Altinums 639
verlegte der Bischof seinen
Sitz nach Torcello. Die Insel
gelangte durch Landwirt-
schaft, Fischfang und Handel
zu Wohlstand; in ihrer besten Zeit hatte sie 20 000
Einwohner. Nach dem Auf-
stieg Venedigs im 14. Jahrhundert und wegen der
Malariagefahr wurde Tor-
cello aufgegeben. Heute leben hier noch elf Menschen.
Lohnend ist der Besuch des
Museo dell'Estuario; anschließend kann man in der
berühmten Locanda Cipriani
(siehe S. 256) oder in einem
der günstigeren Lokale auf
dem Weg zum Fähranleger
speisen.

Die **Cattedrale di Santa
Maria Assunta** wurde 639
auf Anordnung des Patriarchen von Ravenna errichtet.

Links unter dem Baum der sogenannte Thron Attilas. Wahrscheinlicher ist, dass Richter oder Bischöfe auf dem aus Stein gehauenen Sitz Platz genommen haben

Es sind noch Überreste eines außen stehenden Taufbeckens vorhanden. Das Innere hat seine byzantinische Feierlichkeit bewahrt. Die ernste Schönheit eines Marienmosaiks aus dem 13. Jahrhundert herrscht über dem ursprünglichen Altar aus dem 7. Jahrhundert. Die gegenüberliegende Wand wird von einem Mosaik bedeckt, das das Jüngste Gericht darstellt. Die gequälten Sünder sehen hier sehr viel lebendiger aus als die Heiligen. Vom **Campanile** aus genießt man einen grandiosen Blick über die Lagune.

Griechische Arbeiter, die beim Bau der Kathedrale beschäftigt waren, errichteten im 11. Jahrhundert die kleine Kirche **Santa Fosca** gleich nebenan. Der schlichte Innenraum der Kirche ist ein schönes Beispiel für die traditionelle griechische Raumaufteilung.

Nahe dem Pfad, der zu beiden Kirchen führt, steht der sogenannte Thron Attilas, ein massiver Stein in Form eines Stuhls. Es gibt keinen verlässlichen Bezug zur »Geißel Gottes«, aber man sagt, dass jeder, der sich darauf setzt, innerhalb eines Jahres heiraten werde. Über das Schicksal einer bereits verheirateten Person, die sich dort niederlässt, wird nichts gesagt. ■

Glasmacher

Die Venezianer waren nicht die Ersten, die Glas herstellten. Aber sie waren kluge Geschäftsleute und wussten, das Beste aus den beschränkten Ressourcen zu machen. Sie produzierten vor allem Luxusartikel verschiedener Art, und elegantes Glas (nicht aus Bleikristall) wurde immer mit Murano verbunden.

Die Kunst des Glasmachens wird vom Vater an den Sohn weitergegeben; erst langsam finden auch Frauen ihren Weg in den Beruf

Es ist nicht genau bekannt, wann die Glasherstellung in der Lagune tatsächlich begann, aber sie mag sich im 11. und 12. Jahrhundert entwickelt haben, als Venedig enge Beziehungen mit dem Nahen Osten, vor allem mit Syrien, etabliert hatte.

Im frühen Mittelalter waren die Glashütten in Venedig ansässig, aber 1291 beschloss der Senat, dass sie wegen der Feuergefahr nach Murano verlegt werden sollten. Es ist aber auch wahrscheinlich, dass die Regierung die Glasarbeiter unter Kontrolle halten wollte. Sie hütete die wertvolle Ware und ihre Herstellung wie ein Staatsgeheimnis.

Seinen Höhepunkt erlebte das Murano-Glas im 15. und 16. Jahrhundert, und einige Stücke dieser Zeit sind in Museen und Privatsammlungen noch vorhanden. Wenn Sie die Gemälde von Tizian und Veronese näher betrachten, entdecken Sie Spiegel, Pokale und Lüster aus Murano-Glas. Viele Techniken wurden angewendet: Glasblasen, Eingravieren von Diamanten, Vergolden. Auch wurde Milchglas, *lattisuol* (falsches Porzellan), und Filigranglas hergestellt. Eine von Muranos kunstvollen Erfindungen war das »venezianische Stilett«, ein sehr fein gearbeitetes Messer aus Glas. Wenn ein Mörder sein Opfer damit erstach und dann den Griff abbrach, schloss sich die Wunde, ohne eine Spur zu hinterlassen.

Ende des 16. Jahrhunderts geriet die Glasindustrie in eine Krise, da sich der Geschmack in Richtung schweres geschliffenes Glas veränderte. Ein unternehmungslustiger Glasmacher namens Antonio Briati machte 1730 einen unerhörten Schritt und ging ins Ausland – nach Böhmen –, um dort neue Techniken zu erlernen. Dafür wurde er von den Muranesen zuerst gescholten und später kopiert. Nach dem Fall Venedigs 1797 verkümmerte das Handwerk, bis es in der zweiten Hälfte des 19. Jahrhunderts von Antonio Salviati wiederbelebt wurde.

Ein Produkt der historischen Glaskunst Venedigs wird oft übersehen, nämlich die Glasperlen, aus denen man Schmuck und sogar Blumen machte. Für lange Zeit gab es venezianische Frauen, *impira perle* genannt, die ihr Geld damit verdienten, dass sie Glasperlen, manchmal extrem kleine, auf Drähte zogen. Heute sieht man diese Frauen mit ihren Schürzen voller Glasperlen nicht mehr auf den Plätzen sitzen; aber manche Geschäfte verkaufen noch Blumen, deren Blätter aus unzähligen winzigen Glasperlen gemacht sind.

Glasblasen ist immer noch die höchste Kunst in der Glasherstellung. Einfache Materialklümpchen können jede nur vorstellbare Form erhalten. Die Schmelzöfen werden mit Gas betrieben und niemals abgestellt, außer im August

Weitere sehenswerte Inseln

San Giorgio Maggiore wird als eine von Palladios schönsten Bauten bewundert

Sant' Erasmo

Diese große, lange Insel wird auch »Venedigs Garten« genannt, und die meisten ihrer Produkte werden an den Obst- und Gemüseständen in der Stadt verkauft – das Wort *nostrani* verweist auf diese lokalen Erzeugnisse. Es gibt hier nicht viel zu sehen, dafür sind die Sonnenuntergänge im Sommer über der nördlichen Lagune wunderschön, und die Insel bietet außerdem ein gutes Restaurant, das Ca' Vignotto (siehe S. 256).
🄰 Karte S. 193 🚤 13, N bis Sant' Erasmo Chiesa

San Francesco del Deserto

Nach einer Legende machte der heilige Franziskus auf seinem Heimweg vom Heiligen Land 1220 auf dieser kleinen Insel zwischen Burano und Sant' Erasmo Halt. Heute steht hier ein Franziskanerkloster, und ein Mönch leitet Führungen. Übernachtungsmöglichkeiten sind vorhanden, aber man muss vorher reservieren.
🄰 Karte S. 193 ☎ 041 528 6863 🕐 Führung jeden Vormittag und Nachmittag 💲 Spende 🚤 9, 12, 14, N bis Burano und dann weiter mit einem Wassertaxi

San Giorgio Maggiore

Über dem Bacino di San Marco thront majestätisch die Kirche von San Giorgio Maggiore mit ihrer klassischen Fassade auf der gleichnamigen Insel. Obwohl das blaugraue Flutlicht ihr in der Nacht eine Totenblässe verleiht, bestand der Architekt Andrea Palladio darauf, dass Weiß die Farbe sei, die »Gott besonders gefällt«. 1576 erbaute Palladio hier die erste vollständige Kirche nach seinen klassischen Prinzipien (die Fassade wurde 1611 von Simone Sorella angefügt). Der Campanile wurde 1791 gebaut, und einige behaupten, dass der Blick von seiner Spitze noch faszinierender sei als der von seinem Gegenstück auf San Marco. In dem angeschlossenen Kloster, das zahlreiche Schätze birgt, gibt es oft von der Cini-Stiftung organisierte Wanderausstellungen.
🄰 Karte S. 193 ☎ 041 522 7827 💲 € (Campanile) 🚤 2, N bis San Giorgio

San Lazzaro degli Armeni

Seit dem 13. Jahrhundert beherbergt Venedig eine armenische Gemeinde, aber erst im 18. Jahrhundert bekam sie ihre eigene Insel. Kirche, Kloster, Bibliothek und Druckerpresse gehören den Mechithar-Mönchen, die dem armenisch-katholischen Ritus folgen. Man kann die Insel unter Führung eines Mönchs besuchen. Es gibt dort eine hübsche Sammlung von Kunstwerken und Artefakten, darunter eine Mumie. Lord Byron verbrachte 1818/19 auf der Insel einen großen Teil seiner Zeit damit, Armenisch zu lernen. Gästezimmer sind vorhanden.
🄰 Karte S. 193 ☎ 041 526 0104 🕐 vormittags geschl. 💲 €€ 🚤 20 ab San Zaccaria um 14.45 Uhr bis San Lazzaro

Venedig scheint eine eigene Welt zu sein und sich selbst zu genügen, aber es ist auch ein idealer Ausgangspunkt für interessante Touren. Fischerdörfer, historische Städte, von Palladio gebaute Villen und natürlich die Lagune selbst bieten sich für Tagesausflüge an

Ausflüge

Das Labyrinth der Villa Pisani in Strà

Ausflüge

Menschen aus den umliegenden Küstenregionen gründeten einst Venedig. Wer länger in der Inselstadt weilt, wird irgendwann vielleicht den Wunsch verspüren, Abstand zu gewinnen und eine Tour zu den Nachbarinseln, zum Strand oder aufs Festland zu unternehmen.

An den Wochenenden im Sommer unternehmen viele Venezianer Ausflüge aufs Land oder auch aufs Meer, und die langen Wochenenden zu Ostern, Pfingsten und Ferragosto (15. August) locken dazu noch viele Touristen ins Veneto. Deutsche Camper zieht es geradezu magisch an die Adriaküste von der Punta Sabbioni bis Jesolo.

Jeder Ort, der nicht weiter als einen Tagesausflug von der Lagunenstadt entfernt liegt, gehörte irgendwann einmal, gewollt oder ungewollt, zur Republik Venedig. Die vielen geflügelten Löwen legen Zeugnis von dieser Vergangenheit ab. Und doch haben all diese Orte ihre eigene Geschichte, ihren eigenen Dialekt, ihre eigenen Spezialitäten. Die Bewohner sind stolz darauf, aus dem Veneto zu stammen – sie würden sich selbst aber niemals als Venezianer bezeichnen.

Entlang der nahen Küste liegen an der Lagune oder am offenen Meer malerische Fischerdörfer wie Pellestrina und Caorle, deren jährliche Feste viele Besucher anziehen. Die Stadt Chioggia gab es schon zur Zeit der Römer; der Dramatiker Carlo Goldoni treibt in seiner Komödie *Viel Lärm in Chiozza* seinen milden Scherz mit ihren streitlustigen Bewohnern. Heute ist Chioggia ein blühender Badeort und für die Menschen im südlichen Teil der Lagune eine »Großstadt«.

Der venezianische Adel liebte Landhäuser und ließ im 15. Jahrhundert für die Sommerzeit Häuser entlang dem Fluss Brenta bauen. Die Anwesen reichten von vergleichsweise einfachen Bauernhöfen, die von Generation zu Generation immer wieder umgebaut wurden, bis zu großen Palästen, die kaum noch als ländliches Refugium

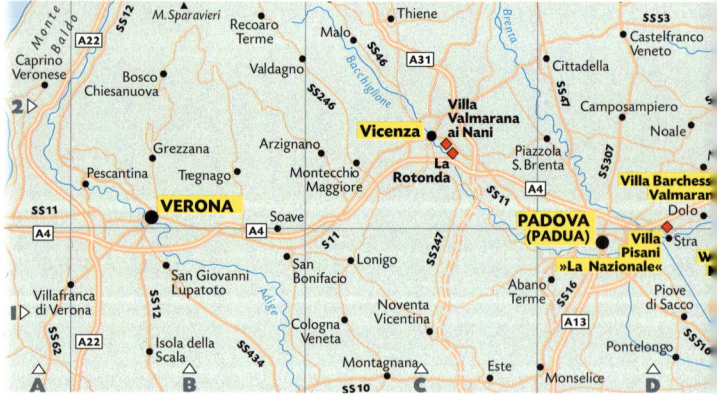

gelten konnten. Die Villen an der Brenta geben einen Eindruck von den riesigen Geldsummen und der unbändigen Fantasie, die der Adel für sein persönliches Vergnügen aufbrachte.

Einige der historischen Städte des Veneto sind von Venedig leicht zu erreichen. Seit dem Mittelalter hat Padua Künstler angezogen, die die Paläste und Kirchen verschönerten, und Wissenschaftler, die an einer von Europas ältesten Universitäten lehrten. Die Fresken von Giotto in der Scrovegni-Kapelle zählen zu den größten Kunstwerken der Renaissance. Die Basilika Sant' Antonio, ein wunderschöner Barockbau, zieht das ganze Jahr Tausende von Gläubigen an.

Vicenza ist berühmt für Textilien und Schmuck (man verarbeitet jedes Jahr 200 Tonnen Gold). Die Stadt besitzt auch die wichtigsten Gebäude von Andrea di Pietro della Gondola, der – besser bekannt als Palladio – den klassischen Stil der Griechen und Römer wiederentdeckte.

Verona wird für immer mit der tragischen Geschichte von Romeo und Julia verbunden sein. Der Ort begann als eine blühende römische Kolonie,

Der Balkon an »Julias Haus« zieht Verliebte aus aller Welt an, obwohl das Haus in keiner Verbindung zu Shakespeares Tragödie steht

und davon zeugen noch einige Bauwerke aus jener Zeit. Das bekannteste ist die Arena, das drittgrößte römische Amphitheater der Welt. Hier werden im Sommer Opern aufgeführt. Das imposante Schloss und die Grabmale der Dynastie Della Scala erinnern an die Zeiten, als die Regierenden oftmals Despoten waren. ■

NICHT VERSÄUMEN:

Die Küste

Die Ufer der venezianischen Lagune haben ihre Geschichte und ihre Sehenswürdigkeiten, auch wenn heute vielerorts Badestrände und Campingplätze
die Szenerie dominieren. Die Halbinsel, die im Süden einen weiten Bogen beschreibt, ist eine Touristenhochburg. Pizzerien, Bars und Discos, Parkplätze
für Wohnwagen und andere Einrichtungen schießen wie Pilze aus dem Boden.

Jesolo ist eines der größten und bekanntesten Seebäder an der Adriaküste nahe Venedig und
zieht Touristen aus ganz Europa an

**Die Küste
(Il litorale)**
Karte S. 213
E1 & E2

Jesolo, die bekannteste
Stadt an der Küste, vollzog
eine rasante Entwicklung.
Sie startete einst eine wahrlich kühne Werbekampa-
gne: Ein gebräunter Mann
tauchte ins Wasser und ver-
sprach »Badefreuden das
ganze Jahr über«. (Es bleibt
ein Rätsel, wie das zum Klima passen soll; im nahe gelegenen Venedig können die
Winter nämlich neblig und
bitterkalt sein.)
    Vom Piazzale Roma fährt
ein Bus zum Lido di Jesolo.
Sie können aber auch das
Boot Nr. 12 oder 13 von den
Fondamenta Nuove nach
Treporti nehmen und dann
den Bus nach Jesolo oder
Cavallino.

Das kleinere und ruhigere **Punta Sabbioni**, mit einer eigenen *motonave*-Haltestelle, liegt näher und ist für einen Tagesausflug schneller zu erreichen.

Die Lagune entstand durch die lange schmale **Inselbarriere**, durch die sie von der Adria getrennt ist (siehe S. 218f). Die Inseln sind mit kleinen Fischerdörfern übersät, die erstaunlich abgelegen und abgelöst von Venedig erscheinen. Busse fahren von der Bootshaltestelle in Santa Maria Elisabetta auf dem Lido bis nach Chioggia. Besser ist es jedoch, die Strecke mit einem Leihfahrrad zurückzulegen.

Malamocco war eine der frühesten Siedlungen in der Lagune. Sie wurde 568 (zusammen mit Torcello und Caorle) von Flüchtlingen gegründet, die dem Angriff der Lombarden entkommen waren. Der Ort hieß zunächst Metamauco und war zusammen mit anderen Niederlassungen an der Küste (von Chioggia bis nach Eraclea) eine abgelegene Kolonie des Byzantinischen Reiches.

742 wurde der Sitz der Kolonialregierung von Eraclea nach Malamocco verlegt und blieb dort bis 812. Malamocco war auch die Heimat des »Buono von Malamocco«, eines der beiden mutigen Venezianer, die den Leichnam des heiligen Markus nach Venedig

Caorle, ein friedliches Fischerdorf, ist berühmt für seine Kirche Madonna dell' Angelo, die am Hafen steht

brachten (siehe S. 79). Heute wirkt der Ort ein bisschen verloren, da er nicht länger vom Fischfang lebt und die meisten Einwohner anderswo arbeiten. Aber man kann durch die engen Straßen bummeln oder einen Spaziergang auf den Promenaden an der Lagune oder am offenen Meer machen. Zuweilen hat man Glück und sieht eine Frau vor der Tür sitzen, die nach alter Tradition Spitzen klöppelt. Am zweiten Sonntag im Juli findet beim Fest der Madonna di Marina eine Prozession statt.

Pellestrina scheint am äußersten Ende dieser Wasserwelt zwischen Lagune und See seinem Schicksal überlassen. Das Dorf lebt vom Fischfang, pflegt seine

»Unbezwingbar« hat sich dieser Fischer aus Caorle auf sein Boot geschrieben

pastellfarbenen Häuser und spricht einen eigenen venezianischen Dialekt.

Am ersten Sonntag im August, zum Fest der Madonna dell'Apparazione, erwacht das Dorf zum Leben. Angeblich erschien im Jahr 1726, während eines der zahllosen Kriege gegen die Türken, Maria zwei armen Fischerfrauen. Jedes Jahr feiern die Einheimischen das Ereignis mit Bergen von Muscheln, Musik und Tanz. Von der Lagunenpromenade kann man dabei auch zwei der am heißesten umkämpften Bootsrennen im ganzen Jahr verfolgen. Die Kirche **Santa Maria di San Vito** wurde zur Erinnerung an die wundersame Erscheinung errichtet und 1728 vom Architekten Tirial umgebaut.

Wenn Sie einmal hier sind, dann sollten Sie auch zu der erhöhten Mauer am Meer gehen, um sich die *murazzi* (Verteidigungsanlagen) anzusehen, die zwischen 1744 und 1782 gebaut wurden. Die vier Kilometer lange Reihe von Zinnen aus istrischem Stein wurde nach der Sturmflut von 1966 verstärkt, und vor einigen Jahren hat man an einzelnen Abschnitten Strände angelegt, um Touristen anzulocken.

Die Festlandküste

Dieser Landsaum war das letzte Stück der alten Welt für jene, die in die Lagune flohen. In spätrömischer Zeit verlief durch dieses Gebiet ein wichtiger Handelsweg.

In **Altino** (das römische Altinum, 700 v. Chr.–400 n. Chr.), an der Straße von Venedig nach Triest gelegen, kann man eine seit Langem bestehende archäologische Grabungsstätte besichtigen. Man nimmt an, dass es sich bei der nie überbauten Stadt um eine bedeutende römische Hafenstadt gehandelt hat.

Anschließend kann man das kleine und attraktive **Museum von Altino** besuchen, in dem die Funde ausgestellt sind. Viele der Gegenstände sind Grabbeigaben, denn die Römer hatten die Gewohnheit, ihre Gräber entlang der Straße anzulegen. Diese Straße war mit der Via Annia verbunden, die ostwärts nach

Fisch- und Molluskenzucht sind wichtige Erwerbszweige in der Lagune. Hier, in der Nähe von Pellestrina, arbeiten Fischer an den Muschelrahmen

Aquileia führte. Zwei Wege sind angelegt; im östlichen Teil der Grabungsstätte können Sie zum Teil über die ehemalige Hauptstraße spazieren und einige Mosaiken betrachten, die einst Häuser am Straßenrand schmückten. Hier steht außerdem noch ein alter Schmelzofen. Im nördlichen Teil sind Überreste des alten Stadttors zu sehen, die auf das 1. Jahrhundert v. Chr. datiert werden. Man erreicht Altino entweder per Bus oder Auto.

Am äußersten Ende der Lagune liegt die Stadt **Caorle**. Heute wird sie vom Verkehr kaum berührt, aber zu der Zeit, als Boote das Haupttransportmittel waren, lag sie sehr günstig. Dieser Ort gab der *caorlina*, dem sechsruderigen Boot Venedigs, seinen Namen (siehe S. 62). Der charmante kleine Hafen ist voller Fischerboote, während die Strände von sonnenhungrigen Urlaubern in Beschlag genommen werden.

Der Ort hat seinen ursprünglichen Charakter bewahrt, und die Kirche Madonna dell'Angelo auf halbem Weg den Sandstrand entlang ist sein Wahrzeichen. Der Dom aus dem 11. Jahrhundert besitzt einige schöne Fresken. ∎

Altino
🅰 Karte S. 213 E2

Museum von Altino
✉ Via San Eliodoro 37
☎ 0422 829 008
💲 €
🚌 ATVO-Bus Richtung Jesolo; Haltestellen vor dem Museum

Laguna Veneta

Die Lagune von Venedig ist eines der größten und wichtigsten Wattgebiete Europas. Die seichte Wasserfläche, die 259 Quadratkilometer bedeckt, entstand vor 6000 Jahren zwischen dem Festland und den Barriereinseln. Hier vermischt sich das Wasser der Flüsse Po, Brenta und Sile mit den Gezeitenströmen der Adria, die durch die drei »Hafenöffnungen« bei Chioggia, Malamocco und San Nicolò di Lido eindringen.

Die Lagune ist eine komplexe Welt. Hier gleiten Ruderer auf ihrem *caorlino* durch die ruhige See

Dieses komplexe Ökosystem hat Venedig von seinen frühesten Tagen an ernährt. Schon die ersten Venezianer hatten ein tiefes Verständnis für ihre Abhängigkeit von der Lagune. Die einst ausgedehnten Salzpfannen sind nicht mehr da, aber Fischfang und Fischzucht sind immer noch ein wichtiger Erwerbszweig (siehe S. 22); von besonderer Bedeutung sind *capparossoli* (kleine Muscheln) – ungefähr 30 000 Tonnen pro Jahr werden, wenn auch nicht immer legal, aus dem Meer geholt. Einige Gebiete sind völlig überfischt.

Im Lauf der Jahrhunderte wurde viel an der Lagune gearbeitet. Man vertiefte einige Kanäle und leitete den Po und die Brenta um, da die Flüsse sonst das ganze Gebiet verschlammt hätten.

Im 20. Jahrhundert gingen die Veränderungen weiter, aber nicht alle waren positiv. Die Gezeitenströme unterlagen einem Wandel, was Auswirkungen auf Vögel, Pflanzen und Fische hatte. Dafür gab es mehrere Ursachen: Man hat die Küsten durch Landaufschüttung ausgedehnt; etliche *barene* (sumpfige Inseln) sind verschwunden, weil sie den Wellen, die die Motorboote verursachen, nicht standhielten. (Einige *barene* wurden neu angelegt, andere provisorisch befestigt.) Der tiefe Kanal, durch den Tanker von Malamocco nach Porto Marghera fahren, hat ebenfalls die Gezeiten in der Lagune beeinträchtigt. Hinzugekommen sind potenzielle Gefahren für die Umwelt. Die Verschmutzung durch die Industrien an der Küste hat sich zwar in letzter Zeit verringert, aber trotzdem haben sich Schwermetalle in den Sedimenten abgelagert. In diesen Gebieten ist der Muschelfang verboten, aber einige Fischer setzen sich über das Verbot hinweg.

Für den Naturfreund ist Venedigs Lagune ein reiches Wattenmeer; sie ist die größte Lagune im Mittelmeer und wurde vom World Wildlife Fund zu einem der wichtigsten Schutzgebiete für Zugvögel in Europa erklärt. Hier nisten nahezu alle Arten von Wasservögeln. Bis zu 40 000 Vögel überwintern hier: Pfeifenten, Schellenten, Gänsesäger, Blesshühner, Tafelenten, Kormorane, verschiedene Arten von Reihern und Schwänen und auch die seltenen Moorfalken und Adler.

Trotz städtebaulicher Maßnahmen ist man noch zu keiner Lösung des Hochwasserproblems gekommen. Hochwasser unterschiedlicher Stärke waren immer Teil des Lebens in Venedig, und die Venezianer nahmen sie eher als eine Unannehmlichkeit denn als Gefahr. Im Gezeitenwechsel bedeutet Hochwasser für die Venezianer nur, dass sie zwei Stunden in Stiefeln gehen müssen. Doch 1966 kam es aufgrund ungünstiger Wetterverhältnisse zu einer großen Überschwemmung.

Seitdem hat man die Wohnungen in den Erdgeschossen aufgegeben. Auch benutzt man kein Kerosin mehr, da es 1966, vermischt mit dem Seewasser, mehr Schaden anrichtete als das Salzwasser allein. 2017 soll MOSE in Betrieb gehen, ein aus ökologischer Sicht umstrittenes monumentales Sperrwerk aus knapp 80 Schleusentoren, die bei Hochwasser die Lagune automatisch abriegeln.

Eine sehr viel größere Gefahr als Hochwasser jedoch stellen die Wellen dar, die durch den immer dichter werdenden Motorbootverkehr auf die Stadt und die *barene* einwirken. Studien haben nachgewiesen, dass auf dem Canal Grande alle anderthalb Sekunden eine Welle die Gebäude trifft (siehe S. 15f). An jedem Kanal zeigen sich die Schäden an den Hausfundamenten, und die Eckwände mancher Gebäude mussten vom Wasserspiegel bis zum Dach zusammengeklammert werden, damit sie nicht einstürzten. Die verschiedenen kommerziellen Interessen (Transportunternehmen, Wassertaxis, Touristenboote) haben bis jetzt eine Regulierung des Verkehrs verhindert. Die Venezianer müssen mit sprachlosem Erstaunen sehen, dass ihre so brillant entworfene Stadt, die tausend Jahre überstanden hat, in nur dreißig Jahren in die Knie gezwungen wurde.

Containerkräne in der Lagune

Lebensraum für Bienenfresser

Chioggia

Der von Kanälen durchzogene Ort am südlichen Ende der Lagune ist stolz auf seine Geschichte als unabhängige Stadt. Nie würde er eingestehen, seiner berühmten Nachbarstadt, von der er nach einem Krieg 1378–80 beherrscht wurde, unterlegen zu sein.

Die Basilica di San Domenico wurde 1200 erbaut und mehrmals erneuert

Chioggia

🅰 Karte S. 213 E1

Besucherinformation

✉ Lungomare Adriatico, 101 (Sottomarina)

☎ 041 401 068

Gegründet von den Römern (Fossa Clodia), war Chioggia wichtig genug, um einen eigenen Bischof und eine eigene Regierung zu haben. Aber im Konflikt zwischen Venedig und Genua verlor es im »Krieg von Chioggia« (1378–80) seine Unabhängigkeit und wurde zu einem Vasallenstaat Venedigs.

Der venezianische Dramatiker Carlo Goldoni lebte fünf Jahre in Chioggia; sein Stück *Viel Lärm in Chiozza* gehört zu seinen derberen Komödien. Er beschreibt darin sehr treffend den hitzigen Charakter der Einheimischen.

Heute lebt Chioggia größtenteils vom Fischfang in der Lagune oder auf See. Aber der Tourismus nimmt ständig zu. Die Neustadt, **Sottomarina**, hat über 70 Hotels, von denen viele direkt am Strand liegen. Die Altstadt erinnert dagegen, abgesehen vom Verkehr, sehr an Venedig.

Der **Corso del Popolo**, von den Einheimischen »Piazza« genannt, teilt die Stadt und ist gerade lang genug für einen Bummel. An ihrem Ende, an dem die Fährschiffe anlegen, liegt die **Piazzetta Vigo**. Hier steht auf einer Marmorsäule aus dem 12. Jahrhundert der Löwe von San Marco (1786). Die Venezianer halten das Tier nicht für einen ausgewachsenen Löwen und nennen es sehr zum Unmut der Einheimischen geringschätzig »die Katze von Chioggia«.

In der Kirche **San Domenico** (*Fondamenta San Domenico, Tel. 041 403 526*) hängt das letzte bekannte Bild von Vittore Carpaccio, *Der heilige Paulus*. In einer Seitenkapelle befinden sich einige naive Gemälde von Havarien; es sind Dankopfer von Fischern, die diese Unglücke überlebten.

Der Fischmarkt (*montags geschl.*) ist wie jeder Fischmarkt laut und geschäftig. In den Kanälen der Stadt können Sie immer noch einige *bragozzi* sehen – sie waren die typischen Fischereiboote in Chioggia. Heute werden sie allerdings mit Motoren angetrieben.

Chioggia gehört zu den wichtigsten Zentren des Fischfangs an der Adria

Vor dem Fischmarkt befindet sich das ehemalige Getreidelager (*granaio*). Es wurde 1322 von dem Architekten Matteo Caime erbaut. Die Säulen, Kapitelle und Bogen sind noch erhalten; der Rest wurde 1864 modernisiert.

Gegenüber der Kirche San Giacomo steht das **Haus von Rosalba Carriera**. Der bekannte Maler von fein kolorierten Porträts aus dem 18. Jahrhundert zog nach Venedig um und starb dort in geistiger Umnachtung. In diesem Haus wohnte Carlo Goldoni während seiner Zeit in Chioggia.

Es gibt zwei Möglichkeiten, nach Chioggia zu kommen. Der längere, aber schönere Weg ist der mit Bus Nr. 11 von der Haltestelle Santa Maria Elisabetta auf dem Lido. Sie fahren über die Barriereinseln und überqueren den Hafen von Malamocco mit einer Autofähre. In Pellestrina steigen Sie in ein Vaporetto um, das Sie über den Kanal nach Chioggia zur Piazza Vigo bringt.

Der schnellere, aber weniger eindrucksvolle Weg führt mit dem Bus vom Piazzale Roma in Venedig über das Festland. ■

Die Villen an der Brenta

Wie andere Stadtbewohner wollten auch die Venezianer den Sommer auf dem Land genießen. Im 17. und 18. Jahrhundert errichteten sie Villen an den bewaldeten Ufern eines Nebenarms der Brenta. Diese Landhäuser wurden von bedeutenden Architekten entworfen und gehören zu den schönsten der Welt. Sie geben eine Ahnung davon, wie die Venezianer in den letzten Tagen der Republik ihren Sommerurlaub (zwischen Juni und November) verbrachten.

Die Villa Foscari, »La Malcontenta«, zeigt die Meisterschaft Palladios. Er baute hier eine Mischung aus Villa und Tempel

Mira

🗺 Karte S. 212 D2

Besucher-information

✉ Villa Widmann Foscari, Via Nazionale, Mira

☎ 041 423 258

Das Gebiet zwischen der Lagune und der Stadt Padua im Landesinneren war einst ein Sumpfgelände, das häufig überflutet wurde. Zwischen dem 13. und 15. Jahrhundert fanden hier blutige Schlachten zwischen Venedig und Padua statt. Nach dem Ende der Kämpfe leitete Venedig den Fluss südlich nach Chioggia um. Dadurch wurde das Gebiet zum attraktiven Bauland.

1770 wurde eine Sammlung von Stichen unter dem charmanten Titel »Brenta, fast ein Vorort von Venedig« veröffentlicht. Sie zeigte 70 Villen, die den bedeutendsten Patrizierfamilien der Serenissima gehörten. Ganze Erbschaften wurden für diese Immobilien durchgebracht. Trotz der friedlichen Umgebung war das gesellschaftliche Leben hier kaum weniger hektisch als

Die Villa Widmann Foscari stammt aus dem 15. Jahrhundert. Nach vielen Umbauten ist sie jetzt im französischen Rokokostil gestaltet

in der Stadt. Gäste wie Giacomo Casanova kamen für Wochen her und beteiligten sich an Ausflügen, Picknicks, Glücksspielen, Konzerten, Séancen und Bällen.

Nach dem Ende der Republik waren viele Familien verarmt oder ruiniert, und nicht wenige Paläste wurden verkauft oder dem Verfall überlassen.

Von Venedig aus fährt der *burchiello* die Brenta hinauf nach Padua und hält an einigen der schönsten Landhäuser. Das Boot hat seinen Namen von den großen Kähnen aus dem 18. Jahrhundert, mit denen die Möbel der Patrizierfamilien zu den Sommerhäusern gebracht wurden (*Infos unter*

www.ilburchiello.it). Sie können auch über die unromantische Autobahn SS11 in diese Gegend fahren, was den Vorteil hat, dass Sie Ihre individuelle Reiseroute zusammenstellen können. Der Bus fährt vom Piazzale Roma ab.

Nicht alle Villen werden noch bewohnt, und noch weniger können besichtigt werden. Wenn Sie sich für die Landhäuser interessieren, kann Sie die Touristeninformation in **Mira** mit dem nötigen Material versorgen.

Die **Villa Foscari**, genannt »La Malcontenta«, ist ein klassischer Tempel, der an einem Flussufer errichtet wurde. Sie ist eines

Villa Foscari

🅰 Karte S. 212 D2

✉ Via dei Turisti 9, Malcontenta

☎ 041 520 3966

🕐 Geöffnet Mai–Ende Okt. Di & Sa vormittags

💲 €€

🚌 ACTV-Bus Nr. 53 bis Padua

Villa Widmann Foscari

🅰 Karte S. 212
   D1 & D2

✉ Via Nazionale
   420, Mira Porte

☎ 041 560 0690

$ €€

🚌 ACTV-Bus
   Nr. 53
   bis Padua

Einer der prunkvollen Räume in der Villa Pisani. Die Bilder zeigen Zentauren und Nymphen in klassischer Landschaft

der bekanntesten und viel bewunderten Werke von Palladio, dem bedeutendsten venezianischen Baumeister des 16. Jahrhunderts und einem der größten in der Geschichte der westlichen Architektur. Manche haben diese Villa gar als das schönste Haus der Welt bezeichnet. Es wurde 1559 für die Brüder Alvise und Nicolò Foscari errichtet und bekam den Spitznamen Malcontenta angeblich von einer der melancholischen Damen der Familie Foscari, die wegen Ehebruchs hierher verbannt wurde. Wahrscheinlicher ist aber, dass sich der Name auf Proteste über die Grabung eines neuen Kanalbetts im 15. Jahrhundert bezieht (oder auf die Unzufriedenheit der Bauern über häufige Überschwemmungen).

Palladio war stark von den Bauten des klassischen Roms beeinflusst. In diesem Haus erinnert die Haupthalle an die Thermalbäder jener Epoche. Die drei Bogenfenster werden daher auch »Thermenfenster« genannt. Die Fresken stammen von Battista Franco und Giovanni Battista Zelotti und zeigen Szenen aus der Mythologie. Die Fresken in der zentralen Halle stellen dagegen Szenen aus Ovids *Metamorphosen* dar.

Die **Villa Widmann Foscari** war ein ursprünglich einstöckiges Landhaus. Der Palast wurde von einer Reihe patrizischer Eigentümer bis 1759 immer wieder umgebaut. Das oberste Stockwerk mit seiner Kreuzform und dem Tonnendach war dabei für Venedig äußerst ungewöhnlich. Der sehr hohe Ballsaal im Inneren weist eine Balustrade aus Schmiedeeisen und Messing auf sowie goldene und wei-

Mit ihren 114 Zimmern ist die Villa Pisani in Strà die »Königin« unter den Landhäusern an der Brenta. Sie war früher im Besitz verschiedener Königshäuser

ße Stuckdekorationen, die im Rokoko des 18. Jahrhunderts sehr beliebt waren.

Die **Villa Barchessa Valmarana** wurde im 19. Jahrhundert abgerissen, weil die Familie keine Steuern bezahlen wollte. Übrig geblieben sind nur die beiden *barchesse*, die ursprünglich als Getreidekammer und Bootshaus dienten. Im 17. Jahrhundert wurden sie dann zu Gästehäusern umgebaut. Das originale Mobiliar ist noch vorhanden, und die Deckenfresken zeigen ironischerweise die Apotheose der Familie Valmarana. Die andere *barchessa* ist heute im Privatbesitz.

Die **Villa Pisani »La Nazionale«** erinnert in ihren Ausmaßen und in der Gestaltung eher an Versailles als an ein Landhaus.

Napoleon kaufte die Villa 1807 von der Familie Pisani. Hier trafen sich auch Hitler und Mussolini 1939 zum ersten Mal.

Als Alvise Pisani 1735 zum Dogen gewählt wurde, beauftragte die unglaublich reiche Familie den Architekten Girolamo Frigimelica aus Padua mit dem Bau der Villa. 1760 waren die Arbeiten abgeschlossen. Die luxuriösen Möbel sind längst verschwunden, was den Räumen eine fröstelnde Atmosphäre verleiht. Aber die Fresken strahlen immer noch, ganz besonders die *Verherrlichung der Familie Pisani* im Ballsaal. Es war 1762 die letzte Arbeit des 73-jährigen Giambattista Tiepolo. Im weitläufigen Park gibt es einen Irrgarten und Ställe. ■

Villa Barchessa Valmarana

🅐 Karte S. 212 D2

✉ Via Nazionale, Mira Porte

☎ 041 426 6387

🕐 Mo geschl.

💲 €€

🚌 ACTV-Bus Nr. 53 bis Padua

Villa Pisani »La Nazionale«

🅐 Karte S. 212 D1 & D2

✉ Via Doge Pisani 7, Strà

☎ 049 502 074

🕐 Mo geschl.

💲 €€

🚌 ACTV-Bus Nr. 53 bis Padua

Padua

Padua, das früher von der Brenta umflossen wurde, ist bekannt für seine Universität, eine der ältesten und angesehensten Europas (1222 gegründet), außerdem für die Scrovegni-Kapelle mit einem der schönsten Freskenzyklen der Welt und für seine Basilika, die dem heiligen Antonius geweiht ist.

Paduas Schutzheiliger ist Antonius. Gleich nach dem Tod des Mönchs wurde mit dem Bau der schönen Basilika (1231) begonnen

Padova (Padua)

Karte S. 212 D1

Padua wurde 1186 v. Chr. gegründet und 45 v. Chr. ein römisches *municipium*. Früher wehrte sich die Stadt hartnäckig gegen die venezianischen Expansionsbestrebungen, aber 1406 unterlag sie politisch, wenn auch nicht im Geist, seiner Rivalin. Aufgrund ihrer berühmten Universität wird die Stadt in einem Vers als »gran dottori« bezeichnet.

Die Universität und Paduas Bedeutung als Handelszentrum zogen viele Juden an; die Hochschule war die erste in Europa, die

Juden zum Medizinstudium zuließ. Auch in Padua mussten sie in einem Getto wohnen, von dem heute nur wenige Spuren vorhanden sind.

Die Stadt zog die bedeutendsten Köpfe ihrer Zeit an: Dante, Petrarca, Giotto, Donatello und Mantegna weilten oft in Padua. Galileo führte hier einige seiner Experimente durch.

Nur eine halbe Stunde von Venedig entfernt, lohnt ein Tagesausflug, zumal die Hauptsehenswürdigkeiten vom Bahnhof aus zu Fuß zu erreichen sind.

Giottos Freskenzyklus in der Kapelle der Familie Scrovegni ist ein Meilenstein in der Kunstgeschichte

Die **Scrovegni-Kapelle** enthält eines der größten Werke der westlichen Kunst. In seinen Fresken griff Giotto auf die alte byzantinisch-gotische Tradition zurück und interpretierte sie neu. Der Zyklus (1303–05) strahlt von den Wänden der Scrovegni-Kapelle, die zu einem Palast der Familie gehörte, der 1827 abgerissen wurde. Die Szenen zeigen Ereignisse aus dem Leben von Jesus und Maria. Man erkennt den revolutionären Schritt zu einer realistischen Darstellung von Menschen und ihrem Verhalten. Plötzlich konnte man Emotionen abbilden, und selbst 700 Jahre später hinterlassen die Bilder einen tiefen Eindruck.

Achten Sie – zwischen all dem Glanz – besonders auf die Szenen, die menschliche Begegnungen darstellen: Marias Eltern, Joachim und Anna, umarmen sich am Stadttor; Judas küsst Jesus und verrät ihn; die vielen Personen im Hintergrund und die verzweifelten Engel über dem Kreuz, die ihre Gewänder zerreißen und die Hände vors Gesicht schlagen. Nichts dergleichen wurde vor Giotto gedacht, geschweige denn gemalt.

Die steigende Besucherzahl bedeutet eine ernsthafte Bedrohung für die Fresken. Der Seiteneingang (ursprünglich der Zugang zum Palast) ist nun eine Art Quarantäneschleuse; sie soll verhindern, dass Schmutz oder Temperaturschwankungen das Innere der Kapelle zerstören. Außerdem sind die Zahl der Besucher und die Verweildauer in der Kapelle begrenzt.

Der heilige Antonius von Padua hat die Lilie als Symbol; er hilft, verlorene Gegenstände wiederzufinden, und gilt als ein Beschützer in vielen Lebenslagen, wie die zahlreichen Gaben und Danksagungen beweisen.

Die **Basilica di Sant' Antonio** (allgemein bekannt als die Basilica del Santo oder Il Santo) ist eine der großen Pilgerstätten der Welt. Der Franziskanermönch wurde 1195 in Lissabon geboren und starb 1231 in Padua. Schon zu Lebzeiten wurde er geliebt und vor allem wegen seiner Predigten gegen

Scrovegni-Kapelle

✉ Piazza Eremitani 8
☎ 049 201 0020
🕐 Nach Voranmeldung
💲 €€€

Auf dem Prato della Valle fanden früher Tiermärkte statt.
Heute umrundet ein kleiner Kanal den Platz

**Basilica di
Sant'Antonio**

✉ Piazza del Santo

☎ 049 822 5652

**Orto Botanico
(Botanischer
Garten)**

✉ Via Orto
Botanico 15

☎ 049 201 0222

den Wucher geschätzt. Auch einige Wunder werden ihm zugeschrieben. Schon ein Jahr nach seinem Tod wurde er heiliggesprochen, und bald darauf begann man mit dem Bau der Kirche. Das fabelhaft verzierte Gebäude, mehr barock als gotisch, ist voller Kunstwerke und Reliquien. Die Reliquien des Heiligen sind in der Cappella dell' Arca aufgebahrt, die anderer Heiliger in der Capella del Tresoro.

Jeden Tag strömen Gläubige mit ihren Bitten in die **Capella dell'Arca** und legen damit Zeugnis für die Popularität des Heiligen ab. Beachten Sie die neun wunderschönen Basreliefs aus Marmor, die Ereignisse aus Antonius' Leben darstellen. Sie wurden von den zwei Renaissancemeistern Tullio Lombardo und Jacopo Sansovino geschaffen. Das vierte Relief zeigt Sansovinos *Wunder der Jungfrau Carilla* (1562). Es wurde als »unübertroffenes Meisterwerk der Hochrenaissance« bezeichnet. Das siebte Re-

lief trägt den Titel *Wunder vom Herzen des Geizigen* und ist eines von Lombardos stärksten Werken.

Draußen auf der Piazza steht Donatellos bronzene Reiterstatue des Söldnerführers Erasmo da Narni (1443–53), genannt **Gattamelata**. Sie gilt neben Verrochios Statue von Colleoni auf dem Campo Santi Giovanni e Paolo in Venedig (siehe S. 105) als Italiens bedeutendstes Reiterstandbild der Renaissance.

Der **Orto Botanico** wurde 1545 auf Geheiß der venezianischen Regierung angelegt. Er war der erste botanische Garten in Europa und repräsentiert 400 Jahre Pflege und Arbeit. Die medizinische Fakultät zog ihren Nutzen aus seinem reichhaltigen Angebot an Heilpflanzen. Diese werden immer noch nach dem ursprünglichen Entwurf kreisförmig innerhalb eines Vierecks angelegt – wie der Grundriss eines klassischen Tempels. Die Palme wurde 1585 gepflanzt und steht noch genauso da wie 1786, als sie Goethe anregte, seine Reflexionen über die Metamorphose der Pflanzen niederzuschreiben.

Es gibt noch andere Sehenswürdigkeiten in Padua, darunter den **Prato della Valle**. Mit seinen 90 000 Quadratmetern ist er Europas größter Platz aus dem 18. Jahrhundert. ∎

Vicenza

Der berühmteste Sohn der Stadt, der Renaissance-Architekt Andrea Palladio, und das Goldschmiedehandwerk haben Vicenza bekannt gemacht. Die Stadt hat mit ihren Flüssen und den Berici-Hügeln eine wunderschöne Umgebung.

Handwerker zeigen auf der Piazza dei Signori ihre Kunst und ziehen Neugierige an – das alles unter den wachsamen Blicken des Löwen von San Marco

Wie Padua war auch Vicenza eine römische Stadt, die von Venedig erobert wurde (1404). Die Stadt nahm das allerdings nicht mit Würde hin, da sie schon zweimal zuvor von ihrem früheren Verbündeten, dem Heiligen Römischen Reich, geplündert worden war. Das mag der Ursprung der venezianischen Redensart »Vicentini mangia gatti« (Die Leute von Vicenza essen Katzen) sein. Dabei ist doch zweifellos das berühmteste Gericht der Stadt der salzige Kabeljau – *baccalà alla Vicentina*.

Als ein Zentrum der Textilherstellung war die Stadt schon lange wohlhabend und die Aristokratie stolz darauf, dass Vicenza fast so viele Paläste hatte wie Venedig. Es verdankt diese Prosperität weiterhin der Textilindustrie, aber auch Hightech-Firmen, die sich hier niedergelassen haben. Palladio ist dabei längst nicht Vicenzas einziger berühmter Name. **Antonio Pigafetta** war einer der 21 Heimkehrer von Magellans Reise um die Welt (1519–22); sein gotisches Haus

Vicenza

🅰 Karte S. 212 C2

Basilica

✉ Piazza dei Signori

☎ 044 432 3681

🕐 Mo geschl.

Der Kanaleingang zum Bootshaus (*barchessa*) der Villa Valmarana

steht in der Via Pigafetta 5, gleich hinter der Piazza delle Erbe.

Zu den wichtigsten Sehenswürdigkeiten zählen die **Piazza dei Signori**, der gotische **Dom** (der nach der Zerstörung im Zweiten Weltkrieg wieder aufgebaut wurde) und die Dominikanerkirche **Santa Corona** (1261) mit ihren Gemälden *Die Anbetung der drei Weisen* (1573) von Veronese und *Die Taufe Christi* (1501) von Giovanni Bellini. Die anderen Stätten stehen in Verbindung zu Palladio, der in der Stadt allgegenwärtig ist. Der Architekt baute elf Paläste und öffentliche Gebäude in der Stadt und wei-

tere im Umland und im ganzen Veneto. Zu seinen Meisterwerken zählt die sogenannte **Basilika**. Sie war sein erster öffentlicher Auftrag und sein einziges Haus, das nur aus Stein gebaut ist. Eigentlich ist es gar kein Gebäude, denn es handelt sich bei der Basilika um eine Fassade um den Palazzo della Ragione (15. Jh.).

Andere Bauwerke Palladios sind die unvollendete **Loggia del Capitaniato** (1571/72) an der Piazza Signori, die **Casa Civena** (1540–46) an der Viale Eretenio, der **Palazzo Chiericati** (1551 begonnen), der heute das **Museo Civico** beherbergt (mit Bildern einheimischer Künstler und mit Werken von Tintoretto, Tiepolo, Veronese und Giovanni Bellini) sowie das **Teatro Olimpico**, das sein letztes und in mancher Hinsicht interessantestes Werk ist. In der Straße Contrà Porti stammen die Paläste Nr. 11, 12 und 21 ebenfalls von Andrea Palladio.

Zwei weitere Sehenswürdigkeiten, die sich ein wenig außerhalb der Innenstadt befinden, können Sie zu Fuß erreichen. Da ist zunächst die **Villa Valmarana ai Nani**, die wegen ihres Skpulturenschmucks »Villa der Zwerge« genannt wird. Sie ist ein nüchterner Bau aus dem 18. Jahrhundert, aber die Ausschmückung der Räume ist exquisit. Sie reicht von

Palladios »La Rotonda« am Stadtrand von Vicenza verkörpert das Architekturideal der Renaissance

Darstellungen mythologischer Helden und Götter von Giambattista Tiepolo bis zu eher häuslichen Vignetten mit Szenen aus dem Landleben von dessen Sohn Giandomenico. Die andere Attraktion ist **La Rotonda** (1566), Palladios berühmte Villa, die viele Bauwerke in England und Frankreich als Vorbild inspirierte. Das Gebäude diente keinem praktischen Nutzen, sondern allein der Zerstreuung. Der Grundriss – ein Kreis über Quadraten und Rechtecken – verschlägt noch heute Architekturstudenten den Atem. ∎

La Rotonda

- Karte S. 212 C2
- Via della Rotonda 45
- 0444 321 793
- Villa geschl. außer Mi & Sa; Anlagen Mo geschl.
- €

Palladio und seine Villen

Es herrscht Einigkeit darüber, dass Andrea di Pietro della Gondola, genannt Palladio, eines der großen Genies der Architektur war. Mit brillantem Ideenreichtum und profundem ästhetischem Einfühlungsvermögen eignete er sich die klassischen Formen an, die er in Rom studiert hatte. Seine Paläste, Villen und Kirchen spiegeln diese Adaption in einzigartiger Weise wider. Palladio steht nicht nur für einen Stil, sondern auch für sublime Kunstfertigkeit. 1508 wurde Palladio in Padua geboren; mit 16 ging er nach Venedig, um eine Lehre als Steinmetz anzutreten. 14 Jahre später befreundete er sich mit dem Prinzen Giangiorgio Trissino, dem er seinen klassischen Künstlernamen und eine adäquate Ausbildung verdankte. Seine Werke prägten den Stil der Epoche, und sein Name ist ein Synonym für ausgewogene Eleganz. Palladios Genie wurde schon früh gewürdigt. Als er 1580 starb, hinterließ er Entwürfe und begonnene Arbeiten, die von seinen Nachfolgern vollendet wurden.

Verona

Verona war immer reich, berühmt und schön. Es verdankt dies seiner Lage: Die Stadt verbindet die Straßen von Mittelitalien nordwärts nach Österreich und Deutschland und ostwärts nach Venedig und Triest. Sie wurde im 1. Jahrhundert v. Chr. gegründet und im 8. Jahrhundert zum Königssitz des fränkischen Herrschers Pippins des Kleinen.

Von den zahlreichen Cafés und Lokalen an der weit geschwungenen Piazza Bra hat man einen grandiosen Blick auf Veronas Wahrzeichen: die Arena di Verona

Verona
🅼 Karte S. 212 B2

San Zeno Maggiore
✉ Piazza San Zeno 2
☎ 045 592 813
💲 €

Giusti-Gärten
✉ Via Giardini Giusti 2
☎ 045 803 4029
💲 €€

Im 11. Jahrhundert litt der unabhängige Stadtstaat unter den Rivalitäten der Familien, die sehr viel später in *Romeo und Julia* dargestellt wurden. Doch unter der Herrschaft der Familie Della Scala, der Scaliger (1262–1387), erlebte Verona seine größte Blütezeit und Machtentfaltung. Die Scaliger waren Despoten, aber auch Mäzene. Cangrande I. gewährte Dante, der aus Florenz geflohen war, Asyl. Der Dichter widmete ihm das »Paradiso« in seiner *Göttlichen Komödie*.

1404 fiel Verona wie die Nachbarstädte unter Venedigs Herrschaft (auf der Piazza delle Erbe steht der geflügelte Löwe auf einem Piedestal). Das Schicksal der Stadt war in der Folgezeit an das Venedigs gebunden: 1797 fiel sie an die Franzosen, später an die Österreicher, und 1866 wurde sie ebenfalls Teil des vereinten Italien.

Bei einem nur kurzen Besuch kann man nicht alle Sehenswürdigkeiten besichtigen, aber auf jeden Fall sollten Sie sich die etwas abseits des Stadtzentrums gelegene Kirche **San Zeno Maggiore** anschauen, die als eine der bedeutendsten romanischen Kirchen Europas gilt. Das Triptychon über dem Hochaltar stammt von Andrea Mantegna (1457–59). Das erste bedeutende Renaissancegemälde in Verona befindet sich immer noch in seinem ursprünglichen Rahmen. In der Kapelle links vom Hochaltar ist die kleine bemalte Marmorstatue des *lachenden San Zeno* (14. Jh.) zu sehen. Die kleinen, aber sehr schönen **Giusti-Gärten** liegen etwas versteckt. Sie repräsentieren mit ihren Statuen einen typischen Renaissancegarten.

Das unsterbliche tragische Liebespaar Romeo und Julia genießt man besser im Theater als in Verona. 1530 wurde die Geschichte zuerst von einem venezianischen Edelmann namens Luigi da Porto niedergeschrieben. Zwar gab es die Capulets und Montagues wirklich, aber sie lebten in der Nähe von Vicenza friedlich nebeneinander. »Julias Haus« in Verona war vermutlich eine Gaststätte, und »Julias Balkon« wurde erst 1928 angefügt.

Im Herzen von Veronas historischem Zentrum liegt die große, weitläufige **Piazza Bra**, gerade noch innerhalb der Stadtmauern aus dem 16. Jahrhundert. Von dem Platz gehen alle Straßen aus, und zwar genau nach dem Plan, den die Römer nach einem Dekret des Kaisers Augustus entworfen hatten. An der südlichen und westlichen Seite stehen Verwaltungsgebäude aus dem 19. Jahrhundert, an der Nordseite Cafés und Restaurants. Die Via Mazzini ist eine Geschäftsstraße; eine Fußgängerzone führt Sie zur Piazza delle Erbe (siehe S. 234).

Über die Via dei Alpini kommen Sie direkt zum Castelvecchio, dem alten Stadtschloss.

Im Teatro Romano werden oft Stücke von Shakespeare gespielt

Die **Arena di Verona** wurde um 30 v. Chr. beendet und ist eines der besterhaltenen Amphitheater Europas. Auf ihren 44 Reihen finden 22 000 Zuschauer Platz. Die Arena hat in ihrer langen Geschichte schon

Die Piazza delle Erbe ist der zentrale Marktplatz in Verona, seit römischen Zeiten

Arena di Verona
✉ Piazza Bra
☎ 045 800 3204 oder 045 800 5151 (Tickets)
$ €€

Castelvecchio
✉ Corso Castelvecchio 2
☎ 045 806 2611
$ €€

Palazzo del Comune
🕑 Mo geschl.

Gladiatorenkämpfe, öffentliche Exekutionen, Jahrmärkte, Turniere und Stierkämpfe gesehen. Seit 1913 findet hier jeden Sommer ein Opernfestival statt.

Cangrande II. ließ zwischen 1354 und 1356 das **Castelvecchio** errichten; es ist heute ein Museum. Die Werke von Mantegna, Veronese, Tintoretto, Canaletto und vielen Künstlern aus Verona sind nicht weniger eindrucksvoll als das Bauwerk selbst. Die Brücke über den Fluss Adige (Etsch) wurde nach ihrer Zerstörung im Zweiten Weltkrieg durch deutsche Bomben wieder aufgebaut.

Ursprünglich war die attraktive **Piazza delle Erbe** das Forum der römischen Stadt, und in mancher Hinsicht ist sie immer noch das Zentrum Veronas. Die würdige Statue der *Madonna*

Verona wurde 1368 aufgestellt; der Marmorbrunnen zu ihren Füßen stammt aus römischer Zeit. Der Löwe von San Marco auf der Säule ist eine Kopie. Das Original wurde 1797 bei Napoleons Einmarsch zerstört.

Wenn Sie durch die Passage beim Palazzo degli Scaligeri gehen, kommen Sie zu den **Arche Scaligeri**, den Grabstätten der Scaliger-Herrscher. Sie gehören zu den besterhaltenen mittelalterlichen Bauwerken ihrer Art in Italien. Die kleine angeschlossene Kirche **Santa Maria Antica** (12. Jh.) wurde restauriert.

Die **Piazza dei Signori**, gleich neben der Piazza delle Erbe, war im Mittelalter das Zentrum der Stadt und wird vom **Palazzo del Comune** aus dem 12. Jahrhundert geprägt. Die Eingangstore des Palazzo dei Tribunali (Gerichte) wurden von Sanmicheli entworfen; in der Loggia del Consiglio aus der Renaissance treten die Stadträte zusammen, und am äußersten Ende des Platzes befindet sich der Palazzo del Governo (13. Jh.), der früher die Residenz der Scaliger war. Vom **Torre dei Lamberti** (Aufzug) genießt man einen fantastischen Blick über Verona.

Trotz ihrer Bedeutung als modernes Zentrum der Region hat die Stadt sorgfältig ihren historischen Charakter bewahrt. ■

Reise-
informationen

Mit Rollern durch Chioggia

REISEINFORMATIONEN

REISEPLANUNG

Reisezeit

Früher kamen die Touristen hauptsächlich im Sommer. Heute ist Venedig ganzjährig ein beliebtes Reiseziel, auch wenn die Touristenzahlen im Winter etwas abnehmen (Nov.–März). Viele wichtige Kulturereignisse finden gerade von Oktober bis April statt. Es gibt Zeiten, in denen Hotels Monate im Voraus ausgebucht sind. Die beliebteste Zeit ist der Karneval (Feb./März), aber Sie sollten auch früh buchen, wenn Sie zur Zeit der Biennale (ungerade Jahre, Juni–Nov.) oder zum Vogalonga-Wochenende (unterschiedliche Zeiten im Mai) anreisen. Ende August/Anfang September ist wegen des Filmfestivals von Venedig, der Regata Storica und der Verleihung des Campiello-Literaturpreises ebenfalls eine lebhafte Zeit. Im Oktober sind Hotelzimmer wegen mehrerer Messen knapp.

Museen haben in der Regel das ganze Jahr geöffnet, obwohl einzelne auch geschlossen sein können (etwa wegen Renovierungsarbeiten). Einige haben im Winter kürzere Öffnungszeiten. Sie sollten das vor Ihrem Besuch überprüfen. Hotels schließen manchmal im Winter und öffnen nur für den Karneval.

Obwohl das Wetter im August überraschend gut sein kann, ist dieser Monat keinesfalls die beste Reisezeit, weil er der italienische Urlaubsmonat ist und die Einheimischen in Scharen in die Berge strömen. Folglich ändert sich der Charakter der Stadt, die nun vor allem von Touristen bevölkert wird.

Der Eindruck einer gewissen Leere trotz der Menschenmengen wird dadurch verstärkt, dass viele Geschäfte in dieser Zeit schließen.

Die »beste« Reisezeit hängt also von mehreren Kriterien ab: Mai und September sind die schönsten Monate, es ist aber voll; im Winter trifft man zwar auf weniger Touristen, und es gibt eine Reihe interessanter Veranstaltungen, aber dafür auch Nebel, Regen, Kälte und frühe Dunkelheit.

Klima

In Venedig kann es im Sommer sehr heiß und schwül und im Winter recht kalt werden, während Frühling und Herbst wunderschön sein können. Hohe Luftfeuchtigkeit kann das Gefühl von Hitze oder Kälte verstärken. Es schneit nur selten, aber es gibt Nebel und Regen. Auf der anderen Seite erlebt man auch helle, klare und ruhige Wintertage, ebenso wie trockene und luftige Sommertage. Klimaanlagen sind nicht sonderlich verbreitet, Mücken manchmal schon.

Das bekannte *acqua alta* (Hochwasser; es handelt sich nicht um eine Überschwemmung, sondern um die Flut) kann zwischen September und März Probleme bereiten. In manchen Jahren ist es häufig, in anderen Jahren tritt es überhaupt nicht auf. In gefährdeten Gebieten sind erhöhte Gehwege aufgebaut. Gehen Sie vorsichtig, weil es hier voll werden kann. Am besten besorgen Sie sich ein Paar leichte Gummistiefel, die bis zum Knie reichen und ohne große Unbequemlichkeit Mobilität ermöglichen. Man bekommt sie vor Ort. In jedem

Falle wechseln die Gezeiten alle sechs Stunden, sodass es nie einen ganzen Tag dauert. Über die aktuelle Hochwassersituation kann man sich auf der Website *www.comune.venezia.it/maree* informieren.

Durchschnittstemperaturen in Venedig:
Frühling (März–Mai)
16 Grad
Sommer (Juni–Aug.)
26 Grad
Herbst (Sept.–Nov.) 13 Grad
Winter (Dez.–Feb.) 2 Grad

In den letzten Jahren hat sich das Wetter in Europa allerdings verändert. Dieser Trend scheint anzudauern. In jedem Fall ist der Winter in Venedig feuchter als der Sommer, obwohl die Niederschlagsmenge von Jahr zu Jahr variiert. Sie sollten darauf vorbereitet sein.

Nicht vergessen

In Venedig herrscht eine ungezwungene Atmosphäre, und doch gibt man sich gern elegant. Attraktive, ja sogar Designer-Freizeitbekleidung reicht außer bei besonders formellen Gelegenheiten aus. In sehr guten Restaurants benötigen Männer Jackett und Krawatte.

Ein leichter Regenmantel und ein Pullover oder eine Stola gegen die abendliche Brise sind außer in den besonders kalten Monaten sehr nützlich. Im Winter können sich leichte Thermo-Unterwäsche, eine Mütze und ein Schal als segensreich erweisen. Bequeme Laufschuhe sind unerlässlich. Frauen müssen heute nicht mehr ihren Kopf bedecken, wenn sie eine Kirche betreten, aber von Männern wird erwartet, dass sie Hut oder Kappe abnehmen. Türsteher und Geistliche können bei zu kurzer Kleidung und nackter Haut sehr streng werden. Ein großer leichter Schal ist für solche Gelegenheiten praktisch.

Der Sommer kann sehr heiß sein, weshalb luftige Kleidung angebracht ist. Die Venezianer sind jedoch sehr stolz auf ihre Stadt und sehen es überhaupt nicht gern, wenn man die Stadt der Dogen mit einem Strand verwechselt und barfuß und spärlich gekleidet herumspaziert. Man hat Verständnis für Bequemlichkeit, erwartet aber Respekt.

Vergessen Sie nicht die wichtigen Dinge: Ihren Pass oder Personalausweis, Führerschein (wenn Sie für Ausflüge einen Wagen mieten möchten), Versicherungsdokumente wie die Krankenversichertenkarte, Ihre EC-Karte oder aber eine Kreditkarte, mit der man vielerorts bezahlen kann.

Versicherungen
Sorgen Sie für ausreichenden Krankenversicherungsschutz inklusive Spesen und Rücktransport ins Heimatland. Mit der Europäischen Krankenversicherungskarte (EHIC) können gesetzlich Versicherte einen Arzt, ein Krankenhaus und einen Zahnarzt konsultieren. Die Konsulate haben eine Liste mit deutschsprachigen Ärzten. Versichern Sie sich auch gegen den Verlust von Gepäck.

Reisedokumente
Für Besucher aus der EU reichen ein gültiger Reisepass oder Personalausweis aus, ebenso der heimische Führerschein, wenn Sie Auto fahren möchten. Falls Sie mit dem eigenen Wagen anreisen, benötigen Sie auch eine grüne Versicherungskarte.

ANREISE
Mit dem Flugzeug
Airlines
Alitalia, www.alitalia.com
KLM, www.klm.com
Lufthansa, www.lufthansa.com
Swiss Air, www.swiss.com
Austrian Airlines, www.austrian.com

Venedig wird von zahlreichen Flughäfen in Deutschland, Österreich und der Schweiz direkt angeflogen, und es gibt noch mehr Verbindungen über Rom und Mailand. Beachten Sie hierbei nicht nur Preise und Flugpläne, sondern auch, dass man eventuell die Terminals wechseln und Kontrollen passieren muss (nicht aber sein Gepäck abholen), was zeitraubend sein kann. Planen Sie hierfür genug Zeit ein – eine Stunde reicht nicht aus, auch wenn offizielle Informationen etwas anderes sagen.

Mittlerweile fliegen auch zahlreiche Billig-Airlines nach Venedig. Wer im Internet sucht, findet günstige Flüge etwa von Germanwings (www.germanwings.com), Air Berlin (www.airberlin.com) und Ryanair (www.ryanair.com), Letztere fliegen allerdings nicht den Flughafen Marco Polo, sondern den etwas nördlich gelegenen Airport Treviso an.

Flughäfen
Marco Polo, Via Galilei, 30 Tessera, Tel. 041 260 6111, www.veniceairport.it. Venedigs Flughafen fertigt mit über 9 Millionen Passagieren pro Jahr die drittmeisten Flüge in Italien ab. Pläne zum Ausbau des Flughafens sehen nicht nur eine Anbindung an die Bahn und das S-Bahn-Netz vor, sondern

mit einer weiteren Start- und Landebahn auch die Verdopplung der Passagierzahlen. (Ein weiterer Flughafen ist der 35 km nördlich gelegene, kleinere Treviso Airport, www.trevisoairport.it, der von Billigfliegern wie Ryanair angeflogen wird.) Es gibt mehrere Möglichkeiten, Venedig vom Flughafen aus zu erreichen.

Fahrt vom Flughafen per Taxi & Bus
Taxis mit Taxametern stehen draußen am Straßenrand und fahren Sie zum Piazzale Roma (Tel. 041 5964, Durchschnittspreis 25 €, abhängig vom Verkehr).

Außerdem fahren zwei Busgesellschaften zum Piazzale Roma: Der Venice Airport Shuttle von ATVO kostet 8 € pro Person (Tickets bekommt man an den Automaten an der Gepäckausgabe oder am ATVO-Schalter in der Ankunftshalle des Flughafens). Die Busse fahren jede halbe Stunde. Den Fahrplan finden Sie an dem Schild an der Haltestelle am Straßenrand. Auch die ACTV-Busse – Linie 5-AeroBus – fahren alle 30 Minuten. Die Tickets kosten ebenfalls 8 € pro Person, hin und zurück 15 €. Die Busse warten am Ausgang B. Die Fahrkarten erhält man entweder an den Automaten an der Gepäckausgabe, an den Schaltern von Venezia Unica in der Ankunftshalle oder an den Automaten an der Bushaltestelle. Alternativ kann man sie vorher online bestellen (www.veneziaunica.it).

Beim Einsteigen müssen Sie Ihren Fahrschein in einer der kleinen gelben Maschinen vorne und hinten im Bus entwerten. Sie können von einem Kontrolleur nach Ihrer Fahrkarte gefragt werden. Wenn Sie keine haben oder

Ihre nicht entwertet haben, müssen Sie auf der Stelle eine Strafe zahlen.

Die Busse sind günstig und schnell. Sie erreichen den Piazzale Roma in rund 20 Minuten. Von hier aus müssen Sie zu Ihrem Hotel laufen oder ein Vaporetto nehmen, was Zeit gegebenenfalls kostet und aufwendig ist.

Fahrt vom Flughafen per Wassertaxi & Boot

Private Wassertaxis können außerhalb der Ankunftszone gemietet werden (um 110 € in bar für 1–6 Personen für die Fahrt bis zum Hotel). Wenn Sie in einem guten Hotel logieren, könnte es ein eigenes Boot unterhalten. Man kann ein Wassertaxi vor Ort buchen oder aber reservieren (Infos und Adressen unter www.veniceairport.it/en/ transport/motorboat.html). Es gibt auch mehrere Boote/ Linien von Alilaguna (Tel. 041 296 0381, www.alilaguna.it), zum Beispiel mit folgenden Haltestellen: Murano, Lido, Arsenale, San Marco, Zattere. Eine andere Strecke führt über die Fondamenta Nuove und die Riva degli Schiavoni. Das Boot der Linea Blu fährt um 6.15, 7.15, 8.15, 9 Uhr und dann alle 30 Minuten bis 20.30 Uhr, dann stündlich bis 23.30, letzte Fahrt 0.15 Uhr. Der Fahrpreis bis Venedig beträgt 15 €, hin und zurück 27 €. Wer eine Venezia Unica/IMOB-Karte besitzt, zahlt für die einfache Fahrt nur 8 €.

Mit der Bahn

Venedig ist leicht mit dem Zug zu erreichen, die Fahrtzeit beträgt etwa 13 Stunden von Frankfurt/Main. Angenehm sind die Nachtzüge mit Liege- und Schlafwagenabteilen (www.bahn.de).

Achten Sie darauf, dass der Ankunftsbahnhof mit »Venezia S.L.« (Santa Lucia) angegeben ist, weil manche Züge, die offiziell nach Venedig fahren, tatsächlich in Mestre auf dem Festland enden, sodass Sie für die kurze Strecke nach Venedig noch einmal umsteigen müssen. Fahrpläne, Ticketpreise und weitere Informationen erhalten Sie unter www.trenitalia. com. Tagestouristen haben die Möglichkeit, am Bahnhof ihr Gepäck einzuschließen; Preis: 6 € für die ersten fünf Stunden, dann 0,90 € für jede weitere Stunde.

Der Interrail-Pass gilt für Italiens Züge auf einem Streckennetz von 6000 Kilometern wie auch für Verbindungen zwischen Italien und anderen europäischen Ländern.

Mit dem Auto

Am schnellsten erreicht man Venedig über die Brennerautobahn A22. Bei Verona biegt man ab auf die A4, die von Mailand nach Venedig führt. Alternativ reist man über die Tauernautobahn A23 an, die man bei Palmanova verlässt, um der A4 Triest–Mailand bis nach Venedig zu folgen. Italiens Autobahnen sind mautpflichtig. Bargeldlos und rasch voran kommt man mit der Viacard, die man sich auch schon daheim bei den Automobilclubs besorgen kann.

Tempolimits

Autobahn 130 km/h, Schnellstraßen/Landstraßen 90 km/h, in geschlossenen Ortschaften 50 km/h Höchstgeschwindigkeit.

Parken in Venedig

Am Piazzale Roma gibt es zwei Parkhäuser: Autorimessa Comunale mit 2182 Stell-

plätzen für Pkw und 180 für Motorräder (Tagesgebühr ab 26 €; Tel. 041 272 7301, www. avmspa.it). Außerdem: Garage San Marco (30 €/24 Stunden; Tel. 041 523 2213, www. garagesanmarco.it) und Parkplatz Tronchetto (21 €/24 Stunden; Tel. 041 520 7555, www.veniceparking.it).

Parken auf dem Festland

Fusina, südlich von Mestre, täglich 7 bis 23 Uhr (9 €/ Tag); Parkplatz Marco Polo 2002, nahe dem Flughafen (7 €/Tag, 31,50 €/Woche, Tel. 041 541 5373, www.marco polo2002.com).

Transfermöglichkeiten nach Venedig

Wer von der Stazione Marittima bzw. vom Parkplatz Tronchetto nach Venedig gelangen möchte, hat unter anderem auch die Möglichkeit, den **People Mover** zu benutzen, der bis Piazzale Roma fährt. Das Ticket kostet 1,50 € und ist an den Ticketautomaten erhältlich (Mo–Sa 7–23, So 8/8.30 –22/23 Uhr, www.avmspa.it). Seit September 2015 verkehrt zudem im 15-Minutentakt eine neue **Tram** zwischen Mestre/Marghera und dem Piazzale Roma (www. actv.it/muoversiinterraferma/ iltram), eine bequeme Alternative für alle, die in Mestre Quartier bezogen haben.

UNTERWEGS IN VENEDIG

Venedig ist eine der wenigen Städte auf der Erde ohne Autos. Deshalb gibt es nur eine geringe Auswahl an Verkehrsmitteln: ein Vaporetto (Wasserbus), die bekannte gondola traghetto, die den Canal Grande überquert, ein Wassertaxi (motoscafo) oder schlicht Ihre Beine.

Mit öffentlichen Verkehrsmitteln

Gehen Sie nicht automatisch davon aus, dass das Vaporetto immer die schnellste Verbindung zwischen zwei Punkten ist; in vielen Fällen ist der Fußweg der kürzeste und schnellste. Doch zweifellos ist das Vaporetto das wichtigste Verkehrsmittel der Stadt. Die Wasserbusse verkehren von 5 Uhr morgens bis etwa 23 Uhr im 10- bis 20-Minutentakt, auf den wichtigsten Wasserstraßen wie dem Canal Grande auch die ganze Nacht durch. Strecken- und Fahrplaninformationen bekommt man in den ACTV-Büros sowie an Fahrkartenständen an wichtigen Haltestellen. Da jedoch jede Vaporetto-Station mit Display-Anzeigen ausgestattet ist, sind die gedruckten Fahrpläne im Grunde überflüssig geworden. Die Fahrpläne unterscheiden zwischen *festiva* (Sonntag) und *feriale* (Wochentage).

Sie benötigen für den Wasserbus einen Fahrschein, dessen Gültigkeit vor Fahrtbeginn an den Vaporetto-Stationen elektronisch überprüft wird. Erst bei Grün öffnet sich die Schranke und Sie erhalten Einlass. Die einfache Fahrt kostet 7,50 € und gilt für eine Dauer von 75 Minuten, gerechnet ab der Entwertung. Während der Fahrt darf man umsteigen, solange die gleiche Fahrtrichtung eingehalten wird. Im Fahrpreis ist das Mitführen eines Gepäckstücks (maximal 150 cm als die Summe von Länge, Breite und Höhe) enthalten.

Tages- oder Mehrtageskarten sind für Venedig-Besucher, die die Stadt ausgiebig erkunden wollen, besonders zu empfehlen. Es gibt je nach Gültigkeitsdauer verschiedene Tickets: 24 Stunden 20 €, 48 Stunden 30 €, 72 Stunden 40 €, 7 Tage 60 €. Kinder und Jugendliche (6–29 Jahre) können die Rolling Venice-Card kaufen (3 Tage 28 €). Infos zu Tickets und Fahrplänen findet man unter *www.actv.it* und *www.veneziaunica.it*. Innerhalb des gewählten Zeitraums können die öffentlichen Verkehrsmittel zu Wasser und zu Land unbegrenzt benutzt werden.

Seit Neuestem können Sie Ihren individuellen Venezia Unica City Pass kreieren, der neben Vaporetto-Fahrten auch den Besuch verschiedener Museen beinhaltet. Detaillierte Infos, auch auf Deutsch, unter *www.venezia unica.it* (siehe auch S. 242).

Das ACTV-Informationszentrum stellt einen kostenlosen Fahrplan aller Routen inklusive der Busse auf dem Lido zur Verfügung, der über die verschiedenen Fahrscheine und Preise informiert. Weitere Informationen auf der ACTV-Website: *www.actv.it* oder *www.velaspa.com*.

Es ist ausdrücklich verboten, Vaporetti in Badebekleidung zu betreten. Beachten Sie auch, dass es an Bord eng zugeht und Sie sich daher bemühen sollten, die Gänge nicht mit sperrigem Gepäck zu blockieren. Wenn Sie einen Rucksack tragen, nehmen Sie ihn ab, bevor Sie an Bord gehen, und stellen Sie ihn ab, um die anderen Passagiere nicht zu behindern.

Taschendiebe nutzen die Enge an Bord. Achten Sie auf Ihre Sachen. Wenn Sie bestohlen werden oder einen Diebstahl beobachten, sollten Sie sofort den *marinaio* verständigen (den Uniformierten, der das Boot an jeder Haltestelle vertäut). Der Kapitän wird das Boot dann anhalten, bis die Polizei eintrifft.

Um Irrfahrten zu vermeiden, sollten Sie, wenn Sie an Bord gehen, den *marinaio* fragen, ob das Boot wirklich das gewünschte Ziel anfährt. Manchmal tragen Wasserbusse dieselbe Nummer, fahren aber nicht exakt dieselbe Route; teils variiert die Strecke mit der Tageszeit, und es kommt auch vor, dass der Pfeil auf dem Zeichen an der Seite des Wasserbusses (der an der Endstelle umgestellt werden soll) in die falsche Richtung zeigt. Manchmal steuert man aus Versehen die falsche Vaporetto-Station an, wo zwar die gewünschte Linie abfährt, aber in die falsche Richtung. Eine einfache Frage kann also viel Ärger ersparen.

Traghetto

Es handelt sich hier um Gondelfähren, die an festgelegten Punkten von zwei Gondolieri über den Canal Grande gerudert werden. Diese Punkte sind deutlich durch ein großes einheitliches Holzzeichen über der kleinen Holztreppe hinunter zum Wasser markiert: San Marcuola/Fontego dei Turchi, Santa Sofia/Pescheria (Rialto), Rialto (Riva del Vin/Riva del Carbon), San Tomà/Sant' Angelo, Ca' Rezzonico/San Samuele, Giglio/San Gregorio und Salute/San Marco. Dies ist ein bequemes, günstiges und sehr venezianisches Transportmittel. Es kostet 2 € pro Person (eine Erhöhung ist angekündigt worden). Sie bezahlen, wenn Sie einsteigen oder, falls es da hektisch ist, wenn Sie aussteigen. Jeder Traghetto hat seine eigenen Zeiten. Manche fahren den ganzen Tag, andere nur morgens. Die Zeiten sind an den Haltestellen angegeben.

Gondeln

Dies bleibt die klassische und einzigartige Methode, die Magie Venedigs zu erfahren.

Es kann durchaus sinnvoll sein, einen Gondoliere für einen ganzen Tag zu engagieren, um überall hinzufahren. Eine Gondel ist ein sehr effizienter und reizvoller Weg, wenn Sie mehrere Kirchen besichtigen möchten. Für Fotografen und Maler gibt es nichts Besseres als eine Gondel, weil der Blick vom Wasser ein völlig anderer als der vom Land aus ist.

Der Fahrpreis ist von der Vereinigung der Gondolieri festgelegt worden und findet sich in extrem kleiner Schrift auf der weißen Karte am Bug jeder Gondel. Der normale Preis beträgt 80 € für 30 Minuten auf einer festen Strecke. Es sind sechs Fahrgäste zugelassen, und der Tarif gilt für die Fahrt (nicht pro Person). Wenn Sie eine längere Fahrt oder andere Strecke wünschen, gilt ein anderer Preis. Sie sollten ihn aber auf jeden Fall vorher vereinbaren. Jede weiteren 15 Minuten kosten offiziell 40 €. Zwischen 20 und 8 Uhr morgens beträgt der Preis für 35 Minuten 100 €, die Gondelfahrten mit musikalischem Begleitprogramm sind natürlich noch teurer.

Die genannten Preise sind aber nur Richtwerte. Tatsächlich wird der Preis frei zwischen Ihnen und dem Gondoliere ausgehandelt (es gelten dabei also nicht automatisch die Stundenpreise). Sie müssen daher selbst für einen annehmbaren Tarif sorgen. In erster Linie hängt der Preis von der Jahreszeit ab – er ist im Winter natürlich viel niedriger als im Sommer, und manche Wintertage können sehr schön und ruhig sein. Der Preis richtet sich ferner nach der Gondel-Anlegestelle.

Es gibt zwei Möglichkeiten, eine Gondel zu mieten. Die eine besteht darin, zu einem *stazio* zu gehen, wo zahlreiche Gondeln stehen. Bacino Orseolo, Molo und Danieli liegen am nächsten zu San Marco. Am Rialto gibt es zwei, beiderseits des Canal Grande. Sie finden ebenfalls eine Haltestelle vor der Kirche von San Moisè. Weitere Haltestellen: Bahnhof, Piazzale Roma, Santa Sofia, Santa Maria del Giglio, Calle Vallaresso und San Tomà. Man wird Ihnen ein Boot zuteilen, Sie können aber auch einfach einen dort stehenden Gondoliere mit »*Gondola?*« ansprechen. Der andere Weg besteht darin, die Einladung eines der Gondolieri anzunehmen, die auf vielen Brücken in der Stadt stehen – es handelt sich um normale Gondolieri, die eigentlich frei haben, aber dennoch arbeiten. Es gibt keine »wilden« Gondolieri. Es werden genau 405 Lizenzen vergeben, und die Gondolieri kennen einander.

Gondolieri sind selbstständig (und sehr stolz auf ihre Unabhängigkeit) und legen ihre eigenen Fahrpläne fest. Sie werden kaum einen finden, der vor 9 Uhr morgens fährt. Im Sommer jedoch arbeiten viele bis Mitternacht oder noch länger.

Man erkennt eine Gondel leicht an der großen Metallplatte mit kammähnlichen Zacken an ihrem Bug, während ein *sandolo* (siehe nächste Spalte) stattdessen einen kleinen metallenen Schnörkel hat.

Normalerweise gibt man Gondolieri kein Trinkgeld, obwohl man es natürlich tun kann, wenn man will. Wenn es jedoch einen alten Schiffer gibt, der mit einem Haken die Gondel stabilisiert, während Sie aussteigen, wird er einen alten Hut strategisch günstig platziert haben. Wie immer bei Trinkgeldern ist die Höhe Ihnen überlassen.

Ein weiterer Hinweis: Die Tageszeit bestimmt, wie Sie Ihre Gondelfahrt empfinden. Am Morgen arbeitet Venedig. Der Canal Grande und viele Seitenkanäle sind bis etwa 13 Uhr voller Motorboote – nicht sehr romantisch. Wenn Sie die Wahl haben, sind der späte Nachmittag und der frühe Abend die beste Zeit, weil dann das Wasser ruhig und das Sonnenlicht sanft ist und die Stadt einen tiefen und trägen Seufzer zu machen scheint. Nun zeigt sich Venedig in seiner ganzen murmelnden unvergesslichen Magie.

Sandolo

Der *sandolo* (der von einem *sandolista* gerudert wird) ist kürzer und schmaler als eine Gondel und bietet nur vier Personen Platz. Dieses traditionelle venezianische Verkehrsmittel ist noch heute als privates Allzweckboot verbreitet. Die zu mietenden *sandoli* sind aber schwarz angemalt und mit den typischen Verzierungen einer Gondel ausgestattet. Die *sandolisti* kleiden sich sogar wie Gondolieri, ja sie stehen sogar auf Brücken und sagen »*Gondola, gondola*«. Sie können in einem *sandolo* eine sehr schöne Fahrt genießen, aber auch gleich eine Gondel nehmen. Der Gesamtpreis ist der gleiche, sodass der *sandolo* pro Person sogar teurer ist.

Führungen

Eine Besichtigungstour kann die beste Möglichkeit sein, die wichtigsten Attraktionen zu sehen, wenn Ihre Zeit begrenzt ist. Das Fremdenverkehrsamt (*Infos bei der Touristinformation, San Marco 71F, Calle dell' Ascensione, vis-à-vis des Eingangs zum Museo Correr, Tel. 041 529 8711, tgl. 8.30–18 Uhr, oder bei den Büros am Bahnhof und Piazzale Roma, siehe dazu auch Auskunft, S. 242)* bietet

Führungen durch die Stadt, durch das Teatro La Fenice, den Dogenpalast oder die Basilica di San Marco an.

Es gibt auch Touren mit ungewöhnlicheren Perspektiven, etwa Thementouren zu den »geheimnisvollen Ecken Venedigs« oder Nachtführungen.

Weitere Stadtführungen finden Sie unter anderem unter *www.turive.it, www.tours-venice-italy.com, www.stadtfuehrungen-venedig.de,* Letztere sind Privatführungen.

Itinerari Segreti, Palazzo Ducale
Sie können im Palazzo Ducale hinter die Kulissen schauen und Räume sehen, die für die Öffentlichkeit nicht zugänglich sind, etwa die berüchtigten Gefängnisse, darunter die berühmten Bleikammern, die *piombi*, unter dem Dach. Führungen (in Englisch) um 9.55, 10.45 und 11.35 Uhr; 20 €. Seit 2015 gibt es eine Sonderführung »*Hidden Doge's Treasure*«, auf Englisch jeweils um 11.45 Uhr, 20 € (*Reservierung Tel. 041 427 30892*).

Jüdischer Friedhof, Lido
Eine Führung über den historischen Friedhof für die an jüdischer Kultur Interessierten wird vom Jüdischen Museum organisiert (*Infos und Termine unter Tel. 041 715 359, www.museoebraico.it*).

Richard-Wagner-Haus
Die Wagner-Gesellschaft bietet eine Führung durch die Räume dieses Palasts am Canal Grande (Calle Larga Vendramin), in denen der berühmte Komponist wohnte. Di, Sa 10.30, Do 14.30 Uhr; kostenlos, aber nach Vereinbarung (*Tel. 338 416 4174*).

Villen an der Brenta
Wenn Sie eine Bootsfahrt zu den Villen unternehmen möchten, fährt der *burchiello* von März bis November Di,

Do und Sa von Venedig nach Strà auf dem Fluss Brenta. Rückkehr mit dem Bus; Mittagessen (99 €; *Tel. 049 876 0233, www.ilburchiello.it*).

Stadtführer
Die Associazione Guide Turistiche vermittelt individuelle Führungen oder qualifizierte Personen, die Sie begleiten und Ihnen helfen. Normalerweise empfiehlt sich eine Vorausbuchung (*Tel. 041 520 9038, Fax 041 521 0762, www.guidevenezia.it*).

Mit dem Auto
Die Straßen Venedigs sind nicht breiter als ein Bürgersteig. Autos können nur bis zum Piazzale Roma fahren. Adressen zum Parken siehe S. 238.

Mietwagen
Möglicherweise möchten Sie ein Auto haben, um die Region Veneto und ländliche Gegenden zu erkunden, wo öffentliche Verkehrsmittel selten und unbequem sind. Wenn Ihr Ziel eine Stadt ist, ist ein Wagen jedoch nicht sehr sinnvoll. Die meisten Städte sind mit Zug oder Bus leicht zu erreichen, und beide Verkehrsmittel bringen Sie direkt ins Zentrum. So ersparen Sie sich die teilweise stressige Erfahrung des Autofahrens in Italien, ganz zu schweigen von der abenteuerlichen Parkplatzsuche.

Wenn Sie einen Wagen mieten möchten: Alle großen Firmen unterhalten Niederlassungen am Flughafen Marco Polo und/oder am Piazzale Roma.

Avis: Tel. 041 541 5030
Budget: Tel. 041 541 5030
Europcar: Tel. 041 541 5654
Hertz: Tel. 041 541 6075

Mattiazzo: Tel. 041 522 0884 (auch Limousinen mit Chauffeur)
Sixt: Tel. 041 541 5032

Verkehrsregeln
Sicherheitsgurte sind für alle Insassen vorgeschrieben, auch hinten. Lassen Sie sich nicht davon beeinflussen, ob die Italiener sich an diese Vorschrift halten.

Ansonsten gibt es in Italien keine besonderen Regelungen. Sie sollten aber wissen, dass das italienische Streben, stets der Erste zu sein, sich auch auf der Straße und an Bushaltestellen bemerkbar macht, und die Italiener rasen, wo es nur geht. Sie überholen gern in unübersichtlichen Kurven und Tunneln. Am Wochenende fahren viele junge Leute spät in der Nacht von der Disko nach Hause. Dies kann für Autofahrer eine recht gefährliche Zeit sein. Im Kreisverkehr hat der einbiegende Verkehr Vorfahrt.

Pannenhilfe
In Mietwagen finden Sie die entsprechende Notfallnummer in den Unterlagen im Handschuhfach. Den italienischen Automobilclub (ACI) erreicht man unter seiner Notfallnummer Tel. 803 116.

Adressen
Sie werden feststellen, dass Venedig ein eigenartiges System der Nummerierung von Häusern besitzt. Die Nummer bezieht sich auf den Bezirk oder *sestiere* (Cannaregio 2956) und nicht auf den Straßennamen. Die Straßennamen einzelner Ziele sind hier angegeben, aber Sie sollten auch den günstigen *Guida Anagrafica* erwerben, den es in den meisten Buchläden gibt. Dieses Taschenbuch nennt zu jeder Straßennummer den

entsprechenden Straßennamen. Beachten Sie unbedingt den *sestiere*, wenn Sie nach einer bestimmten Nummer suchen. Sie können erfolglos nach Cannaregio 2956 suchen, nur um zu entdecken, dass Sie nach Castello hätten suchen müssen. Die vielen Straßen mit gleichem Namen sind ebenfalls verwirrend. Dies ist ein Zeichen dafür, wie autark die einzelnen Viertel einst waren.

PRAKTISCHE TIPPS

Auskunft

Informazione e Assistenza ai Turisti (IAT)
San Marco 71F, Calle dell' Ascensione, vis-à-vis des Eingangs zum Museo Correr, Tel. 041 529 8711, *www.tu rismovenezia.it*, *www.turis mo.provincia.venezia.it*, tgl. 8.30–18 Uhr
Die drei derzeit existierenden Touristinformationen am Ende des Markusplatzes, vis-à-vis des Eingangs zum Museo Correr, am Piazzale Roma und in dem Pavillon vor dem Bahnhof Santa Lucia befinden sich in der Abwicklung und bieten nur eingeschränkten Service.
Zum Zeitpunkt der Drucklegung dieser Auflage war nicht klar, ob und wo es 2016 Touristinformation in Venedig geben wird. Deshalb beachten Sie bitte aktuelle Informationen auf der Website. Bislang erhielt man in den Büros der Touristinformationen alle notwendigen Informationen zu Sehenswürdigkeiten, Veranstaltungen, Stadtführungen etc. Außerdem fand hier der Ticketverkauf statt, und es wurden Hotelreservierungen vorgenommen. Die Zukunft der Büros ist ungewiss.

Einrichtungen für Menschen mit Behinderung

Venedig ist für Menschen mit Behinderung eine schwierige Stadt. Aufzüge sind selten und klein. Nur wenige Gebäude haben Rampen, und obwohl es an einigen Brücken Rollstuhlaufzüge gibt (allerdings nicht an der Rialto-Brücke), kann man sich nicht auf ihre Funktionsfähigkeit verlassen. Alle notwendigen Informationen findet man unter *www.comune.venezia.it/infor mahandicap.*
Mittlerweile gibt es jedoch zumindest einige öffentliche behindertengerechte Toiletten und auch für Rollstuhlfahrer geeignete Unterkünfte. Die Hotelverzeichnisse weisen hierauf mit einem Symbol hin. Sehr hilfreich ist auch ein Stadtplan mit allen relevanten Informationen, wie behindertengerechten Toiletten, Brücken mit Aufzügen, abgeflachten Stufen, Infostellen etc., den man unter *www. venedig.net* downloaden kann.
Organisierte Gruppenführungen oder ein eigener Führer bieten die beste Möglichkeit, die wichtigsten Sehenswürdigkeiten zu sehen, weil der Führer sich vorher um die Zugangsmöglichkeiten kümmern kann (die Benutzung eines Wassertaxis bleibt schwierig; Wasserbusse sind für Rollstuhlfahrer etwas einfacher).
Diejenigen, die sich die Stadt allein ansehen wollen, stehen vor einer großen Herausforderung.

Begleitdienste für Menschen mit Behinderung

Wenden Sie sich am besten an die Vereinigung der Touristenführer:

Cooperativa Guide Touristiche, Castello 5786/a, Tel. 041 520 9038, Fax 041 521 0762, guide@guidevenezia. it, *www.guidevenezia.it*, Mo–Fr 9–17, Sa 9–13 Uhr.

Elektrizität

Die Netzspannung beträgt fast überall 220 Volt, sodass Sie diesbezüglich keine Probleme haben werden. Es passen jedoch nicht alle Schukostecker in die Steckdosen, weshalb Sie einen Adapter mitbringen sollten.

Ermäßigungen

Venezia Unica City Pass
Der 2013 eingeführte Venezia Unica City Pass löste den ehemalige Venice Card ab, die feste Angebotspakete, gestaffelt nach Tagen, offerierte. Den neuen Venezia Unica City Pass kann man sich nun vielmehr individuell nach seinen eigenen Wünschen und Vorstellungen kreieren. Der Pass kann sowohl den Transport mit den Vaporetti als auch Flughafentransfers, den Besuch von Museen, Palazzi und kulturellen Veranstaltungen sowie Vergünstigungen bei Restaurantbesuchen und Parktickets beinhalten. Der Preis für die jeweilige Karte ist folglich individuell. Hier ein paar Beispiele, gültig für Benutzer ab 30 Jahren: Der **St. Markus City Pass** beinhaltet den Besuch des Dogenpalasts und drei städtischer Museen von Marciana, von drei Chorus-Kirchen freier Wahl sowie der Querini-Stampalia Foundation für 25,90 € (inkl. Teatro La Fenice 35,90 €), alternativ mit Vaporetto-Karte für drei Tage 65,90 €. Der **All Venice City Pass** beinhaltet den Besuch des Dogenpalasts und zehn städtischer Museen sowie 16 Chorus-Kirchen,

der Querini Stampalia Foundation und des Jüdischen Museums für 39,90 € (inkl. Teatro La Fenice 49,90 €), mit einer Vaporetto-Karte für sieben Tage, WC-Benutzung etc. 124,90 €. Besucher im Alter von sechs bis 29 Jahren können den günstigeren **Rolling Venice City Pass** erwerben.

Ob sich der City Pass lohnt, muss jeder für sich entscheiden. Infos zum Angebot findet man unter *www.veneziaunica.it*.

Chorus-Pass

12 €, freier Eintritt in 16 Kirchen (*Tel. 041 27 50 462, www.chorusvenezia.org, meist 10–17 Uhr*). Der Einzeleintritt beträgt jeweils 3 €. Das Ticket bekommt man bei den entsprechenden Kirchen.

Etikette

Trotz der Millionen Touristen jedes Jahr sind die Venezianer gegenüber Gästen, die wirklich an ihrer Stadt, Geschichte und Kultur interessiert sind, immer noch aufgeschlossen. Seien Sie einfach Sie selbst. Es ist höflich, *buon giorno* oder (gegen Abend) *buona sera* und *arrivederci* zu sagen, wenn Sie ein Restaurant, Geschäft oder Café betreten oder verlassen, selbst wenn Sie nicht sofort jemanden sehen, zu dem Sie es sagen. *Scusi* bedeutet »Entschuldigung«, wenn Sie jemandem auf den Fuß getreten haben oder jemanden um etwas bitten oder fragen wollen. Wenn Sie darum bitten, Platz für Sie zu machen, sagen Sie *con permesso* oder einfach *permesso*.

Sie sind im Urlaub, seien Sie also ganz entspannt. Allerdings haben die Venezianer mittlerweile so viel erbärmliches Benehmen von so vielen Touristen gesehen, dass sie es sehr schätzen, wenn Sie

sich in der Öffentlichkeit anständig benehmen. Touristen verschwinden hier nicht in der Menge – sie sind die Menge. Es gilt nicht als leger, sondern als ungehobelt, wenn Sie auf einer Brücke sitzen, auf der Straße ein improvisiertes Picknick zu sich nehmen oder Ihre Füße in einem Vaporetto auf einen Sitz legen.

Die Venezianer werden Sie ins Herz schließen, wenn Sie sich nur ein wenig bemühen, ein paar Brocken Italienisch zu sprechen. Sie erläutern Ihnen auch gern den Weg, bezweifeln aber, dass Sie sich all das Abbiegen rechts und links merken können, und sagen dann irgendwann »Und fragen Sie dann noch einmal«.

Wenn Sie von einem Venezianer in sein Haus zum Essen eingeladen sind, werden Blumen, Wein oder frisches Gebäck sehr geschätzt.

Die Tage des Feilschens sind lange vorüber. Händler mögen Ihnen spontan einen kleinen Nachlass einräumen. Rechnen Sie jedoch nicht damit, und glauben Sie auch nicht, Sie könnten sie dazu überreden. Gehen Sie besser von den ausgezeichneten Preisen aus.

Geld

Die Währung in Italien ist der Euro; Besucher aus Deutschland oder Österreich müssen also kein Bargeld mehr umtauschen. Schweizer finden kommerzielle Wechselstuben in Banken, am Flughafen und am Bahnhof sowie in Reisebüros. Bankfilialen, die Geld wechseln, erkennt man an dem Schild *Cambio*. Es wird gewöhnlich eine Gebühr berechnet, die allerdings nur wenig variiert. Man kann in Banken und Wechselstuben mit Kreditkarten Bargeld erhalten.

In der Stadt stehen zahlreiche Geldautomaten. Mit einer internationalen PIN-Nummer können Sie dort auch mit Ihrer Kredit- oder EC-Karte Geld abheben. Klären Sie das am besten mit Ihrer Hausbank. Manchmal gibt es Probleme mit dem Magnetstreifen. Versuchen Sie es dann einfach an einem anderen Automaten. Normalerweise wird für das Abheben mit Kreditkarte eine Gebühr fällig.

Viele Geschäfte werben damit, dass sie Kreditkarten akzeptieren. Manchmal wird aber trotzdem Bargeld bevorzugt und dafür sogar ein kleiner Nachlass gewährt.

Gepäck- aufbewahrung

Wer nur einen Tag in Venedig verbringt oder am Morgen auschecken muss und erst am Abend abfliegt, kann sein Gepäck abgeben und noch einen entspannten Tag in Venedig verbringen. Gepäckaufbewahrungen gibt es am Piazzale Roma (7 €) und am Bahnhof (6 € für fünf Stunden, jede weitere Stunde 0,90 €).

Kommunikation

Postämter

Hauptpost: San Marco 5016, Calle San Salvador (hinter der Kirche), Tel. 041 240 4149, Mo–Fr 8.25– 19.10, Sa bis 12.35 Uhr.

Filialen: Mo–Fr 8.10–13.30, Sa 8.10–12.30 und 8.10–12 Uhr am letzten Arbeitstag des Monats. Es gibt in der Stadt 13 Postfilialen. Tabakläden verkaufen in der Regel auch Briefmarken, dürfen aber keine Post wiegen.

Briefkästen: Rote *cassette delle lettere* (Briefkästen) finden sich außerhalb jedes Postamts und an Wänden, wo früher ein Postamt war. Sie haben unterschiedliche Fächer für die Stadt Venedig (*per la città*) und für den Rest der Welt (*tutte le altre destinazioni*).

Telefon
Wenn Sie von zu Hause aus in Venedig anrufen möchten, müssen Sie 0039 für Italien, anschließend die 041 für Venedig und dann die Nummer des Teilnehmers wählen.

Wenn Sie innerhalb Italiens telefonieren möchten, ist eine *scheda telefonica* (Telefonkarte) am bequemsten, die Sie in einem Postamt oder einem der vielen Tabakläden bekommen. Es gibt sie für 5 und 10 €. Denken Sie daran, die perforierte Ecke abzureißen. Im Handy-Zeitalter haben die Telefonkarten jedoch an Bedeutung verloren.

Die öffentlichen Fernsprecher funktionieren überwiegend mit Telefonkarten, Münzfernsprecher sind selten geworden. Folgende Benutzungshinweise erscheinen auf einem kleinen LED-Schirm über den Nummerntasten: *Sganciare* (nehmen Sie den Hörer ab), *inserire la carta* (führen Sie Ihre Karte ein), *attendere prego* (warten), und dann können Sie wählen. Cafés haben mitunter noch Münzfernsprecher, für die man *gettoni* (erhältlich in Bars und Tabakläden) oder Münzen benötigt.

Für ein Telefonat in Italien benötigen Sie die Vorwahl der betreffenden Stadt, auch innerhalb einer Stadt. Innerhalb Italiens fängt die Vorwahl mit einer 0 an. Folglich beginnt ein Ortsgespräch in Venedig immer mit 041.

Für ein Auslandsgespräch von Italien aus müssen Sie zunächst 00, anschließend die Ländervorwahl (Deutschland 49, Österreich 43, Schweiz 41) und dann die Ortsvorwahl (ohne die 0) sowie die Nummer des Teilnehmers wählen.

Medien
Fernsehen
Die staatlichen Sender, die man ohne Kabel empfangen kann, sind *RAI 1*, *RAI 2* und *RAI 3*. Weitere sind *Canale 5*, *Italia 1*, *Rete 4*, *Telemontecarlo* und *TMC 2*. Die meisten Sendungen sind in Italienisch. Filme und Serien sind synchronisiert.

Radio
Radio Venezia (UKW 101,1 und 92,4) sendet Popmusik und hin und wieder Nachrichten (in Italienisch); *Radio Venezia Sound* (UKW 98,5) bietet aktuelle italienische und amerikanische Popmusik; *Radio Base Network* (UKW 93,7) spielt alles außer klassischer Musik.

Zeitungen
Einige Kioske verkaufen deutschsprachige Zeitungen und Zeitschriften. Die wichtigsten italienischen Tageszeitungen sind *Corriere della Sera*, *La Stampa* und *La Repúbblica*. Es gibt zwei lokale Zeitungen: *La Nuova Venezia*, eine Boulevardzeitung mit kurzen Artikeln, und den *Gazzettino di Venezia*. Der erste Teil dieser Zeitung bietet nationale und internationale Nachrichten, während der zweite Venedig und Umgebung gewidmet ist.

Der *Gazzettino* bringt stets eine kleine Liste nützlicher lokaler Telefonnummern, geöffneter Apotheken und Informationen zu kulturellen Veranstaltungen des Tages (nur sinnvoll für Spätentschlossene). Sie finden allerdings keine Ticketpreise.

Öffnungszeiten
Die meisten Banken haben von Montag bis Freitag von 8.30 bis 13.30 und von 14.30 bis 15.30 Uhr geöffnet, einige große Bankfilialen auch länger. Boutiquen öffnen um 9 oder um 10 Uhr und schließen meist um 19 oder 19.30 Uhr. Sie sind montagmorgens und mittags (in der Zeit zwischen 12.30 und 16 Uhr) geschlossen. Je näher Sie am Markusplatz sind, desto größer ist die Wahrscheinlichkeit, dass die Geschäfte den ganzen Tag geöffnet haben, sogar sonntags. Auch die Läden an der Strada Nova sind sonntags häufig geöffnet.

Die meisten Friseure haben montags geschlossen, chemische Reinigungen häufig samstags.

Cafés öffnen ab 7 Uhr und schließen um 20 oder 24 Uhr, je nach Viertel und Kundschaft (wie in der Gegend der Universität). Die meisten Restaurants öffnen von 12 bis 15 Uhr und von 19.30 bis 23 Uhr. Viele Geschäfte und Restaurants sind im August geschlossen.

Toiletten
Die meisten Bars und Cafés haben *toilette*, die Sie benutzen dürfen. Man erwartet aber, dass Sie etwas trinken, sei es auch nur ein kleines Glas Mineralwasser. Die meisten großen Hotels haben im ersten Stock Toiletten. Es existieren ferner einige öffentliche Toiletten. Um einzutreten, kaufen Sie am Automaten am Eingang eine Plastikkarte, die Sie in den Zugangsmechanismus schieben (Preis: 1,50 €). Über Venezia Unica bekommt man auch Toilettenkarten, der Daily Pass erlaubt die zweimalige Benutzung von Toiletten und kostet 3 €, der Weekly Pass erlaubt sieben Toilettengänge für 9 € (*www.veneziaunica.it*). Sie finden hier auch Wickeleinrichtungen. Die Toiletten

sind in der Regel sehr sauber und von 8 bis 19 Uhr geöffnet. Zum Karneval werden an einigen wichtigen Schauplätzen portable Toiletten aufgestellt.

Alle Restaurants müssen eine Toilette haben, aber sie genügen nicht immer den in Mitteleuropa üblichen Sauberkeitsanforderungen. Seien Sie nicht überrascht, wenn Sie eine Hocktoilette oder eine ohne Sitz vorfinden. Führen Sie vorsichtshalber eine Packung Taschentücher mit sich.

Trinkgeld

Die meisten Rechnungen enthalten eine Servicegebühr. Diese wird meist auf der Speisekarte angegeben. Wenn Sie zweifeln, sollten Sie »È inclusio il servizio?« fragen. Wenn Sie mit der Bedienung besonders zufrieden sind, können Sie aufrunden. Sie können aber auch guten Gewissens den exakten Rechnungsbetrag zahlen. Venezianer warten auf ihr Wechselgeld, und die Kellner bringen es auch.

Kofferträgern und Türstehern gibt man gewöhnlich ein Trinkgeld. Touristenführer erwarten fünf bis zehn Prozent des Preises. Friseure rechnen nicht mit Trinkgeld. Manchmal gibt es an der Kasse aber einen Behälter, dessen Inhalt am Feierabend aufgeteilt wird.

Zeitzone

In Italien gilt die Mitteleuropäische Zeit (MEZ). Auch hier wird vom Frühjahr bis zum Herbst auf Sommerzeit umgestellt.

IM NOTFALL
Sicherheit

Venedig ist zu Recht stolz auf seinen Ruf als sichere Stadt. Es gibt immer noch bemerkenswert wenig Gewaltverbrechen. In den letzten Jahren haben Taschendiebstähle und Handtaschenraub jedoch zugenommen. Seien Sie stets vorsichtig, besonders an belebten Plätzen wie dem Markusplatz, rund um Rialto, am Bahnhof und im Gedränge auf den Vaporetti. Führen Sie nicht zu viel Bargeld mit sich, bewahren Sie Ihre Dokumente und Kreditkarten getrennt von Ihrem Bargeld auf, lassen Sie Wertsachen oder größere Geldbeträge besser im Safe Ihres Hotels und machen Sie für den Fall des Verlusts eine Fotokopie Ihres Passes. Die von Gaunern betriebenen Hütchenspiele können Sie gar nicht gewinnen. Es gibt Notfallräume (Pronto Soccorso) am Ospedale Civile in Venedig am Campo San Giovanni e Paolo oder am Ospedale Umberto I in Mestre an der Via Circonvallazione 50.

Botschaften & Konsulate

In Venedig existieren hauptsächlich Honorarkonsulate, während die eigentliche Arbeit in den größeren Städten Italiens geleistet wird. Die Dienste variieren, im Großen und Ganzen sind sie dazu da, im Notfall auszuhelfen, bis die Botschaft agieren kann.

Deutsches Honorarkonsulat
Santa Croce 251 (Palazzo Condulmer, Fondamenta Condulmer), Tel. 041 523 7675
Österreichisches Honorarkonsulat
Santa Croce 251 (Palazzo Condulmer, Fondamenta Condulmer), Tel. 041 524 0556
Schweizer Konsulat
Dorsoduro 810 (Campo Sant' Agnese), Tel. 041 522 5996

Wenn Sie in einem Notfall rechtlichen Beistand benötigen, nehmen Sie unverzüglich Kontakt mit Ihrem Konsulat vor Ort wegen eines deutsch- oder englischsprachigen Anwalts auf.

Notrufnummern

Feuerwehr: 115
Krankenwagen: 118
Polizei: 112 oder 113

Fundsachen Bahnhof:
Tel. 041 785 531
Flughafen:
Tel. 041 260 9222

Verlorene Kreditkarten American Express:
Tel. 0049 69 97 97 20 00
Diners Club:
Tel. 0049 69 900 150 14
Eurocard/Mastercard:
Tel. 800 870 866
Visa Deutschland:
Tel. 800 819 014
Zentrale Notrufnummer:
Tel. 0049 116 116

Medizinische Notfälle
Wenn kein Krankenwagen erforderlich ist, sollten Sie sich ans Ospedale Civile wenden, Santi Giovani e Paolo, Tel. 041 529 4111, oder die Guardia Medica anrufen, bei der Sie nachts (20 Uhr bis 8 Uhr) und von samstags 10 Uhr bis montags 8 Uhr einen Arzt erreichen. Die Nummer für Venedig und Giudecca lautet Tel. 041 529 4060, im Sommer von Mitte Juni bis Mitte September können sogar Hausbesuche angefragt werden, Tel. 041 530 0874. Apotheken bleiben abwechselnd nachts geöffnet. Sie finden Name und Adresse der jeweils Dienst habenden Apotheke an jeder Apothekentür.

Hotels & Restaurants

Venedig ist die teuerste Stadt Italiens. Sie sollten sich Ihren Aufenthalt nicht damit vermiesen, ständig die Preise mit denen zu Hause vergleichen. Manche Genüsse, beispielsweise der köstlich duftende Espresso und das unglaublich leckere Eis, können sogar preiswert sein. Es gleicht sich alles aus.

Hotels

Die hier nach Preiskategorie und Alphabet geordneten Hotels werden offiziell in Kategorien von einem bis zu fünf Sternen eingeteilt (siehe rechts). Die Preise verstehen sich inklusive Mehrwertsteuer und Service.

Oft ist das Frühstück im Preis enthalten. Es handelt sich meist um Brot, Croissant, Konfitüre und Tee oder Kaffee; manchmal gibt es auch ein Frühstücksbuffet.

Für Menschen mit Behinderung sind Hotels und Restaurants in Venedig nur schwer zugänglich. Es gibt keine speziellen Hilfen, und man muss fast immer Treppen überwinden. Behinderte sollten daher vorab erfragen, ob das Hotel oder Restaurant für sie infrage kommt.

Raum ist in Venedig knapp. Außer in Luxushotels wird Ihr Zimmer (besonders das Bad) vermutlich kleiner sein als üblich. Wenn Ihr Hotel überhaupt ein größeres Zimmer zu bieten hat, wird es teurer sein. Wenn Sie unbedingt ein Doppelbett möchten, sollten Sie bei der Buchung um ein *letto matrimoniale* bitten, auch wenn es sich am Ende nur um zwei zusammengeschobene Einzelbetten handeln mag.

Verkehrslärm ist in Venedig naturgemäß kein Problem, es kann aber dennoch laut sein. Wenn Sie ein Zimmer auf einen Kanal haben, könnten Sie morgens durch das Anlassen der Bootsmotoren oder das Müllabfuhrboot geweckt werden. Seien Sie auch auf eine gewisse Lautstärke gefasst, wenn Sie ein Zimmer auf einen lebhaften Platz im Sommer haben. Wenn Sie unbedingt ein ruhiges Zimmer möchten, sollten Sie bei der Buchung all diese Punkte abfragen.

Prüfen Sie die Adresse Ihres Hotels: Wenn sie »Via« enthält, liegt die Unterkunft nicht in Venedig, sondern vielleicht auf dem Lido. Einige Veranstalter bringen Gruppen auch in Hotels in Mestre auf dem Festland unter und erwecken den Eindruck, sie würden in Venedig wohnen, indem es heißt, das Hotel sei »zehn Minuten von San Marco« entfernt. Faktisch bedeutet dies zehn Busminuten bis zum Piazzale Roma. Es gibt in Mestre nette Hotels zu günstigen Preisen und mit Parkplätzen, aber es ist nicht Venedig.

Zimmer mit Bad

Sofern nicht anders angegeben, bieten die Hotels zumindest einige Zimmer mit eigenem Bad mit Dusche und/oder Badewanne. Viele Hotels, auch bessere, haben zu niedrigeren Preisen auch Zimmer ohne Bad im Angebot. Beachten Sie dies bei der Buchung.

Kreditkarten

Viele Hotels und Restaurants akzeptieren alle wichtigen Kreditkarten. Kleinere Hotels nehmen möglicherweise nur bestimmte an. Dies ist angegeben.

Abkürzungen: AE (American Express), DC (Diners Club), MC (MasterCard/Eurocard), V (Visa).

Sterne

Venedigs Hochsaison liegt in der Zeit von Ostern bis November. Zu Festtagen, wie Weihnachten und Neujahr, und natürlich zum Karneval können die Preise noch einmal anziehen. Einige Hotels schließen während des Winters. Das Preis-Leistungs-Verhältnis kann sich ebenfalls sehr unterscheiden. Vier-Sterne-Hotels können teurere Zimmer als Fünf-Sterne-Hotels haben. Dies hängt von zusätzlichen Kriterien wie einer Terrasse, dem Blick, Suiten etc. ab.

★★★★★ Fünf-Sterne-Hotels bieten Luxusunterkunft im reinen Wortsinn. Dazu gehört superbe Ausstattung, makelloser Service und meist große Zimmer.

★★★★ Vier Sterne weisen auf ein Hotel mit Restaurant sowie darauf hin, dass alle Zimmer ein eigenes Bad haben.

★★★ In Drei-Sterne-Hotels besitzen mindestens 80 Prozent der Zimmer ein eigenes Bad, und sie bieten Frühstück auf dem Zimmer.

★★ Für zwei Sterne muss ein Hotel mindestens 40 Prozent der Zimmer mit Bad vorweisen, und jedes muss ein Telefon haben.

★ Hotels mit einem Stern bieten einfache Zimmer.

Apartments & Klöster

Neben Hotels gibt es auch Apartments, einige von ihnen in umgebauten Palästen. Sie werden von verschiedenen Agenturen vermietet. Einige Klöster vermieten

Gästezimmer. Hier gibt es aber häufig eine Sperrstunde, und manche beherbergen auch keine Paare. Es gibt sogar einige private Gästezimmer. Informationen dazu bekommt man unter *www.turismovenezia.it* oder über entsprechende Suchmaschinen. Apartments findet man unter anderem bei *www.venicerentapartments.com* und *veniceapartment.com*. Angenehme Unterkünfte bietet auch *www.airbnb.de*.

Restaurants

Restaurants werden zunächst nach Preiskategorien und dann alphabetisch angeordnet.

Die italienische Küche ist eine der abwechslungsreichsten, gesündesten und leckersten der Welt. Sie bietet weit mehr als Pizza und Lasagne. Wenn Sie ein wenig aufgeschlossen sind, können Sie wunderbare traditionelle Gerichte mit frischen jahreszeitlichen Zutaten entdecken.

Das *menù turistico* (Touristenmenü) ist meist ordentlich, aber selten interessant. Für eine kleine Mahlzeit sind ein Sandwich oder ein Teller *cicchetti* (Snacks) von der Bar sinnvoller. Sie können dabei meist nicht sitzen, aber so etwas ist wesentlich nahrhafter und venezianischer als ein Stück kalte Pizza auf einer Brücke. Auch ein Teller Pasta mit einem Salat kostet Sie nicht viel, wenn Sie Ihre Hauptmahlzeit erst abends zu sich nehmen wollen.

Lassen Sie sich nicht vom vorgesehenen Menü einschüchtern. Sie können selbstverständlich auch nur einzelne Gänge bestellen.

Venezianer streuen niemals geriebenen Käse über Fisch, mit einer Ausnahme, nämlich *seppie* (Tintenfisch). Aber sie essen nach einem Fischgang sehr gern ein Stück Käse, meist Parmesan (der normalerweise *formaggio grano* genannt wird).

Venezianer essen Salat oder gekochtes Gemüse nach dem Hauptgang, nicht als Vorspeise. Sie können den Hauswein in einer Karaffe (*caraffa*) zu einem Viertel-, einem halben oder einem ganzen Liter bestellen. Mineralwasser in Flaschen gibt es mit Kohlensäure (*gassata* oder *con gas*) oder ohne (*non-gassata*). Leitungswasser können Sie bedenkenlos trinken. Siehe auch die Hinweise zur Speisekarte auf Seite 271.

Essenszeiten

Das Mittagessen beginnt meist um 12 Uhr. In den meisten Bars bekommen Sie aber den ganzen Vormittag Snacks. Das Essen ist meist um 14 Uhr beendet, manche Lokale haben bis 15 Uhr und einige Selbstbedienungsrestaurants um die Piazza San Marco auch durchgehend geöffnet. Man isst gewöhnlich um 20 Uhr zu Abend, aber einige Restaurants öffnen auch früher. In den besseren empfiehlt sich eine Reservierung.

Cafés

Das italienische Café ist entweder ein Etablissement, in dem man endlos über einer kleinen, schon lange leeren Tasse sitzt, oder aber ein Lokal, in dem man in Sekundenschnelle bestellt, trinkt, bezahlt und schon wieder draußen ist.

Es gibt unendlich viele Methoden, Kaffee zuzubereiten, von extra-starkem Espresso (*caffè ristretto*) bis hin zu schwächerem (*caffè lungo*). Ein *Americano* ist ein häufig drastisch verdünnter Espresso. Koffeinfreier Kaffee (*caffe decaffeinato*) hat sich etabliert.

Man bekommt auch einen koffeinfreien Cappuccino. Morgens gibt es warme Croissants, meist mit Konfitüre gefüllt, und weiteres Frühstücksgebäck. Für Bedienung am Tisch zahlt man häufig einen Zuschlag. Wenn Sie keine Kellner sehen, können Sie an der Bar bestellen und dann Ihren Kaffee zum Tisch mitnehmen.

Striktes Rauchverbot

In Italien gilt eines der strengsten Rauchverbote in Europa. Seit 2005 darf in öffentlichen Räumen, aber auch in Restaurants, Bars, Diskotheken und Cafés nicht geraucht werden. Rauchen darf man nur noch in Raucherzimmern oder im Freien. Wer gegen das Gesetz verstößt, muss mit hohen Geldbußen rechnen. Restaurant- oder Kneipeninhabern drohen bis zu 2200 € Strafe, Gästen bis zu 250 €. Die Wirte sind außerdem verpflichtet, jeden rauchenden Gast anzuzeigen.

Trinkgeld

Zwar wird pro Essen meist noch ein Service-Zuschlag von 12 Prozent erhoben, dennoch sollte man etwa 5–10 Prozent Trinkgeld geben. Prüfen Sie die Rechnung auf Fehler. Es gilt nicht als unhöflich. Wenn ein Restaurant bei den Carabinieri (Polizei) wegen einer überhöhten Rechnung zu Recht angezeigt wird, muss es nicht nur eine Strafe zahlen, sondern auch für eine bestimmte Zeit schließen.

■ CANAL GRANDE

Hotels und Restaurants am Canal Grande finden sich unter dem entsprechenden Bezirk. Siehe die Karte auf S. 49 zu den Grenzen.

■ SAN MARCO

🏨 GRITTI PALACE
€€€€€ ★★★★★
SAN MARCO 2467, CAMPO
SANTA MARIA DEL GIGLIO
TEL. 041 794 611
www.thegrittipalace.com
Dieses venezianische
Spitzenhotel war einst
der Palast einer der
bedeutendsten Familien
Venedigs. Die Zimmer
sind groß und modern,
die Gemeinschaftsräume
verkörpern den Prunk
der Renaissance. Man
kann hier im Zimmer
Ernest Hemingways woh-
nen, obwohl man sich
fragt, wie ein Mann, der
gern mit den Gondolieri
trank, in einem solch eleganten Hotel landete.
🛏 82 🚤 Giglio ⮂ 🅢
🅢 Alle gängigen Karten

🏨 BEL SITO
€€€€ ★★★
SAN MARCO 2517, CAMPO
SANTA MARIA DEL GIGLIO
TEL. 041 522 3365
www.hotelbelsitovenezia.it
Ein kleines Juwel. Die
Zimmer sind etwas klein,
aber schön in Pastelltö-
nen und Blumenmustern
des 18. Jahrhunderts
dekoriert. Guter Service.
Glutenfreies Frühstück.
🛏 34 🚤 Giglio 🅢
🅢 AE, MC, V

🏨 FLORA
€€€€ ★★★
SAN MARCO 2283/A,
CALLE LARGA XXII MARZO
TEL. 041 520 5844
www.hotelflora.it
Das Flora liegt abgeschie-
den am Ende einer engen
Gasse, die von einer
belebten Hauptstraße
abgeht. Reizend und
behaglich. Der Garten ist
im Sommer ein Traum.
🛏 40 🚤 Giglio ⮂ 🅢
🅢 Alle gängigen Karten

🏨 A LE BOTEGHE
€€
SAN MARCO 3438,
CALLE DE LE BOTEGHE
TEL. 349 197 4833
www.aleboteghe.it
Keine 50 Meter von dem
beliebten Campo San
Stefano entfernt, werden
in der dritten Etage eines
alten Palazzo zwei hüb-
sche Doppelzimmer so-
wie ein Dreibettzimmer
vermietet. Das reichhal-
tige Frühstück wird mor-
gens in der sogenannten
Halle serviert, wo man
sich trifft und seine Ve-
nedig-Erfahrungen und
Erlebnisse austauscht.
Clara und Giordano sind
sehr um das Wohl ihrer
Gäste bemüht.
🛏 3 🚤 S. Angelo,
S. Samuele 🅢 🅢 Keine

DER BESONDERE TIPP

🍴 CAFFÈ FLORIAN
€€€€
PIAZZA SAN MARCO 56–59
TEL. 041 520 5641
Das Florian war eines der
ersten Kaffeehäuser in
Venedig und aufgrund
seiner Lage an der Piazza
eines der wichtigsten.
Künstler und Dichter,
darunter Goethe, Wag-
ner und Casanova, haben
hier ihren Kaffee getrun-
ken. Die Wandgemälde
(17. Jh.) und große Spie-
gel machen die kleinen
Räume verführerisch
schön. Bleiben Sie ruhig
länger – für die Preise, die
Sie zahlen müssen, sollten
Sie die Erfahrung auskos-
ten. Im Sommer spielt
ein Orchester, wofür Sie
zusätzlich einen Obolus
entrichten müssen.
🍽 110 innen, 80 in der
Galerie außen, 400 auf
dem Platz 🚤 San Zaccaria,
Vallaresso ⏱ Im Winter
Mi geschl. 🅢 AE, MC, V

PREISKATEGORIEN

HOTELS
Die Preiskategorien für ein
Doppelzimmer pro Nacht
ohne Frühstück:

€€€€€	über 300 €
€€€€	200–300 €
€€€	150–200 €
€€	100–150 €
€	unter 100 €

RESTAURANTS
Die Preiskategorien für ein
Drei-Gänge-Menü ohne
Getränke:

€€€€	über 80 €
€€€	50–80 €
€€€	35–50 €
€€	20–35 €
€	unter 20 €

🍴 HARRY'S BAR
€€€€
SAN MARCO 1323,
CALLE VALLARESSO
TEL. 041 528 5777
Die kleine Bar, an der
schon Ernest Hemingway,
Frank Sinatra und Wins-
ton Churchill einen Drink
genommen haben, wird
heute natürlich in erster
Linie von ausländischen
Besuchern frequentiert.
Aber der sanft beleuchte-
te Speisesaal oben in der
ersten Etage bietet eine
gute Karte und makello-
sen Service. Erstklassige
Küche und zahlreiche
venezianische Speziali-
täten, wie das *carpaccio*,
das hier erfunden wurde.
Kosten Sie außerdem den
ebenfalls vom Besitzer
erfundenen Cocktail
»Bellini« aus Pfirsichsaft
und Sekt. Reservierung
ist zu empfehlen.
🍽 80 🚤 Vallaresso 🅢
🅢 Alle gängigen Karten

🍴 PIETRO PANIZZOLO »DA CARLA«

€€

SAN MARCO 1535,
CORTE CONTARINI
TEL. 041 523 7855

Wenn Sie von der Frezzeria abbiegen und unter dem Sotoportego Contarini hindurchgehen, finden Sie diesen kleinen Schatz. Bei nur sieben Tischen werden Sie vermutlich mit Fremden zusammen sitzen, aber die an der Bar ausgestellten Tagesgerichte gehören zu den preisgünstigsten Mahlzeiten in Venedig. Gute Nudelgerichte, venezianische Speisen wie *sardine in saor* und viel gekochtes frisches Gemüse. Ganztägig bis 23 Uhr geöffnet. Gute Weinkarte.

🛏 22 🚏 Vallaresso
🕐 So geschl. 💳 Keine

DER BESONDERE TIPP
🍴 ENOTECA AL VOLTO

€

SAN MARCO 4081,
CALLE CAVALLI
TEL. 041 522 8945

An einer unauffälligen Straße an der Flanke der Ca' Farsetti befindet sich diese Weinbar in einem Gewölbe, das früher wahrscheinlich ein Lagerhaus war. Dunkel und einladend. Man serviert hier mehr als tausend unterschiedliche italienische und andere Weine sowie eine schöne Auswahl venezianischer *cicchetti* als Snacks. Die Musik – von Blues bis Jazz – kommt von Band. Das Al Volto ist täglich bis 22.30 Uhr geöffnet.

🛏 25 🚏 Rialto
🕐 So geschl. 💳 Keine

🟧 CASTELLO

DER BESONDERE TIPP
🏨 METROPOLE

€€€€€ ★★★★

CASTELLO 4149,
RIVA DEGLI SCHIAVONI
TEL. 041 520 5044
www.hotelmetropole.com

Das Metropole, im ehemaligen Waisenhaus von Vivaldis Kirche gelegen, kombiniert Intimität mit verblichener Eleganz. Das kleine Restaurant bietet mittags ein prächtiges Buffet und abends ein Festpreismenü. Im Sommer sind der Garten und im Winter der vordere Salon schöne Zufluchtsorte vor der Hektik draußen.

🛏 67 🚏 San Zaccaria
❄ 🏊 🎣 💳 Alle gängigen Karten

🏨 BISANZIO

€€€ ★★★

CASTELLO 3651,
RIVA SCHIAVONI/CALLE
DELLA PIETÀ
TEL. 041 520 3100
www.bisanzio.com

In einer Seitenstraße direkt hinter San Zaccaria versteckt, gehört das Bisanzio zur Hotelkette Best Western. Moderne, wenn auch unspektakuläre Zimmer, exzellente Lage und sehr effizienter Service.

🛏 40 🚏 San Zaccaria ❄
🎣 💳 AE, MC, V

🏨 CASA VERARDO

€€€ ★★★

CASTELLO 4765, CAMPO DEI
SANTI FILIPPO E GIACOMO
TEL. 041 528 6138
www.casaverardo.it

Mit viel Liebe zum Detail wurde dieser historische Palazzo aus dem 16. Jahrhundert restauriert und in ein gemütliches Hotel umgewandelt. Antike Möbel, edle Stoffe und Malereien machen das behagliche Hotel zu einer netten Unterkunft.

🛏 23 🚏 San Zaccaria
❄ 🎣 💳 Alle gängigen Karten

🏨 LOCANDA LA CORTE

€€€ ★★★

CASTELLO 6317,
CALLE BRESSANA
TEL. 041 241 1300
www.locandalacorte.it

Wo im 16. Jahrhundert eine venezianische Adelsfamilie residierte, bemüht sich heute ein nettes Hotel-Team um die Gäste aus aller Welt. Das Hotel liegt angenehm ruhig, dennoch ist man in weniger als 15 Minuten im Zentrum Venedigs. Die meisten Zimmer haben hohe Decken und ein recht kleines Bad. Sauberkeit wird großgeschrieben. Die größeren Räume liegen zum Kanal raus, die kleineren zum lauschigen Innenhof, wo im Sommer das Frühstück serviert wird und wo man am Abend einen letzten Absacker zu sich nehmen kann.

🛏 16 🚏 Fondamenta
Nuove 🎣 💳 MC, V, AE

🏨 LOCANDA SILVA

€

CASTELLO 4423,
FONDAMENTA DEL RIMEDIO
TEL. 041 522 7643
www.locandasilva.it

Familiär geführtes Haus, etwas versteckt, aber zentral gelegen. Die Zimmer sind groß, zum Teil etwas abgewohnt. Gemeinschaftsbereiche und Terrassen im obersten Stockwerk mit herrlichem Blick über Venedig.

🛏 23 🚏 San Zaccaria 🎣
💳 Alle gängigen Karten

SCANDINAVIA
€€ ★★★

CASTELLO 5240, CAMPO
SANTA MARIA FORMOSA
TEL. 041 522 3507
www.scandinaviahotel.com
Das Scandinavia war
früher bei jungen Leuten
beliebt, wirkt nach einer
Renovierung aber er-
wachsener. Es liegt direkt
an einem lebhaften Platz
nur fünf Minuten von
fast allen wichtigen Or-
ten. Freundlicher Service.
🛏 33 🚤 San Zaccaria
🅿 💳 AE, MC, V

AL COVO
€€€€

CASTELLO 3968, CAMPIELLO
DELLA PESCARIA
TEL. 041 522 3812
Das 1986 eröffnete Al
Covo hat sich von einer
modischen Neuheit zu
einem der verlässlichsten
innovativen Restaurants
Venedigs entwickelt. Es
ist für seine Interpreta-
tionen venezianischer
Gerichte bekannt. Das
Schwergewicht liegt auf
Fisch – Seebarsch-Ravioli
sind besonders gut, eben-
so kleine weichschalige
Krabben *in saor* und Pasta
mit Austern. In der Saison
gibt es auch Wild. Das
Gemüse stammt aus dem
Garten des Besitzers. Bio-
weine im Angebot.
🪑 47 🚤 San Zaccaria,
Arsenale 🕐 Mi, Do geschl.
🅿 💳 Keine

CORTE SCONTA
€€€€

CASTELLO 3886,
CALLE DEL PESTRIN
TEL. 041 522 7024
Ein Teil des Reizes des
»versteckten Hofs«
besteht darin, dass er
schwer zu finden ist.
Das Corte Sconta ist aus
einem kleinen Familien-

betrieb entstanden.
Heute genießen mehr
ausländische Besucher als
Venezianer die hausge-
machten Nudeln und den
frischen, ungewöhnlich
zubereiteten Fisch, wie
Gnocchi mit Tintenfisch,
gebackene weichschalige
Krabben und geschmor-
ten Aal. Es kann laut
werden. Das Lokal ist also
für ein romantisches Es-
sen weniger geeignet. Im
Sommer ist der Garten
geöffnet.
🪑 70 🚤 Arsenale
🕐 So, Mo geschl.
💳 Alle gängigen Karten

IL NUOVO GALEON
€€

CASTELLO 1309,
VIA GARIBALDI
TEL. 041 520 4656
Ein lautes Lokal für Einheimische. Das Fischmenü
bietet viel fürs Geld.
🪑 43 🚤 Arsenale, Giar-
dini 🕐 Di, im Winter auch
Mo geschl. 💳 Alle gängi-
gen Karten

■ CANNAREGIO

ABBAZIA
€€€€ ★★★

CANNAREGIO 8,
CALLE PRIULI
TEL. 041 717 333
www.abbaziahotel.com
Das Abbazia liegt hinter
der Kirche von Scalzi
und war ursprünglich die
Abtei der barfüßigen Kar-
meliter. Die Renovierung
hat die gotische Anlage
des Refektoriums (heute
der Hauptsalon) inklusive
der erhobenen Holz-
kanzel für Bibellesungen
während der Mahlzeiten
intakt gelassen. Die Zim-
mer sind modern, aber
streng. Der Garten ist ein
einziger Luxus.
🛏 40 🚤 Ferrovia 🅿
💳 AE, MC, V

GIORGIONE
€€€€ ★★★★

CANNAREGIO 4587, CALLE
LARGA DEI PROVERBI
TEL. 041 522 5810
www.hotelgiorgione.com
Heute erinnert nur noch
wenig an die Ursprünge
dieses nahe am Rialto
gelegenen Hotels, das
schon seit hundert Jahren
existiert. Der Palast aus
dem 15. Jahrhundert bie-
tet seinen Gästen einen
kleinen Wellness-Bereich
mit Hydromassage-Pool,
was perfekte Entspan-
nung nach langen Stadt-
erkundungen verspricht.
Die eher kleinen Zimmer
verfügen über moderne
Annehmlichkeiten und
attraktive Gestaltung. Es
gibt auch ein für Rollstuhlfahrer gestaltetes Zimmer.
🛏 72 🚤 Fondamenta
Nuove, Ca' d'Oro 🅿 ♿
💳 Einige Zimmer 💳 Alle
gängigen Karten

HESPERIA
€€€ ★★★

CANNAREGIO 459,
CALLE RIELLO
TEL. 041 715 251
www.hotelhesperia.com
Ein heimeliges Hotel mit
Tradition. Die Zimmer
sind geräumig und die
Bäder schön. Einige Zim-
mer haben noch Murano-
Kronleuchter.
🛏 18 🚤 Ferrovia, Guglie
🅿 💳 AE, MC, V

LOCANDA DEL
GHETTO
€€€ ★★★

CANNAREGIO 2892–2893,
CAMPO DEL GHETTO
NUOVO
TEL. 041 275 9292
www.locandadelghetto.net
Im Herzen des ehema-
ligen jüdischen Gettos
liegt direkt an dem
zentralen Platz neben
dem Jüdischen Museum

dieses kleine, persönlich
geführte Hotel. Das
Gebäude stammt aus
dem 15. Jahrhundert, im
selben Haus befindet sich
auch eine der Synago-
gen. Den Gast erwarten
gepflegte Zimmer mit
Parkettböden, geräumige
Bäder und ein netter
Service. Zum Frühstück
werden auch koschere
Speisen angeboten.
🚪 9 🚉 San Marcuola
🔄 🈺 🏧 Alle gängigen
Karten

🏨 GIARDINO DEI MELOGRANI
€€ ★★★
CANNAREGIO 2873/C,
CAMPO DEL GHETTO
NUOVO
TEL. 041 822 6131
www.pardesrimonim.net
Im ehemaligen jüdischen
Getto liegt am zentralen
Platz hinter dem Holo-
caust-Denkmal »Der
Abtransport« dieses neue
Hotel samt dem ange-
schlossenen lauschigen
koscheren Restaurant
»Ghimel Garden«. Die
schlichten, angenehmen
Zimmer, darunter auch
Familienzimmer, sind
ruhig, der Service ist
freundlich. Es gibt mor-
gens ein koscheres Früh-
stücksbuffet.
🚪 14 🚉 San Marcuola
🔄 🈺 🏧 Alle gängigen
Karten

🍽 ALGIUBAGIÒ
€€€€
CANNAREGIO 5039,
FONDAMENTE NOVE
TEL. 041 523 6084
Romantisches Restaurant
mit herrlicher Außenter-
rasse und Blick nach San
Michele. Typisch italienische Gerichte, modern
interpretiert. Nicht ganz
billig.
🚪 80 🚉 Fondamente

Nove 🕐 Mo geschl.
🏧 Alle gängigen Karten

🍽 FIASCHETTERIA TOSCANA
€€€€
CANNAREGIO 5719,
CAMPO SAN GIOVANNI
CRISOSTOMO
TEL. 041 528 5281
Trotz des Namens eines
toskanischen Weinla-
dens ist die Karte aus-
schließlich venezianisch.
Klassische Spezialitäten
wie *bigodine in salsa* und
sardine in saor sind erstklassig und die frischen
Fischvorspeisen superb.
Das Dekor ist etwas karg,
der Service aber makel-
los. Im Sommer lockt der
Innenhof.
🚪 80 🚉 Rialto 🕐 Di, Mi
mittags geschl. 🈺 🏧 Alle
gängigen Karten

🍽 AI 40 LADRONI
€€
CANNAREGIO 3253, FONDA-
MENTA DELLA SENSA
TEL. 041 715 736
Der Familienbetrieb lag
früher abseits ausgetre-
tener Pfade, wurde dann
aber von einem vielfälti-
gen, sehr loyalen lokalen
Publikum entdeckt. Der
Fisch ist absolut frisch.
Ein Abend an einem
Tisch am Kanal kann ein
unvergessliches Erlebnis
sein. Die gemischten
Fisch-Appetithappen sind
sehr delikat.
🚉 San Marcuola, Sant
Alvise 🕐 Mo geschl.
🏧 DC, MC, V

🍽 BREK
€
CANNAREGIO 124,
LISTA DI SPAGNA
TEL. 041 244 0158
In dieser Filiale einer klei-
nen italienischen Kette
mag es nichts typisch
Venezianisches geben,

aber dafür bekommt
man günstig anständi-
ges Essen. Wie in einer
Cafeteria können Sie
mit Ihrem Tablett von
Station zu Station gehen
und Pasta, Fleisch, Salat
und Nachtisch mit wenig
Aufwand und Konfusion
auswählen. Preiswert.
🚪 130 🚉 Ferrovia
🕐 Mo geschl.
🏧 Alle gängigen Karten

DER BESONDERE TIPP

🍽 TORREFAZIONE CANNAREGIO
€
CANNAREGIO 1337,
STRADA NUOVA
TEL. 041 716 371
In dem altmodischen
Lokal bekommt man aus-
gezeichneten Espresso.
Man kann allerdings nicht
sitzen, da der enge Raum
von riesigen Säcken
ungerösteter Kaffeeboh-
nen eingenommen wird.
Dies ist einer der besten
Orte der Stadt, um
Einheimische zu treffen
oder natürlich Kaffee zu
kaufen.
🚪 Keine 🚉 Guglie, San
Marcuola 🕐 So geschl.
🏧 Keine

🟥 SAN POLO & SANTA CROCE

🏨 OLTRE IL GIARDINO
€€€€
SAN POLO 2542, FONDA-
MENTA CONTARINI
TEL. 041 275 0015
www.oltreilgiardino-venezia.
com
Das stilvoll-charmante
kleine Hotel ist in dem
ehemaligen Anwesen von
Alma Mahler, der Frau
des Komponisten Gustav
Mahler, eingerichtet. Die
Zimmer sind individuell
gestaltet, im Sommer

kann man in dem kleinen Garten frühstücken.

🛏 6 ⛴ San Tomà
💳 AE, MC, V

🏨 AL SOLE
€€€ ★★★

SANTA CROCE 134,
FONDAMENTA MINOTTO
(TOLENTINI)
TEL. 041 244 0328
www.alsolehotels.com

Noch ein Palast – Ca' Marcello (16. Jh.) –, der zum Hotel geworden ist. Fassade, Foyer und Garten des Al Sole sind wunderbar, ganz zu schweigen von der Lage in einer der schönsten Gegenden Venedigs. Die Zimmer sind komplett modernisiert und etwas steril, haben aber einige reizende ältere Elemente wie geschnitzte hölzerne Kopfbretter an den Betten. Ein paar Zimmer sind größer als in Venedig üblich. Günstige Lage in der Nähe des Piazzale Roma und des Campo Santa Margherita. Zuweilen etwas barsches Personal.

🛏 51 ⛴ Piazzale Roma
🅿 💳 Alle gängigen Karten

🏨 LOCANDA STURION
€€€ ★★★

SAN POLO 679,
CALLE STURION
TEL. 041 523 6243
www.locandasturion.com

Bellinis *Wunder des heiligen Kreuzes* (15. Jh.) weist bereits auf dieses Gebäude hin. Die Zimmer sind im Stil des 18. Jahrhunderts eingerichtet. Das Sturion ist nur einen Katzensprung vom Rialto entfernt. Toller Blick über den Canal Grande. Reservieren Sie möglichst weit im Voraus.

🛏 11 💳 AE, V

🏨 SAN CASSIANO/ CA' FAVRETTO
€€ ★★★★

SANTA CROCE 2232,
CALLE DELLA REGINA
TEL. 041 524 1768
www.sancassiano.it

Auf der Vaporetto-Fahrt wird Ihnen der schöne rote Palast schon auffallen sein – eines der wenigen Hotels direkt am Canal Grande. Die Gemeinschaftsräume und der Balkon im zweiten Stock sorgen dafür, dass Sie sich wie ein Botschafter auf Besuch fühlen. Die Zimmer sind klein und einfach, aber völlig ausreichend, und der Service ist erstklassig. Achten Sie auf Sonderangebote.

🛏 35 ⛴ San Stae 💳
🅿 Einige Zimmer
💳 AE, MC, V

🏨 AI TOLENTINI
€ ★

SANTA CROCE 197/G
CALLE AMAI
TEL. 041 275 9140
www.albergoaitolentini.it

Hotels in der Nähe des Busbahnhofs (Piazzale Roma) sind gewöhnlich nicht sehr attraktiv, aber dieses kleine Hotel hier ist eine gute Option und für den recht günstigen Preis reizend und bequem. Die Zimmer sind zwar klein, der Service aber freundlich. Das Frühstück wird in einem Café um die Ecke serviert. Gepäckaufbewahrung.

🛏 7 ⛴ Piazzale Roma
💳 Alle Karten

🍴 LA ZUCCA
€€€

SANTA CROCE 1762,
PONTE DEL MEGIO
TEL. 041 524 1570

Ein überaus beliebtes Lokal für alle, die frisches

Gemüse Fleisch und Fisch vorziehen. Denn hier stehen auch saisonale Gemüsegerichte auf der Karte. Im Herbst sollte man unbedingt die Kürbisgerichte (*zucca*) probieren.

🍽 35 ⛴ San Stae 🕐 So geschl. 💳 Alle Karten

🍴 OSTERIA DA FIORE
€€€

SAN POLO 2202/A,
CALLE DEL SCALETER
TEL. 041 721 308

Nicht mit der Trattoria da Fiore in Santo Stefano zu verwechseln, ist dieses Restaurant nicht weit von San Giacomo dell' Orio eines der wenigen Lokale in Venedig, die im Guide Michelin erscheinen, und zwar mit Stern. Fantasievolle Fischgerichte wie gebackene weichschalige Krabben mit Polenta werden perfekt zubereitet und präsentiert. Interessante Aus-

wahl an venezianischem Käse und sehr eindrucksvolle Weinkarte. Reservierung erforderlich.
🛏 80 🚉 San Silvestro, San Stae 🕐 So, Mo geschl. 🅢
🅢 Alle gängigen Karten

OSTERIA ALBA NOVA
€€

SANTA CROCE 1252,
LISTA DEI BARI
TEL. 041 524 1353

Der kleine, zuweilen laute Familienbetrieb bietet überdurchschnittliche Hausmannskost und große Portionen. Im Herbst findet sich auf der Karte manchmal Wild, darunter Reh und Bergziege.
🛏 20 🚉 Riva di Biasio
🕐 🅢 🅢 Alle gängigen Karten

◼ DORSODURO

HOTEL PALAZZO STERN
€€€€€ ★★★★

DORSODURO 2792/A
TEL. 041 277 0869
www.palazzostern.it

Für viele ist dies die beste Adresse Venedigs! Denn das Hotel Palazzo Stern, das direkt am Canal Grande liegt und eine wunderschöne Terrasse besitzt, auf der man herrlich entspannt frühstücken oder abends ein Glas Wein trinken kann, bietet ein wirklich hervorragendes Preis-Leistungs-Verhältnis. Die individuell gestalteten Zimmer (am schönsten sind natürlich die mit Canal-Grande-Blick) sind geräumig und pieksauber. Der Service ist sehr nett, und den Jacuzzi mit bis zu 40 Grad heißem Wasser auf dem Dach wird man vor allem in den Wintermonaten zu schätzen wissen. Gut ist auch

die Vaporetto-Anbindung, denn die Station Ca' Rezzonico liegt direkt vor der Tür. Vom Palazzo Stern aus erreicht man zudem in ein paar Minuten zu Fuß die nettesten Abendtreffs der Stadt: den Campo San Barnaba und den längst von Studenten eroberten Campo Santa Margherita.
🛈 22 🚉 Ca' Rezzonico
🅢 🅢 🅢 Alle gängigen Karten

AMERICAN
€€€ ★★★

DORSODURO 628,
FONDAMENTA BRAGADIN
(SAN VIO)
TEL. 041 520 4733
www.hotelamerican.it

Das American liegt wunderschön an einem Kanal unweit des Canal Grande und der Gallerie dell'Accademia. Es besitzt hübsche Gemeinschaftsräume, die im Stil der Renaissance mit Brokat und gedämpftem Licht gestaltet sind. Die Zimmer sind modern.
🛈 28 🚉 Accademia
🅢 🅢 AE, MC, V

PENSIONE ACCADEMIA VILLA MARAVEGE
€€€ ★★★

DORSODURO 1058,
FONDAMENTA BOLLANI
TEL. 041 521 0188
www.pensioneaccademia.it

Eine kleine Oase ganz nah am Canal Grande mit – wenn auch eingeschränktem – Blick auf Venedigs Prachtwasserstraße. Die 27 Zimmer sind liebevoll im venezianischen Stil eingerichtet, ein hübscher Garten lockt in den Sommermonaten ins Freie. Und die Lage nahe Accademia und einigen der wichtigsten

Museen der Stadt ist ohnehin kaum zu toppen.
🛈 27 🚉 Accademia 🅢
🅢 Alle gängigen Karten

PENSIONE LA CALCINA
€€€ ★★★

DORSODURO 780,
ZATTERE AL GESUATI
TEL. 041 520 6466
www.lacalcina.com

Man bekommt in diesem kleinen Hotel mit sehr loyaler Kundschaft nur schwer ein Zimmer, deshalb möglichst frühzeitig reservieren. Seine erstklassige Lage ermöglicht von der Dachterrasse oder der über das Wasser gebauten Terrasse mit Tischen großartige Blicke auf den Giudecca-Kanal.
🛈 29 🚉 Zattere, Accademia 🅢 🅢 Alle gängigen Karten

LOCANDA SAN BARNABA
€€ ★★★

DORSODURO 2785–2786,
CALLE DEL TRAGHETTO
(SAN BARNABA)
TEL. 041 241 1233
www.locanda-sanbarnaba.com

Der Palast aus dem 16. Jahrhundert ist erst vor wenigen Jahren in ein Hotel umgewandelt worden. Den eleganten Hauptsalon umweht noch ein Hauch der einstigen Grandezza. Die Zimmer sind recht klein und modern, aber manche Decke weist noch hübsche Renaissancefresken auf. Der Hofgarten für das Frühstück im Sommer und eine kleine Sonnenterrasse sind reizvoll. Die Lage gehört zu den besten in der Stadt.
🛈 13 🚉 Ca' Rezzonico
🅢 🅢 V

🍴 LINEADOMBRA
€€€€€
DORSODURO 19,
PONTE DE L'UMILTÀ
TEL. 041 241 1881
www.ristorantelineadombra.
com
Hier zahlt man natürlich für die Lage mit! Auf der wunderschönen Terrasse über dem Giudecca-Kanal genießt man an Sommerabenden beim Blick auf die angestrahlte Redentore-Kirche fangfrischen, exzellenten Fisch. Neben Fischgerichten stehen auf der Karte auch Vegetarisches und einige wenige Fleischgerichte. Beeindruckend ist die Auswahl an erlesenen Weinen. An kühleren Tagen lockt der kleine, moderne Innenraum, der über nur wenige Tische verfügt. Reservierung ist empfehlenswert.
🪑 50 ⛴ Salute
🕐 Di geschl. 💳 V

DER BESONDERE TIPP
🍴 AI GONDOLIERI
€€€
DORSODURO 366,
PONTE DEL FORMAGER
TEL. 041 528 6396
Eine Seltenheit in Venedig: Auf der Karte findet sich kein Fisch, sondern der Schwerpunkt liegt auf Fleisch sowie leckeren Gerichten aus jahreszeitlichen regionalen Zutaten, wie Risotto mit *castraure* (kleine frühe Artischocken), Risotto mit Wachtel und *bruscandoli* (eine wilde grüne Pflanze) wie auch Kalb, Ente und Reh. Im Herbst bietet die Karte viele Gerichte mit den Trüffeln aus Alba in Piemont.
🪑 50 ⛴ Accademia
🕐 Di geschl. 💳
💳 Alle gängigen Karten

🍴 ANTICA LOCANDA MONTIN
€€€
DORSODURO 1147, FONDAMENTA DELLE EREMITE
TEL. 041 522 7151
Das traditionsreiche Lokal am Rio Eremite, in dem einst Filmschauspieler und Intellektuelle ein- und ausgingen und das nur durch eine Laterne auf sich aufmerksam macht, bietet einen riesigen, laubenartigen Garten. Eine herrliche Oase an heißen Sommerabenden. Solide Küche, weshalb auch nach wie vor viele Venezianer unter den Gästen sind.
🪑 150 ⛴ Zattere 💳 Alle gängigen Karten

🍴 CASIN DEI NOBILI
€€
DORSODURO 2756,
CALLE LUNGA
TEL. 041 241 1841
Noch immer eine Institution in Venedig: laut, hektisch, immer rappelvoll und mit persönlicher Atmosphäre! Auch wenn die Qualität leider etwas nachgelassen hat. Hier bekommt man gute Pizza zu angemessenen Preisen, was in Venedig wahrlich nicht selbstverständlich ist. Deshalb muss, wer ohne Reservierung kommt, schon mal ein Weilchen warten, bis ein Tisch frei wird. Neben Pizza stehen auch Fleisch- und Fischgerichte auf der Karte. Man sitzt urgemütlich in einem hübschen Gastraum, dessen Dach im Sommer geöffnet werden kann. Draußen vor der Tür gibt es hingegen nur zwei kleine Tische.
🪑 60 ⛴ Ca' Rezzonico
🕐 Mo geschl. 💳 Keine

🍴 ENOTECA AI ARTISTI
€€
DORSODURO 1169/A,
FONDAMENTA DELLA TOLETTA
TEL. 041 523 8944
Kleine, sehr geschmackvoll und modern und dabei gemütlich eingerichtete Enoteca mit zauberhaften Plätzen draußen am Kanal. In der Küche werden nur frische Produkte vom Markt verarbeitet. Zum Spritz werden auf Wunsch außerdem köstliche *cicchetti* serviert. Von hier aus ist man rasch am lebhaften Campo Santa Margherita.
🪑 30 ⛴ Ca' Rezzonico, Accademia 🕐 So geschl.
💳 Keine

■ DIE INSELN

BURANO

🍴 AL GATTO NERO
€€€
VIA GIUDECCA 88
TEL. 041 730 120
Das beliebte Fischlokal am Kanal wird von den Einheimischen gerne besucht. Neben köstlichen Fischgerichten bereitet Chefkoch Ruggero Bovo auch andere typisch venezianische Gerichte aus lokalen Produkten zu, wie etwa *risotto buranello*. Die »Schwarze Katze« ist meist brechend voll, deshalb sollte man nach Möglichkeit reservieren.
🪑 50 ⛴ Burano 💳
💳 Alle gängigen Karten

🍴 DA ROMANO
€€€
VIA GALUPPI 221
TEL. 041 730 030
Die Wände von Buranos berühmtestem Restaurant sind mit Kunstwerken von ganzen Generationen zufriede-

---

🏨 Hotel　🍴 Restaurant　🛏 Zimmer　🪑 Plätze　⛴ Vaporetto　🅿 Parkplatz　🕐 Öffnungszeiten　🛗 Aufzug

ner Gäste verziert, einige noch berühmter als das Lokal selbst. Matisse, Mirò, aber auch Maria Callas, Ernest Hemingway und Charlie Chaplin haben hier gespeist. Die umfangreiche Karte enthält traditionelle venezianische Gerichte, die man nicht mehr oft bekommt (wie z.B. *risotto di gò*, Reis mit Meergrundeln). Die Küche ist nicht römisch, wie der Name vermuten lässt, sondern der Gründer hieß Romano.

🛏 100 📍 Burano
🕐 Di geschl. 🅂
🅇 Alle gängigen Karten

LIDO

🏨 EXCELSIOR
€€€€€ ★★★★★
LUNGOMARE GUGLIELMO MARCONI 41
TEL. 041 526 0201
www.hotelexcelsiorvenezia.com
Um die Jahrhundertwende war das Excelsior eines der ersten europäischen Hotels, das einen Monat (oder den ganzen Sommer) am Meer als Urlaubsform etablierte. Es ist immer noch riesig, glamourös und bietet praktisch alles. Anfang September versammeln sich hier Presseleute und Filmstars und -sternchen zum Filmfestival.

ℹ 207 📍 Lido 🕐 Mitte Nov.–Mitte März geschl.
🅂 🅂 Einige Zimmer 🅂
🅇 Alle gängigen Karten

🏨 VILLA STELLA
€€ ★★
LIDO, VIA S. GALLO 111
TEL. 041 5260745
www.villastella.com
Eine sehr persönliche Atmosphäre herrscht in dem kleinen Hotel, das seit 1940 Gäste be-

herbergt. Mit viel Liebe zum Detail wurden die gepflegten, sauberen Zimmer eingerichtet. Neu ist die Familiensuite. Der kleine Garten ist oft ein geselliger Treffpunkt am frühen Abend, wenn zur *tea time* geladen wird. Hier nehmen die Gäste im Sommer auch ihr Frühstück ein, das weit über dem in Venedig üblichen Standard liegt. Frisches Obst, guter Kaffee und köstlicher Cappuccino gehören selbstverständlich dazu. Eine Wohlfühl-Adresse, auch für Familien mit Kindern. Parkplätze sind vorhanden.

ℹ 12 📍 Santa Maria Elisabetta 🅂
🅇 AE, EC, MC, V

🍽 TRATTORIA DA ANDRI
€€€
VIA LEPANTO 21
TEL. 041 526 5482
Der junge Besitzer des guten Restaurants mit einfacher Einrichtung hat sich mit perfekten Fischgerichten schnell einen Namen gemacht. Der gemischte Fischteller ist immer ausgezeichnet. Attraktive, kleine schattige Terrasse im Sommer. Reservierung empfohlen.

🍽 60 📍 Lido 🕐 Mo, Di geschl. 🅇 Alle Karten

🍽 161
€€
VIA SANDRO GALLO 161
TEL. 041 526 7256
Das Lokal serviert solide venezianische Hausmannskost wie *Bigoi in salsa* und *Pasta fasoi*. Das Personal ist flott und freundlich. Pizza gibt es nur abends.

🍽 65 📍 Lido 🕐 Mi geschl. 🅂 🅇 AE, DC, V

MURANO

🍽 **DER BESONDERE TIPP**
🍽 BUSA ALLA TORRE
€€€
CAMPO SANTO STEFANO 3
TEL. 041 739 662
Wer zur Mittagszeit auf Murano ist, sollte unbedingt sehen, was der freundliche, überschwängliche Lele zubereitet hat. Die Fischravioli mit Krabbensauce sind besonders bemerkenswert, ebenso die gebackenen Fischgerichte, wie Seezunge, Tintenfisch und Krabben. Es gibt draußen einige Tische auf einem kleinen Platz unter dem Glockenturm.

🍽 50 📍 Colonna
🕐 abends geschl. 🅂
🅇 Alle gängigen Karten

🍽 AL CORALLO
€€
FONDAMENTA DEI VETRAI 73
TEL. 041 739 636
Eine bekannte Trattoria auf der Hauptroute vom Vaporetto-Haltepunkt zu Muranos Canal Grande. Man bekommt die üblichen Pasta- und Fischgerichte, etwa die klassischen Spaghetti mit Beilagen wie *capparossoli*, lokalen Venusmuscheln, Tintenfischtinte oder *ragù*, der Hackfleisch-Tomaten-Sauce. Danach können Sie gegrillten oder gebackenen Fisch essen, aber auch Gerichte wie Lasagne. Dazu offeriert man einen guten, nicht zu teuren Hauswein. Probieren Sie zum Nachtisch das Tiramisu. Die Qualität ist immer gut, und es gibt ein paar Tische am Kanal.

🍽 80 📍 Colonna
🕐 Di geschl. 🅂
🅇 Alle gängigen Karten

🅂 Nichtraucher 🅂 Klimaanlage 🛁 Pool im Haus 🏊 Pool im Freien 🏋 Fitness & Spa 🅇 Kreditkarten

SANT' ERASMO

DER BESONDERE TIPP

CA' VIGNOTTO
€€€
VIA FORTE 71
TEL. 041 244 4000
Sant' Erasmo ist Venedigs Bauernland, eine längliche Insel voller Gemüseplantagen. Die Karte konzentriert sich auf lokale Zutaten, einige vom eigenen Bauernhof, und die Portionen sind groß und gut zubereitet. Es liegt zehn Minuten zu Fuß von der Haltestelle an einer Landstraße, an der an Sommerabenden Leuchtkäfer im Mais leuchten. Es gibt keine Karte, sondern Tagesgerichte, Gnocchi mit Kaninchen, Risotto mit Trauben, überdurchschnittlich gut gebackenen Fisch und stets frisches Gemüse. Am Wochenende sollte man reservieren.
🚤 90 ⛴ 13, N von Fondamenta Nuove bis Chiesa 🕐 Di geschl. 🚫 Keine

TORCELLO

LOCANDA CIPRIANI
€€€€
TORCELLO 29
TEL. 041 730 150
www.locandacipriani.com
Das einzige Hotel auf Torcello. Rustikal, aber elegant. Praktisch jeder bekannte Besucher Venedigs der letzten hundert Jahre hat hier logiert, von Hemingway bis zu Elizabeth II. Die Zimmer sind nicht groß, aber schön, und im Winter heißt Sie im Foyer ein Kaminfeuer willkommen. Das kleine Hotel passt perfekt zu Torcellos magischer, abgeschiedener Ruhe.

ⓘ 6 ⛴ Torcello oder Privatboot 🚤
🚫 Alle gängigen Karten

OSTERIA AL PONTE DEL DIAVOLO
€€€
TORCELLO 29
TEL. 041 730 401
Einige ehemalige Angestellte der Locanda Cipriani eröffneten dieses geräumige Restaurant am Weg vom Vaporetto-Haltepunkt zur Kathedrale. Es hat sich einen Namen als preisgünstige Alternative zu seinem bekannteren Nachbarn gemacht. Das Fischrisotto ist sehr gut, ebenso der gegrillte frische Fisch. Es gibt eine hübsche schattige Terrasse.
🚤 70 ⛴ 12 von Fondamenta Nuove, 9 ab Burano 🕐 Mo geschl. 🚤
🚫 Alle gängigen Karten

VIGNOLE

TRATTORIA ALLE VIGNOLE
€€
ISOLA DELLE VIGNOLE
TEL. 041 528 9707
Wenn Sie einen Sommernachmittag (oder -abend) auf einer kleinen Insel verbringen wollen, die einst von Weinbergen übersät war und fast nur von Einheimischen besucht wird, sind Sie hier richtig. Es begann damit, dass der Bauer nebenan irgendwann anfing, Wein und Salami anzubieten, und obwohl die Karte seitdem gewachsen ist, geht es immer noch rustikal zu. Sie wählen aus dem Angebot auf dem Tisch drinnen, auf dem Sie Spaghetti mit Muscheln oder Tomatensauce, ein spezielles Tagesgericht und ge-

backenen Fisch sowie jahreszeitliches Gemüse wie Spinat, grüne Bohnen und Artischocken finden. Dann suchen Sie sich mit Ihrem Teller drinnen oder draußen unter einem Baum einen Tisch.
🚤 150 ⛴ 13, N von Fondamenta Nuove nach Vignole 🕐 Mo geschl.
🚫 AE, MC, V

GIUDECCA

CIPRIANI
€€€€€ ★★★★
GIUDECCA 10, 30133
TEL. 041 240 801
www.belmond.com/hotel-cipriani-venice
Das Luxushotel ist so herrlich, dass Sie tagelang nicht das Bedürfnis verspüren, San Marco zu besuchen. Besonders schön ist es im Sommer, wenn das Grün mit Blick auf die Lagune zum Dableiben verführt. Ein Essen auf der Terrasse an warmen

Tagen kann eine himmlische Erfahrung sein, aber das Hotel eignet sich nicht für preisbewusste Reisende.

ⓘ 95 🚤 Zitelle oder Privatboot 🚭 🅢 Einige Zimmer 🅣 📺 🉑
🅢 Alle gängigen Karten

🏨 OSTELLO VENEZIA

€

GIUDECCA 86,
FONDAMENTA ZITELLE
TEL. 041 877 8288
www.hostelvenice.org

Jüngst hübsch renoviert, sind die einfachen Zimmer und Schlafsäle eine gute Option für Budgetreisende und Jugendliche. Tolle Lage, super Blick. Mit Lautstärke ist jedoch zu rechnen.

🛏 18 🚤 Zitelle
🅢 Keine

🍴 ALTANELLA

€€€

GIUDECCA 268,
CALLE DE LE ERBE
TEL. 041 522 7780

Die Hauptattraktion dieses Restaurants ist die wunderbare Holzterrasse über dem Kanal, auf der Sie Stunden verbringen können. Die Fischgerichte sind sehr gut, und der Saal nach vorne ist voller Einheimischer – ein untrügliches Zeichen für Qualität.

🪑 40 🚤 Palanca
🕐 Mo, Di geschl. 🅢 Keine

🍴 HARRY'S DOLCI

€€€

GIUDECCA 773,
FONDAMENTA SAN BIAGIO
TEL. 041 522 4844

Der sommerliche Ableger von Harry's Bar (siehe S. 248) hat sich zu einem bescheidenen, aber exzellenten Restaurant entwickelt. Die Karte bietet leichte Gerichte,

wie Thunfischtatar, kalten marinierten Lachs, Tintenfischsalat, Kalb mit Thunfischsauce und kalte Tomatensuppe. Es gibt eine große Auswahl an Desserts, aber die wenigen sind perfekt, wie Harry's Spezialität *crespelle*, Crêpe mit Sahne. Die Tische auf dem *fondamento* am Canale della Giudecca sind unwiderstehlich.

🪑 50 🚤 Giudecca 🕐 Di und Nov.–April geschl.
🅢 🅢 Alle gängigen Karten

🍴 DO MORI

€€

GIUDECCA 588,
SANTA EUFEMIA
TEL. 041 522 5452

Das »Zwei Mohren« hat sich mit gutem Essen zu angemessenen Preisen einen Namen gemacht. Die traditionellen venezianischen Fischgerichte, wie Spaghetti mit Muscheln oder *alla busera*, *baccalà*, gemischter gebackener Fisch, sind sehr gut. Sie können von Ihrem Tisch auf dem *fondamento* mit Blick auf den Canale della Giudecca den Sonnenuntergang sehen.

🪑 50 🚤 Giudecca
🕐 So geschl. 🅢
🅢 Alle gängigen Karten

▊ AUSFLÜGE

DIE KÜSTE

🍴 TRATTORIA AL PONTE DI BORGO

€€

CALLE DELLE MERCERIA,
MALAMOCCO 27
TEL. 041 770 090

Der vordere Saal und die Bar dieses Lokals sind meist voller Einheimischer, aber der hintere Speisesaal bietet Platz und eine erstklassige

Karte. Frischer lokaler Fisch wie Meerbrasse und Seebarsch oder kleine Seezunge wird perfekt zubereitet, und der Service ist stets exzellent.

🪑 80 🚤 Lido, dann Bus B nach Malamocco
🕐 Mo geschl. 🅢 Keine

DER BESONDERE TIPP

🏨 CA' DEL BORGO

€€€ ★★★★

PIAZZA DELE ERBE,
MALAMOCCO 8
TEL. 041 770 749
www.cadelborgo.com

Man würde in Malamocco, das die meiste Zeit ein Fischerdorf war, eigentlich kein Hotel in einem kleinen Palast aus dem 15. Jahrhundert erwarten. Die Ca' del Borgo ist aber schön restauriert worden und hat sich den Reiz eines eleganten Landhauses erhalten. Der Garten ist ideal für ein Frühstück im Freien, und die Strände des Lido sind nicht weit. Ein Sonnenuntergang über der Lagune ist ein unvergessliches Erlebnis.

ⓘ 8 🚤 Lido, dann Bus B nach Malamocco 🅢
🅢 Alle gängigen Karten

🍴 TRATTORIA SCARSO

€€

82 MALAMOCCO
TEL. 041 770 834

Die Trattoria gibt es schon lange. Der Fisch ist immer gut, und das Gemüse stammt oft aus der Gegend (kosten Sie im Frühjahr unbedingt die berühmten Artischocken). Der Garten ist im Sommer eine wahre Oase.

🪑 50 🚤 Lido, dann Bus B nach Malamocco
🕐 Di geschl. 🅢 Keine

🅢 Nichtraucher 🅢 Klimaanlage 🚭 Pool im Haus 🏊 Pool im Freien 🅥 Fitness & Spa 🅢 Kreditkarten

Einkaufen

Nach Ihrem ersten Spaziergang durch die Stadt werden Sie vielleicht meinen, es gebe nur Karnevalsmasken, Murano-Glas und unglaublich teuren Schmuck. Doch neben diesen gängigen Artikeln können Sie überraschend originelle Dinge finden, die vor Ort hergestellt und typisch venezianisch sind.

Öffnungszeiten & Service

Die Öffnungszeiten variieren, aber generell öffnen die Geschäfte später als in anderen italienischen Städten, was manche auf Venedigs byzantinisch-levantinische Vergangenheit zurückführen. Immer mehr Läden bleiben jedoch den ganzen Tag und auch sonntags geöffnet, besonders die Geschäfte in der Nähe von San Marco. Je weiter Sie sich hingegen vom Markusplatz entfernen, desto unwahrscheinlicher wird es – mit Ausnahme der Strada Nova –, dass die Geschäfte sonntags geöffnet sind. Wenn es wichtig ist, sollten Sie vorher anrufen.

Die Venezianer gehen mit wesentlich mehr Muße an das Einkaufen heran als etwa Deutsche. Die meisten Geschäftsleute kennen mehr oder weniger von Geburt an ausländische Kunden und können fast immer ein wenig Deutsch. Sie werden Ihnen behilflich sein, wirken aber oft nicht so, als ob sie etwas verkaufen möchten. Sie sollten dem keine zu große Bedeutung beimessen.

Zwei kuriose Tatsachen, die Sie fast sofort bemerken werden: Zum einen hat jeder Laden selbstverständlich einen Namen, der jedoch von außen häufig nicht zu sehen ist. Deshalb müssen Sie sich bei der Suche mehr nach der Adresse als nach dem Namen richten. Zum anderen werden viele Geschäfte über Nacht mit soliden Metallläden verschlossen. Schaufensterbummel nach dem Abendessen sind deswegen nicht besonders unterhaltsam, häufig erkennt man nicht einmal, was ein Geschäft überhaupt verkauft.

Geschäfte, die Kreditkarten akzeptieren, bieten zuweilen einen kleinen Preisnachlass für Barzahlung. Achten Sie auf Sonderangebote, erkennbar an Schildern wie *sconti, saldi* oder *vendita promozionale*.

Übrigens: Wer Designermode sucht, der ist in San Marco goldrichtig. In der Nähe des Markusplatzes, genauer gesagt in den Mercerie, den dicht gedrängten Geschäftsstraßen, die man durch den Uhrturm erreicht, aber auch in der Calle Larga XXII Marzo, findet man sie alle: Armani, Versace, Gucci & Co. Typisch venezianisch ist das Angebot hier allerdings nicht.

Manche bieten gegen entsprechenden Aufpreis auch einen Versandservice an. Die Gegenstände werden in der Regel gut und sicher verpackt.

Antiquitätenläden & Flohmärkte

Zahlreiche Antiquitätenläden verkaufen Gemälde, Möbel, Silber und Glas. Flohmärkte sind seltener und finden meist in der Weihnachtszeit statt, die beiden wichtigsten auf dem Campo San Bartolomeo und dem Campo San Luca.

Antiquitäten

Sie werden fast überall Antiquitätenläden sehen, aber die höchste Konzentration befindet sich in Dorso-duro und in der Gegend zwischen San Samuele und San Marco. Die Calle delle Botteghe weist etliche Antiquitätengeschäfte auf. Auch der Bereich zwischen Rialto und Piazza San Marco ist ein beliebter Standort.

Antiquus, San Marco 3131 (Calle delle Botteghe, San Samuele), Tel. 041 520 6395, Vaporetto 2, N nach San Samuele, 1 nach Sant' Angelo. Kleines, feines Sortiment an Gemälden, Tafelsilber, Schmuck und Geschirr.

Grafica Antica, San Marco 2089 (Calle Larga XXII Marzo), Tel. 041 522 7199, Vaporetto 1, 2, N bis Rialto. Schöne Auswahl an alten Stichen und historischen Stadtansichten Venedigs.

Luciano Zardin, Dorsoduro 2899 (Campo Santa Margherita), Tel. 041 523 4307, Vaporetto 1 zur Ca' Rezzonico. Kleine, interessante Auswahl, vor allem die alten Stiche venezianischer Feste.

Michele Cicogna, San Polo 2867 (Campo San Tomà), Tel. 041 522 7678, Vaporetto 1, 2, N nach San Tomà. In dritter Generation betriebenes Geschäft, das Ende des 19. Jahrhunderts aus einer Werkstatt entstand, die altes Holzmobiliar verzierte. Der heutige Besitzer reproduziert venezianische Gemälde auf Holztafeln oder Möbeln. Die feinen Holztruhen sind besonders schön. Rahmen werden individuell hergestellt und mit Lack oder Blattgold beschichtet.

Totem Gallery, Dorsoduro 878b (Accademia), Tel. 041 522 3641, Vaporetto 1, 2, N bis Accademia. Afrikanische Kunst des 19. Jahrhunderts, darunter Statuen und Schmuck, gesammelt auf zahlreichen Reisen durch den Kontinent.

Bücher & Musik

Bei zwei Universitäten in der Stadt gibt es keinen Mangel an Buchläden. Viele sind aber spezialisiert und bieten keine fremdsprachigen Bücher.

Einaudi, San Polo 2598 (Rio Terrà, Frari), Tel. 041 714 035, Vaporetto 1, 2, N nach San Tomà. Dieser Kunstverlag bietet Führer zu Palästen und anderen Sehenswürdigkeiten und andere reich bebilderte Bücher über Venedig.

Libreria Acqua Alta, Castello 7176 (Calle Longa Santa Maria Formosa), Tel. 041 296 0841, Vaporetto 1, 2, N bis Rialto. Kuriose Buchhandlung und Antiquariat. Die Bücher werden hier in Booten und einer Gondel präsentiert und turmhoch gestapelt. Wer etwas Zeit mitbringt, wird vielleicht das eine oder andere Juwel entdecken – oder sich an den Katzen erfreuen, die den Laden bevölkern.

Libreria alla Toletta, Dorsoduro 1214 (Calle de la Toletta), Tel. 041 523 2034, Vaporetto 1 zur Ca' Rezzonico, 1, 2, N zur Accademia. Ausgezeichnetes Sortiment an Taschenbüchern und Kunstbüchern, immer reduziert.

Libreria Cafoscarina, Dorsoduro 3259 (Calle Foscari),

Tel. 041 522 6902, Vaporetto 1 bis Ca' Rezzonico. Zwei Schritte von der Universität von Venedig. Exzellente Auswahl an Kunstbüchern.

Libreria di Demetra, San Polo 1228 (Campo San Aponal), Tel. 041 520 8760, Vaporetto 1, 2, N nach San Tomà, 1 nach San Silvestro. Auch: Cannaregio 282 (Campo San Geremia), Tel. 041 275 0152, Vaporetto 1, 2, 3, 4.1, 4.2, 5.1, 5.2, N nach Ferrovia. Auch: Abflughalle, Flughafen Marco Polo. Der riesige Laden hat keinen Charakter, führt aber von Kalendern bis hin zu Klassikern und englischsprachigen Taschenbüchern, Führern und venezianischen Kochbüchern praktisch alles.

Libreria Goldoni, San Marco 4742 (Calle dei Fabbri), Tel. 041 522 2384, Vaporetto 1, 2, N bis Rialto. Herausragendes Sortiment an Büchern über Venedig, Kunstbänden und Reiseführern zu Italien und der ganzen Welt.

Libreria Sansovino, San Marco 84 (Bacino Orseolo), Tel. 041 522 2623, Vaporetto 1, 2, N nach Vallaresso, 1, 2, 4.1, 4.2, 5.1, 5.2, N nach San Zaccaria. Klein, aber voller unwiderstehlicher Kunstbücher, Kalender, Führer und Karten. Günstige Lage am Markusplatz.

Libreria Studium, San Marco 337 (Calle de la Canonica, hinter dem Palazzo Patriarcale), Tel. 041 522 2382, Vaporetto 1, 2, 4.1, 4.2, 5.1, 5.2, N nach San Zaccaria. Große Auswahl an Kunstbüchern, Kalendern und Führern sowie populären Taschenbüchern und katholischen Publikationen, auch Bibeln (in Italienisch).

Il Tempio della Musica, San Marco 5368 (Calle Ramo Fontego dei Tedeschi), Tel. 041 523 4552, Vaporetto 1, 2, N bis Rialto. Von allem etwas, Klassik, Jazz und Rock.

Venice Research, Santa Croce 2165 (Calle della Chiesa), Tel. 0339 560 9637, Vaporetto 1, 2, N bis Rialto. Alte Musikinstrumente, einige stammen noch aus dem 18. Jahrhundert, werden hier restauriert und verkauft. Ein Geschäft für Spezialisten!

Essen & Wein

Bottega della Solidarietà, San Marco 5164 (Salizada Pio X), Tel. 041 522 7545, Vaporetto 1, 2, N bis Rialto. Fair-Trade-Shop, der neben Kulinaria auch Accessoires, Taschen etc. verkauft. Einen Ableger gibt es im südlichen Bereich des Campo Santa Margherita, vis-à-vis der Scuola Grande dei Carmini.

Cantinone, Dorsoduro 992 (Ponte San Trovaso), Tel. 041 523 0034, Vaporetto 2, 5.1, 5.2, 6, 8, 10, 16, N bis Zattere. Eine der ältesten Enotheken Venedigs und der perfekte Ort für eine *ombra*. Die Auswahl an Weinen ist riesig, die Preise sind okay, nicht überzogen.

Casa del Parmigiano, San Polo 214/215/218 (Erberia Rialto), Tel. 041 520 6525, Vaporetto 1 bis Rialto Mercato. Bekannt für hervorragende Käsespezialitäten, köstliche Schinken und andere Delikatessen.

Dolceamaro, Cannaregio 6051 (Salizada San Canzian), Tel. 041 523 8707, Vaporetto 1, N bis Ca' d'Oro. Himmlische Schokolade, aber auch köstliche Marmeladen, Wein, Essig und Öl, Pesto …

Giacomo Rizzo, Cannaregio 5778 (Salizada San Giovanni Crisostomo), Tel. 041 522 2824, Vaporetto 1, 2, N bis Rialto. Hier gibt es die unterschiedlichsten Nudelsorten, frisch vor Ort hergestellt. Das Geschäft exisiert bereits seit mehr als hundert Jahren und ist in Venedig eine Institution.

Mascari, San Polo 381 (Ruga degli Speziali), Tel. 041 522 9762, Vaporetto 1, 2, N bis Rialto. Ein Paradies für Gourmets, hier gibt es alles von Kaffee und Kräutertee zu Süßigkeiten, getrockneten Champignons, getrocknetem und kandiertem Obst sowie Balsamessig. In der Weihnachtszeit wird hier auch *mostarda* verkauft, ein in Venedig beliebter Happen nach dem Essen (schmeckt wie Apfelsauce mit scharfem Senf). Man sagt, es sei gut für die Verdauung.

Millevini, San Marco 5362 (Ramo del Tedeschi), Tel. 041 520 6090, Vaporetto 1, 2, N bis Rialto. Ob es tatsächlich tausend Weine *(mille vini)* sind, die hier angeboten werden, ist nicht sicher. Zumindest ist die Auswahl riesig und wird bereichert durch Olivenöle, Grappa, Sekt und Whiskey.

Pantagruelica, Dorsoduro 2844 (Campo San Barnaba), Tel. 041 523 6766, Vaporetto 1 bis Ca' Rezzonico. Balsamessig, Trüffel, italienischer Reis, in Öl eingelegte Oliven sowie Käse, Schinken und Räucherlachs.

Pasticceria Rosa Salva, San Marco 951 (Calle Fiubera), Tel. 041 521 0544, Vaporetto 1, 2, N nach San Marco Vallaresso. Auch Castello 6779 (Campo Santi Giovanni

e Paolo), Tel. 041 522 7949. Auch: San Marco (Mercerie S. Salvador), Tel. 041 522 7934. Der bekannteste Name in Venedig für Gebäck, Eiscreme und andere Süßigkeiten.

Pasticceria Tonolo, Dorsoduro 3764 (Calle San Pantalon), Tel. 041 523 7209, Vaporetto 1, 2, N bis San Tomà. Viele Venezianer schwören darauf, dass dies die beste Pasticceria der Stadt ist. Das vielfältige Angebot an Kuchen und Gebäck ist so verführerisch, dass man sich kaum entscheiden kann.

G. Rizzo, Cannaregio 3832 (Calle S. Felice), Tel. 041 528 9908, Vaporetto 1, N bis Ca'd'Oro. Dieses Geschäft verkauft Brot, Polenta, Reis und andere Getreidespezialitäten, ist aber noch bekannter für seine Pasta in allen Regenbogenfarben. Wenn Sie zum Beispiel türkisfarbene Nudeln wollen, sind Sie hier richtig.

Rizzo, San Marco 933/a-938 (Calle Fiubera), Tel. 041 522 3388, Vaporetto 1, 2, N nach San Marco Vallaresso. Filiale einer Bäckereikette, die alle möglichen Brotsorten, Plätzchen und Nudeln verkauft, hier aber auch Gerichte zum Mitnehmen anbietet. Olivenöl, Essig und Wein.

VizioVirtù, Castello 5988 (Calle Fava), Tel. 041 275 0149, Vaporetto 1, 2, N bis Rialto. Der Himmel auf Erden für alle Schleckermäuler. Denn die Schokoladen und Pralinen sind ein Gedicht. Bei VizioVirtù bekommt man auch Schokolade in ungewöhnlichen Geschmacksrichtungen sowie nette und witzige süße Mitbringsel.

Geschenke & Souvenirs

Alice in Wonderland, Castello 1639 (Via Garibaldi), Tel. 041 528 7616, Vaporetto 1, 4.1, 4.2 bis Arsenale. Wunderschöne Mosaiken und bemalte Glasobjekte, alle vor Ort hergestellt. Sehr schön sind die eingefassten Spiegel.

A. Santi, Castello 5276 (Calle delle Bande), Tel. 041 522 7222, Vaporetto 1, 2, N bis Rialto oder 1, 2, 4.1, 4.2, 5.1, 5.2, N bis San Zaccaria. Bleistifte und Schreibtischutensilien. Am besten sind aber die Türklopfer und Türglocken in Form von Löwenköpfen aus Messing. Auch Schlüsselanhänger aus Messing mit venezianischen Motiven (*forcola*, Gondel).

Capriccio, Dorsoduro 880/a (Rio Terrà Foscarini, hinter der Accademia), Tel. 041 520 9097, Vaporetto 1, 2, N bis Accademia. Teller, Vasen und mundgeblasene Trinkgläser in modernem und klassischem Design, auch ein besonders interessantes Schmucksortiment, u. a. Armbänder aus Glasgliedern und Ringe.

Claudia Zaggia, Dorsoduro 1195-97/a (Calle de la Toletta), Tel. 041 522 3159, Vaporetto 1, 2, N bis Accademia oder 1 bis Ca' Rezzonico. Hübscher Schmuck und Blumen aus Murano-Glasperlen. Lose alte Perlen stehen ebenfalls zum Verkauf.

Gilberto Penzo, San Polo 2681 (Calle Secondo dei Saoneri), Tel. 041 719 372, Vaporetto 1, 2, N nach San Tomà. Der Kunsthandwerker Gilberto Penzo verkauft u. a. Modelle und Bausätze venezianischer Boote sowie Baupläne, auch Bücher über venezianische Boote.

MEE, Castello 4683/d (Campo San Zaccaria), Tel. 041 523 5565, Vaporetto 1, 2, 4.1, 4.2, 5.1, 5.2, N nach San Zaccaria. Witzige, zum Teil farbenfrohe Designartikel, von Gläsern über Teller bis hin zu Kommoden auf Damenpumps!

Orsoni, Cannaregio 1045 (Sotoportego dei Vedei), Tel. 041 244 0002, Vaporetto 4.1, 4.2, 5.1, 5.2 bis Guglie. Alle erdenklichen Mosaiken; schon allein die Besichtigung der »Farben-Bibliothek« ist ein Erlebnis.

Paolo Brandolisio, 4725 Sotto Portego, Castello (Ponte del Vin), Tel. 041 522 4155, Vaporetto 1, 2, 4.1, 4.2, 5.1, 5.2, N bis San Zaccaria. Einer der wenigen Handwerker, die noch *forcoli* und Ruder für venezianische Boote herstellen. Paolo fertigt auch *forcoli* als Dekoration in unterschiedlichen Größen an. Die hunderte Jahre alte Werkstatt ist allein einen Besuch wert.

Sabbie e Nebbie, San Polo 2723 (Calle dei Nomboli), Tel. 041 719 073, Vaporetto 1, 2, N nach San Tomà. Todschicke Teller, Schalen, Vasen, Teekannen, alles überaus stilvoll arrangiert. Die Teile sind nicht günstig, aber etwas ganz Besonderes.

Glas

Cenedese, Murano (Fondamenta dei Vetrai 68), Tel. 041 527 4455. Vaporetto 3, 4.1, 4.2, 18, N nach Colonna. Das beste Kunstglas, von recht klein bis umwerfend, von einem der großen Namen auf Murano.

Davide Penso, Murano (Riva Longa 48), Tel. 041 527 4634, Vaporetto 3, 4.1, 4.2, N bis Museo. Individuell gestalteter Glasschmuck, der zum Teil von afrikanischen Mustern inspiriert ist.

Il Mercante di Sabbia, San Polo 2724 (Calle dei Saoneri), Tel. 041 524 3865, Vaporetto 1, 2, N bis San Tomà. Moderne Artikel für das Heim.

L'Isola, San Marco 2970 (Calle de le Botteghe), Tel. 041 523 1973, Vaporetto 2, N bis S. Samuele. Moderne Glasobjekte, wunderschöne Gläser, Lampen, Vasen, Skulpturen und Schalen. Das Design stammt von Carlo Moretti, der in Sachen Glas einen Namen hat. Die Objekte sind nicht ganz billig.

Manin 56, Murano (Fondamente Daniele Manin 56), Tel. 041 527 5392, Vaporetto 3, 4.1, 4.2, 18, N bis Colonna. Hübsche moderne Glasobjekte, die nicht ganz so teuer sind wie in manchen anderen Geschäften auf Murano.

Seguso, Murano (Fondamenta Manin 77), Tel. 041 527 5333, Vaporetto 3, 4.1, 4.2, 18, N bis Colonna. Traditionsunternehmen, das seit 1397 gibt und das zu den besten Glasproduzenten der Welt zählt.

Sent, San Polo 70 (Sotoportego dei Oresi), Tel. 041 521 0016, Vaporetto 1 bis Mercato Rialto. Außergewöhnliche Schmuckstücke und Vasen, allesamt Unikate.

Venini, San Marco 314 (Piazzetta dei Leoni),Tel. 041 522 4045, Vaporetto 1, 2, 4.1, 4.2, 5.1, 5.2, N nach San Zaccaria. Einer von Mura-

nos größten Glaskünstlern. Die Originalität und der Geschmack seiner Entwürfe sind überraschend.

Zora da Venezia, San Marco 2407 (Calle Larga), Tel. 041 277 0895, Vaporetto 1, 2, N nach San Marco Vallaresso. Üppige Kreationen aus Murano-Glas, viele in floralem Design. Einige der erlesenen Objekte wurden schon vom britischen Königshaus erworben und als Tischschmuck verwendet.

Haushaltswaren

Wenn Sie nach Designer-Glasvasen und -Lampen suchen, sind Sie in der richtigen Stadt. In Venedig werden auch schöne Stoffe hergestellt, die berühmt sind.

Bevilacqua, Santa Croce 1320, Tel. 041 721 566, Vaporetto 1, N bis San Stae. Die Familie Bevilacqua webt seit 1800 in ihrer Werkstatt am Canal Grande Brokat und Wandteppiche. Sie stellt noch heute historische Muster auf alten Webstühlen her. Verkauft werden auch Stoffe für Kissen, Seidentressen und Quasten.

Color Casa, San Polo 1989-1991 (Campo San Polo), Tel. 041 523 6071, Vaporetto 1, 2, N nach San Tomà. Auch: Castello 5640 (Campo San Lio), Tel. 041 521 2640, Vaporetto 1, 2, N bis Rialto oder 4.1, 4.2, 5.1, 5.2, 12, 13, N bis Fondamenta Nuove. Große Auswahl an Seide, Brokat und Samt für Vorhänge, Schonbezüge, Kissen und andere Dekorationen (wunderbare Seidentroddeln). Der Castello-Laden konzentriert sich vor allem auf Vorhänge, der in San Polo bietet auch eine fantastische Auswahl an Hand- und

Einkaufstaschen aus Stoffresten, sodass jedes Stück ein Einzelstück ist.

Frette, San Marco 1725 (Frezzeria), Tel. 041 522 4914, Vaporetto 1, 2, N nach San Marco Vallaresso. Einer der größten Namen für Bett- und Tischwäsche, vor allem Bettlaken, die buchstäblich ein Leben lang halten. Aber auch Kleidung, Nachtwäsche und Accessoires.

Il Mercante di Sabbia, San Polo 2724 (Calle dei Saoneri), Tel. 041 524 3865, Vaporetto 1, 2, N nach San Tomà. Ganz besondere Lampen und andere Wohnaccessoires findet man in diesem nicht ganz preiswerten, aber empfehlenswerten Geschäft.

Madera, Dorsoduro 2762 (Campo San Barnaba), Tel. 041 522 4181, Vaporetto 1 bis Ca' Rezzonico. Für alle, die skandinavisches Design mögen. Mit ihrem geschmackvollen Geschirr, den Schalen, aber auch schicken modernen Lampen hat sich Francesca Meratti einen Namen in Venedig gemacht.

Norelene, Dorsoduro 727 (Calle della Chiesa, San Vio), Tel. 041 523 7605, Vaporetto 1 bis Ca' Rezzonico. Handbedruckte Stoffe, eine von Helene und Nora Ferruzzi neu interpretierte venezianische Tradition. Wandbehänge, Kissenhüllen (sogar Schals und Hüte) aus Seide oder »samtiger Baumwolle« mit abstrakten Mustern und in tollen gedämpften Farben. Kein Stück ist identisch mit einem anderen, Sie kaufen in jedem Fall ein Unikat.

Karnevalsmasken

Es gibt in Venedig so viele Maskenläden, dass bei jeder

Geschäftsschließung gewitzelt wird, Nachfolger werde sicher ein Maskenladen. Wenn Sie genau hinsehen, können Sie eine überraschende Vielfalt entdecken.

Ca' del Sol, Castello 4964 (Fondamente dell'Osmarin), Tel. 041 528 5549, Vaporetto 1, 2, 4.1, 4.2, 5.1, 5.2, N bis San Zaccaria. Eine der ältesten Maskenwerkstätten Venedigs. Der Laden ist proppenvoll mit wunderschönen Masken, die entweder aus Pappmaschee, Leder oder Keramik gefertigt sind.

Creazioni Marega, San Polo 3046/a (Campo San Rocco), Tel. 041 522 1634, Vaporetto 1, 2, N bis San Tomà. Große Auswahl an gut gemachten Masken, sowohl zum Tragen als auch, bei größeren Modellen, als Wandschmuck.

Il Canovaccio, Castello 5369-70 (Calle al Ponte della Guerra), Tel. 041 521 0393, Vaporetto 1, 2, 4.1, 4.2, 5.1, 5.2, N nach San Zaccaria. Erstklassige Modelle mit Flair, vor allem ungewöhnliche Tiermasken.

Kartaruga 2, Dorsoduro 1193 (Calle de la Toletta), Tel. 041 521 1399, Vaporetto 1 bis Ca' Rezzonico oder 1, 2, N bis Accademia. Dieser kleine Laden verkauft ausschließlich handgefertigte Karnevalsmasken und Zubehör. Ausgezeichnete Auswahl.

L'Arlecchino, San Polo 789 (Ruga Vecchia San Giovanni, Rialto), Tel. 041 520 8220, Vaporetto 1 nach San Silvestro. Perfekt angefertigte Masken in klassischem und modernem Design.

Papier Maché, Castello 5174/b (Calle Lunga Santa Maria Formosa), Tel. 041 522 9995, Vaporetto 1, 2, 4.1, 4.2, 5.1, 5.2, N nach San Zaccaria. In dem etwas versteckt gelegenen Geschäft wird noch immer nach traditionellen Methoden gearbeitet. Oft kann man den Maskenherstellern bei der Arbeit zusehen.

Tragicomica, San Polo 2800 (Calle dei Nomboli), Tel. 041 721 102, Vaporetto 1, 2, N bis San Tomà. Herrliche Masken und Kostüme, die man kaufen oder für den venezianischen Karneval auch nur leihen kann.

Kaufhäuser

Der begrenzte Raum, hohe Mieten und die Tradition des Fachgeschäfts machen Venedig zu keinem guten Pflaster für Kaufhäuser. Es gibt überhaupt nur eines: **Coin**, Cannaregio 5787 (Ponte del Olio), Tel. 041 520 3581, Vaporetto 1, N zum Rialto. Die Qualität ist gut, das Angebot in den einzelnen Abteilungen aber recht begrenzt, und die Preise sind nicht merklich niedriger als in kleineren Läden.

Im historischen Fondaco dei Tedeschi, dem ehemaligen deutschen Handelshof an der Rialto-Brücke, entsteht zurzeit ein neues exquisites Kaufhaus. Wann es eröffnet wird, stand bei Drucklegung noch nicht fest.

Kinderkleidung & Spielwaren

Angesichts der sinkenden Geburtenrate in Italien überrascht die große Zahl an Läden für Kinder. Die Preise lassen vermuten, dass sie sich vor allem an vernarrte Großeltern jeglicher Nationalität richten.

Kleidung
Annelie, Dorsoduro 2748
(Calle Lunga San Barnaba),
Tel. 041 520 3277, Vaporetto
1, 2, N bis San Tomà. Erstklassige Kleider und Lätz-
chen aus weißer Baumwolle,
mit handgemachter Stickerei
oder Spitze.

Il Nido delle Cicogne, San
Polo 2806 (Campo San
Tomà), Tel. 041 528 7497,
Vaporetto 1, 2, N nach San
Tomà. Das »Storchennest«
bietet schöne Kleidung für
Säuglinge und Kinder bis ins
Schulalter.

Spielwaren
Bambolandia, San Polo
1462 (Calle della Madonetta,
San Polo), Tel. 041 520 7502,
Vaporetto 1, 2, N nach San
Tomà. Puppen, Puppenklei-
der und Plüschtiere. Auch
Kinderhüte.

C'era una Volta, Dorsoduro
3753 (San Pantalon), Tel. 041
718 899, Vaporetto 1, 2, N
bis San Tomà, 1 bis Ca' Rezzonico. Der Name bedeutet
»Es war einmal«. Sie finden
hier nicht nur Puppen und
Teddybären, sondern auch
Malschablonen, Stempel und
anderen Krimskrams.

Signor Blum, Dorsoduro
2840 (Campo San Barnaba),
Tel. 041 522 6367, Vaporetto
1, 2, N bis Accademia. Hand-
bemaltes Holzspielzeug: Tiere, Sonnen, Puzzles, Mobiles.
Hochwertig.

Pettenello, Dorsoduro 2978
(Campo Santa Margherita),
Tel. 041 523 1167, Vapo-
retto 1 bis Ca' Rezzonico.
Generationen veneziani-
scher Kinder haben ihre El-
tern wegen etwas aus dieser
Schatzhöhle voller Spiele,
Fahrzeuge, Plüschtiere und
Geräte genervt. Nicht gera-

de billig, aber die Auswahl ist
wirklich ausgezeichnet.

Kleidung
Wie in den wichtigsten italienischen Städten begegnet
man auch in Venedig überall
den großen Designer-Na-
men, wobei die Preise nicht
anders als zu Hause sind. Die
größte Ansammlung von Lu-
xusgeschäften findet sich am
Markusplatz und in dessen
Umgebung. Modeliebhaber
werden aber merken, dass
nicht nur die berühmten Namen, sondern auch zahlreiche
lokale Boutiquen Interessantes zu bieten haben.

Die italienischen Frauen,
besonders im Norden, sind
immer noch große Pelzlieb-
haber, sodass Sie im Winter
hier mehr Pelzmäntel sehen
werden, als Sie vielleicht von
zu Hause gewohnt sind.

Fast alle Bekleidungsge-
schäfte und Boutiquen sind
montagmorgens geschlossen.

Al Duca d'Aosta, San Marco
4946 (Marzaria del Capitello), Tel. 041 520 4079, Vaporetto 1, 2, N bis Rialto. Hoch-
klassige Männerbekleidung;
Burberry, Zegna und andere
Weltmarken. Das Damen-
geschäft ist wenige Türen
entfernt.

Banco Lotto N' 10, Castello
3478/a (Salizada Sant' An-
tonin), Tel. 041 522 1439,
Vaporetto 1, 4.1, 4.2 bis
Arsenale. Schicke, ausge-
wählte Garderobe, darunter
Kleider, Mäntel und Jacken,
die von Insassen des Frauen-
gefängnisses auf der Giudecca hergestellt wurden.

Blumarine, San Marco 2254
(Calle Larga XXII Marzo),
Tel. 041 523 2754, Vaporetto 1, 2, N bis San Marco Vallaresso. Originelle Modelle
für Damen, von Wollmänteln

bis hin zu prächtigen perlen-
besetzten Abendroben.

Elitre, Dorsoduro
3949/3950 (Calle Crosera),
Tel. 041 099 0067, Vapo-
retto 1, 2, N bis San Tomà.
Extravagante Designer-Klei-
dung, außergewöhnliche
Schuhe, ein schriller Concept
Store. Eine weitere Filiale
existiert in Cannarregio
5665.

Fiorella Gallery, San Marco
2806 (Campo San Stefano),
Tel. 041 520 9228, Vapo-
retto 1, 2, N bis Accademia.
Selbst wenn man nichts
kauft: Dieser Store, halb Art
Gallery, halb Modeboutique,
ist auf jeden Fall sehenswert.
Schrille Jacken, Kimonos etc.

Giorgio Armani, San Marco
4412 (Calle Carlo Goldoni),
Tel. 041 523 4758, Vaporet-
to 1, 2, N bis San Marco
Vallaresso. Der klassische
Armani-Stil in absoluter
Perfektion.

Giuliana Longo, San Marco
4813 (Calle del Lovo, San
Salvador), Tel. 041 522 6454.
Vaporetto 1, 2, N bis Rialto.
Handgemachte Damenhüte,
von leger bis sehr elegant,
auch originale Panamahüte.

Gucci, San Marco 258
(Marzaria deli Orologio),
Tel. 041 522 9119, Vapo-
retto 1, 2, 4.1, 4.2, 5.1, 5.2,
N nach San Zaccaria. Auch
San Marco 2102 (Calle Larga
XXII Marzo), Tel. 041 241
3968, Vaporetto 1, 2, N bis
San Marco Vallaresso. Bie-
tet Ihnen all die bekannten
Gucci-Artikel: Lederwaren,
Seidenhalstücher, Krawatten
und moderne Damenmode.

Karin, San Marco 5332
(Rialto-Brücke), Tel. 041
528 6905, Vaporetto 1, 2,

N bis Rialto. Große Auswahl an Seidenhalstüchern und Krawatten (einige mit venezianischen Motiven), Kaschmir- und Kamelhaarschals sowie Lederwaren. Die Leder-»Köfferchen« sind ideal für Zigaretten oder Lippenstifte.

La Perla, San Marco 4828 (Campo San Salvador), Tel. 041 522 6459, Vaporetto 1, 2, N bis Rialto. Dieser Name ist zu Recht für exquisite Unterwäsche für Frauen und Männer bekannt.

La Perla Gallery, 376 Burano (Via Galuppi), Tel. 041 730 009, Vaporetto 9, 12, 14, N bis Burano. Neben Emilia zählt das La Perla zu den erlesenen Geschäften, in denen man noch Produkte aus echter Spitze »made in Burano« bekommt.

Laura Crovato, San Marco 2995 (Calle delle Botteghe), Tel. 041 520 4170, Vaporetto 2, N nach San Samuele, 1 nach Sant' Angelo. Stylischer Secondhand-Laden mit erlesener Abendgarderobe für kleines Geld.

Luisa Spagnoli, San Marco 714 (Marzaria San Zulian), Tel. 041 523 7728, Vaporetto 1, 2, 4.1, 4.2, 5.1, 5.2, N bis San Zaccaria. Auch San Marco 5534 (Campo San Bartolomeo), Tel. 041 523 4378, Vaporetto 1, 2, N bis Rialto. Mit Filialen in ganz Italien ist es klar, dass Luisa Spagnolis Tag- und Abendkleidung stets den richtigen Ton trifft: konservativ, aber niemals altmodisch und immer aus schönen Materialien.

Maneki Neko, San Marco 3820 (Campo Sant'Angelo), Tel. 041 520 3340, Vaporetto 1 nach Sant'Angelo, 2, N

nach San Samuele. Großes Sortiment an Damenblusen in klassischem Design und aus erstklassiger Baumwolle.

Max Mara, San Marco 5033, Tel. 041 522 6688, Vaporetto 1 bis San Marco Vallaresso. Originelle Eleganz aus dem großen Designhaus Parmas.

Penny Lans Shop, Santa Croce 39 (Salizada San Pantalon), Tel. 041 524 4134, Vaporetto 1 bis San Tomà. Der richtige Laden für Urban Fashion und Streetwear. Mode und Accessoirs.

Prada, San Marco 1464-69 (Salizzada San Moisè), Tel. 041 528 3966, Vaporetto 1 nach San Marco Vallaresso. Unverwechselbare und ausgefallene Taschen und Kleidung.

Valeria Bellinaso, San Polo 1226 (Campo San Aponal), Tel. 041 522 3351, Vaporetto 1 bis Mercato Rialto. Originalkreationen: Blusen und Abendjacken aus Seide und Samt, Samtabendschuhe, Taschen, Handschuhe, Hüte.

Versace, San Marco 1462 (Campo San Moisè), Tel. 041 520 0057/0176, Vaporetto 1, 2, N bis San Marco Vallaresso. Für Kunden mit Stilbewusstsein und Geld in großen Mengen.

Leder & andere Accessoires

Leder aus Florenz ist zwar bekannter, aber auch in Venedig gibt es eine gute Auswahl an Lederprodukten.

Fanny, San Polo 2723 (Calle dei Saoneri), Tel. 041 522 8266, Vaporetto 1, 2, N bis San Tomà. Eine riesige Auswahl an handgemachten

Lederhandschuhen in allen Farben und Größen.

Furla, San Marco 4833 (Marzaria San Salvador), Tel. 041 277 0460. Auch: San Marco 4954 (Marzaria del Capitello), Tel. 041 523 0611, Vaporetto 1, 2, N bis Rialto. Sehr schicke, aber nicht überteuerte Portemonnaies und Einkaufstaschen. Außerdem klobiger Silberschmuck und Schlüsselanhänger mit dem Bären als Markenzeichen.

Hermès, Piazza San Marco 1292, Tel. 041 241 0715, Vaporetto 1, 2, 4.1, 4.2, 5.1, 5.2, N nach San Zaccaria. Die Taschen und Seidentücher des großen französischen Designers passen gut nach Italien.

Louis Vuitton, San Marco 1345 (Calle Larga dell'Ascensione), Tel. 041 522 4500, Vaporetto 1, 2, N nach Vallaresso. Das hiesige Sortiment an Koffern, Handtaschen, Schuhen, Uhren, Schmuck und Börsen aller Art lässt keine Wünsche offen.

Mandarina Duck, San Marco 193 (Marzaria dell'Orologio), Tel. 041 522 3325, Vaporetto 1, 2, 4.1, 4.2, 5.1, 5.2, N nach San Zaccaria. Koffer, Handtaschen und Rucksäcke, die richtig schick sind, obwohl sie aus schwerem Nylon sind.

Raggio Veneziano, San Marco 2953 (Campo Santo Stefano), Tel. 041 241 2712, Vaporetto 1, 2, N bis Accademia. Hier ist alles aus Leder, nicht nur die farbenfrohen Taschen und Geldbörsen, sondern sogar die Ohrringe. Sehenswert!

Vogini, San Marco 1253 (Calle Larga dell' Ascensione), Tel. 041 522 2573, Vaporetto 1, 2, N nach Vallaresso. Vogini bietet Handtaschen der Spitzenklasse, von elegant bis ausgefallen. Wenn Sie ein Portemonnaie in der Form eines Bügeleisens oder Landhauses suchen, werden Sie hier fündig.

Malerei & Kunst

Nicht alle großen Künstler Venedigs sind schon verstorben. Man bekommt also Originalarbeiten aller Preisklassen.

Bugno Art Gallery, San Marco 1996 (Campo S. Fantin), Tel. 041 523 1305, Vaporetto 1, 2, N bis San Marco Vallaresso. Interessante moderne Kunstwerke und -objekte, die zur inhaltlichen Auseinandersetzung geradezu einladen.

Gianni Aricò, San Marco 3525 (Campo San Stefano), Tel. 041 523 4642, Vaporetto 1 nach Santa Maria del Giglio. Der Bildhauer der Bronzetüren des Teatro Goldoni stellt Statuen und andere dekorative Artikel wie Lampen aus Bronze, Marmor und anderen Materialien her.

Itaca Bottega Artistica, Castello 5267/a (Calle delle Bande, Santa Maria Formosa), Tel. 041 520 3207, Vaporetto 1, 2, 4.1, 4.2, 5.1, 5.2, N bis San Zaccaria, 4.1, 4.2, 5.1, 5.2, 22 bis Ospedale. Monica Martins bezaubernde kleine Aquarelle von Venedig unter einem Sternenhimmel verleihen der Stadt eine spielerischere Note als üblich.

Loris Marazzi, Dorsoduro 369 (am Peggy-Guggenheim-Museum), Tel. 041 523 9001, Vaporetto 1, 2, N bis Accademia. Eigenartige

Skulpturen, Bücher, Krawatten, Brieftaschen, sogar ein BH aus Holz auf einer Wäscheleine. Auch größere, ambitioniertere Werke.

Osvald Böhm, San Marco 1349-1350 (Salizzada San Moisè), Tel. 041 522 2255, Vaporetto 1, 2, N bis San Marco Vallaresso. Große Auswahl an Gemälden, Drucken und Aquarellen. Auch alte Schwarz-Weiß-Fotos Venedigs aus der Naya-Sammlung, die teilweise in einem hier erhältlichen Buch abgebildet sind.

Roberto Ferruzzi, Dorsoduro 523 (gegenüber dem Museumsshop der Guggenheim-Sammlung), Tel. 347-9561 3286, Vaporetto 1, 2, N bis Accademia, 1 bis Salute. »Bobo« Ferruzzis typische Gemälde Venedigs mögen nicht jedermanns Sache sein. Ihre starken Farben und die kräftige Pinselführung sind fast das Gegenteil der sanften Pastelle, die viele Maler bevorzugen. Es gibt jedoch Tage, an denen die Stadt wirklich so aussieht, vom Sonnenuntergang hinter der Redentore, über San Giorgio in der Abenddämmerung bis hin zur brennenden Sommersonne auf einen verlassenen Platz in Malamocco.

Künstlerbedarf

Die vielen Künstler, die in Venedig kreativ sind, müssen sich irgendwo eindecken.

Arcobaleno, San Marco 3457 (Calle delle Botteghe, Santo Stefano), Tel. 041 523 6818, Vaporetto 2, N nach San Samuele. Wenn Sie künstlerisch veranlagt sind, wird dieser kleine unauffällige Laden Sie zweifellos überraschen: Unmengen von Gläsern mit Farbpulver, um

sich ganz eigene Farben zu mischen, wie auch Glasteile für Ihr eigenes Mosaik.

Testolini, San Marco 4744 (Calle dei Fabbri), Tel. 041 522 3085, Vaporetto 1, 2, N bis Rialto. Skizzenbücher, Bleistifte, Pastellkreide und weitere Materialien für Künstler und Architekten. Außerdem Schreibpapier, Grußkarten, Geschenkpapier, Bleistifte und allgemeiner Bürobedarf.

Papier

Die venezianische Buchdruckerkunst war über Jahrhunderte führend in Europa. Es gibt auch heute immer noch viel und hübsches Papier zu kaufen.

Alberto Valese, San Marco 3471 (Campo San Stefano), Tel. 041 523 8830, Vaporetto 2, N bis San Samuele. Inspiriert von der türkischen Papierkunst, entsteht in Alberto Valeses Werkstatt marmoriertes Papier in eindrucksvollen Mustern und Farben. Lange zählte die Herstellung von marmoriertem Papier zu den Besonderheiten Venedigs, bevor sie gänzlich in Vergessenheit geriet. In den 1980er Jahren wiederentdeckt, erfährt die historische Handwerkskunst eine Renaissance. Alberto Valese zählte damals zu den Vorreitern. Seitdem haben in Venedig zahlreiche Geschäfte eröffnet, die Produkte aus marmoriertem Papier anbieten, darunter Briefpapier, Adress- und Notizblöcke.

Cárte, San Polo 1731 (Calle dei Cristi), Tel. 320 024 8776, Vaporetto 1 bis Rialto Mercato. Wahre Kunstwerke aus Papier bzw. Pappe entstehen in dem Atelier von Rosanna

Corrò. Darunter bunte Taschen, schöne Alben, mamorierte Schachteln, interessante Stühle und zahlreiche andere Kunstobjekte.

Il Papiro, San Marco 2764 (Calle del Piovan, San Maurizio), Tel. 041 523 5126, Vaporetto 1 nach Santa Maria del Giglio. Mehrere Räume voller Papierartikel, Lesezeichen und Grußkarten mit venezianischen Szenen, Papierrahmen, kleinen Adressbüchern etc.

Il Prato, San Marco 2456/8 (Calle delle Ostreghe), Tel. 041 523 1148, Vaporetto 1, 2, N bis Rialto, 2, N bis San Samuele. Nostalgisch anmutender Laden. Gute Auswahl an Notizbüchern, Schachteln, Alben und Bilderrahmen aus schön gedrucktem Papier.

Legatoria Polliero, San Polo 2995 (Campo dei Frari), Tel. 041 528 5130, Vaporetto 1, 2, N bis San Tomà. Bilderrahmen, Tabletts und Notizbücher aus besonderem Papier von einer alteingesessenen Handwerkerfamilie. Auch einige Lederwaren (Rahmen, Bucheinbände).

Olbi, San Marco 3653 (Calle della Mandola), Tel. 041 528 5025, Vaporetto 1 bis San Silvestro, weitere Geschäfte in Cannaregio 6061 (Campo S. Maria Nova) und Cannaregio 5478/A (Galerie). Alteingesessener Buchbinder, der seine Produkte, wie Alben, Notizbücher, Schreibutensilien und Aufbewahrungsboxen, mit Papier- oder auch Lederumschlägen anfertigt.

Schmuck

Italiens traditionelle Goldschmiede- und Juwelierkunst ist in Venedig reichlich vertreten. In den teuersten Läden werden Sie eine spezielle Kreation sehen: die Brosche eines schwarzen Mannes mit Turban und Ohrringen, meist mit Diamanten und Rubinen. Es handelt sich um einen »Mohren«. Die meisten großen Familien hatten einst in ihrer Dienerschaft mindestens einen Dunkelhäutigen, der oft als gehätschelter kleiner Junge anfing und einfache Botendienste erledigte.

Cartier, San Marco 1474 (Calle San Moisè), Tel. 041 884 2511, Vaporetto 1, 2, N nach San Marco Vallaresso. Diamanten, die berühmten Uhren und exquisite Geschenke aus Gold und Silber.

Gems of Venice, San Polo 1044 (Ruga Rialto), Tel. 041 522 5148, Vaporetto 1 nach San Silvestro. Bernstein, Korallen und Halbedelsteine (Mondstein, Granat, Aquamarin) in modernen Modellen mit jugendlichem, sogar ethnischem Akzent. Im Angebot sind auch Kopien antiker mediterraner Entwürfe.

Missiaglia, Piazza San Marco 125, Tel. 041 522 4464, Vaporetto 1, 2, 4.1, 4.2, 5.1, 5.2, N nach San Zaccaria, 1, 2, N nach San Marco Vallaresso. Dieser Laden verkauft seit 1846 die besten klassischen und modernen italienischen Entwürfe.

Nardi, Piazza San Marco 69, Tel. 041 522 5733, Vaporetto 1, 2, 4.1, 4.2, 5.1, 5.2, N nach San Zaccaria, 1, N nach San Marco Vallaresso. Eine üppige Auswahl an Stücken aus Koralle, Diamanten, Jade und anderen Steinen; Entwürfe von einfach bis raffiniert. Auch Kerzenleuchter, Kannen, wunderschön gestaltete Schachteln.

Roberto Tiozzo, San Marco 740 (Marzaria San Zulian), Tel. 041 522 1217, Vaporetto 1, 2, 4.1, 4.2, 5.1, 5.2, N nach San Zaccaria. Obwohl er klein ist, enthält dieser Laden ein tolles Schmucksortiment (goldene venezianische Talismane sind eine Spezialität, vor allem der Löwe von San Marco) wie auch in Silber gerahmte Ikonen und kleine silberne *forcole*.

Vergombello, San Marco 1565/a (Ramo Secondo Corte Contarini), Tel. 041 523 7821, Vaporetto 1, 2, N bis San Marco Vallaresso. Eine der exklusivsten Adressen Venedigs. Broschen, Ringe und Ketten werden auch gerne nach Wunsch gefertigt. Das Ganze hat natürlich seinen Preis.

Vivici, San Marco 262 (Marzaria dell'Orologio), Tel. 041 522 6077, Vaporetto 1, 2, 4.1, 4.2, 5.1, 5.2, N nach San Zaccaria. Hier gibt es alles, von Silbergondeln über religiöse Goldmedaillons wie auch kleine Silbermünzen mit einer »5« – die witzige Version des mythischen venezianischen »verrückten Geldes« (*cinque schei di mona*, d. h. die fünf Cent der Narren).

Schuhe

An guten und ausgefallenen Schuhgeschäften herrscht auch in Venedig kein Mangel.

Fratelli Rossetti, San Marco 1477 (Salizzada San Moisè), Tel. 041 522 0819, Vaporetto 1, 2, N nach San Marco Vallaresso. Wenn Sie erst einmal ein Fan geworden sind, werden Sie diesem Schuhmacher für Damen und Herren ganz sicher ein Leben lang die Treue halten.

La Parigina, San Marco 727-728 (Marzaria San Zulian), Tel. 041 522 6743. Auch San Marco 733-736 (Marzaria San Zulian), Tel. 041 523 1555, Vaporetto 1, 2, 4.1, 4.2, 5.1, 5.2, N nach San Zaccaria. Große Markenauswahl für Damen und Herren, vor allem die englischen Klassiker Clarks und Church's.

Mori & Bozzi, Cannaregio 2367 (Rio Terà del Maddalena), Tel. 041 715 261, Vaporetto 1, N bis S. Marcuola. Italienische und spanische Designer haben die schicken Schuhe entworfen. Dazu gibt es je nach Bedarf auch noch das passende andere Kleidungsstück.

Rolando Segalin, San Marco 4365 (Calle dei Fuseri), Tel. 041 522 2115, Vaporetto 1, 2, N bis San Marco Vallaresso oder 1, 2, N bis Rialto. Einer der letzten Handwerker Venedigs, der Schuhe von Hand herstellt. Seine lange Auftragsliste macht es schwer, rasch Maßschuhe zu bekommen. Der Laden bietet aber auch exzellente Fabrikschuhe, und man kann eine Reihe seiner ausgestellten fantasievollen Einzelstücke kaufen, wenn sie denn passen und gefallen.

Giovanna Zanella, Castello 5641 (Campo San Lio), Tel. 041 523 5500, Vaporetto 1, 2, N bis Rialto. Hier werden Sie die wahrscheinlich ungewöhnlichsten Schuhkreationen entdecken, die man in Venedig finden kann. Giovanna Zanella kreiert schrille, freche und skurrile Schuhe. Kein Wunder, dass

zahlreiche Schauspieler und Promis bevorzugt bei Zanella einkaufen.

Verschiedenes

Fotografien

Bressanello Artstudio, Dorsoduro 2835/A (Ponte dei Pugni), Tel. 041 724 1080, Vaporetto 1 bis Ca' Rezzonico. Fast melancholisch anmutende Venedig-Motive, Morgenstimmungen in der Lagune, einsame Winterszenen, Regenpfützen, in denen sich der Dogenpalast spiegelt, aber auch andere Kunstfotografie. Auf Wunsch werden die Fotos, sorgsam verpackt, nach Hause geschickt.

La Salizada, Galleria (Calle Crosera), San Marco 3448, Tel. 041 241 0723, Vaporetto 2, N bis S. Samuele. Hier sind Fotokünstler der besonderen Art am Werk. Historische Fotografien aus Venedig, zum Teil mit bekannten Persönlichkeiten wie Maria Callas, neu aufbereitet und teils auf Holz bzw. Leinwand aufgezogen.

Kosmetik

Lush, Cannaregio 3822 (Strada Nova), Tel. 041 241 1200, Vaporetto 1, N bis Ca' d'Oro. Eine englische Naturkosmetik-Firma. Die Produkte aus den unterschiedlichsten Zutaten sind erstklassig und oft wie Nahrungsmittel abgepackt (Kühltruhen verstärken den Effekt). Seife wird am Stück von großen käseartigen Stücken verkauft. Teuer, aber unwiderstehlich.

Kostüme

Wenn Sie zu Ihrer Karnevalsmaske alte venezianische Kleidung tragen möchten, gibt es eine Reihe von Kos-

tümmachern, die ihre Stücke verleihen und verkaufen. Zu den besten gehören:

Pietro Longhi, San Polo 2580 (Frari), Tel. 041 714 478, Vaporetto 1, 2, N bis San Tomà. Prachtvolle Brokatkleider und Perücken im Stil des 18. Jahrhunderts und eine komplette Ausstattung für Männer, die Casanova oder andere historische Personen darstellen wollen.

Nicolau Atelier, Cannaregio 2590 (Fondamenta della Misericordia), Tel. 041 520 7051, Vaporetto 1, 2, N bis Rialto. Dieser junge Venezianer hat sich mit Kostümen für Theater, Oper, Film und Fernsehen einen Namen gemacht und mittlerweile ein riesiges Sortiment an Kostümen angesammelt.

Seide

Ethnos, San Marco 2958/a (Campo Santo Stefano), Tel. 041 528 9988, Vaporetto 2, N nach San Samuele. Eine interessante Auswahl an handgemachten eleganten Abendtäschchen aus Seide sowie modernem Schmuck mit ethnischen Akzenten.

Venetia Studium, San Marco 2403-2406 (Calle Larga XXII Marzo), Tel. 041 522 9281, Vaporetto 1 nach Santa Maria del Giglio. Auch: San Polo 3006 (Campo dei Frari), Tel. 041 713 393, Vaporetto 1, 2, N nach San Tomà. Auch: San Marco 723 (Marzaria San Zulian), Tel. 041 522 9859, Vaporetto 1, 2, 4.1, 4.2, 5.1, 5.2, N nach San Zaccaria. Hier finden Sie eine reiche Auswahl an Abend- und Schmucktäschchen sowie Foulards aus Seide und Samt, allesamt in prachtvollen Farben.

Unterhaltung

Das venezianische Nachtleben ist nicht besonders aufregend. Die Venezianer bleiben gern zu Hause. Das heißt aber nicht, dass man nichts unternehmen könnte. Vom stilvollen Abendessen bis zum Konzert reicht das Angebot. Allerdings kann es sein, dass Sie nach einem Tag voller Fußmärsche ein weiches Sofa vorziehen.

Eine sehr nützliche kostenlose Publikation informiert in Englisch monatlich über Veranstaltungen. *Un Ospite di Venezia* ist ein dickes kleines Heft, das man gewöhnlich an der Hotelrezeption erhält. Infos gibt es auch im Internet unter *www.unospitedivenezia. it*. Es wird von der Vereinigung der Hotelportiers herausgegeben. Zudem erhält man bei der Touristeninformation den aktuellen mehrsprachigen Veranstaltungskalender Venedigs, in dem auch Museen, wichtige Adressen und vieles mehr aufgelistet sind.

Wenn Sie der italienischen Sprache mächtig sind, können Sie auch Venedigs Tageszeitung *Il Gazzettino* konsultieren. In dem zweiten Teil finden sich Hinweise auf Veranstaltungen des Tages, leider aber nicht zu Ticketpreisen.

Ihr Hotel wird auf Wunsch vermutlich Karten für Sie bestellen. Auch viele Reisebüros verkaufen Tickets für Konzerte etc. Viele Konzerte werden schon tagsüber in den Gassen Venedigs beworben, sodass es kein Problem sein dürfte, an Karten zu kommen. Anders sieht es aus, wenn man zu einem festgelegten Termin etwa eine Oper in dem berühmten Opernhaus La Fenice besuchen möchte. Für diesen Fall sollte man sich schon langfristig von daheim um Karten kümmern.

Der Sommer ist nicht die beste Zeit für Veranstaltungen drinnen. Nur wenige Gebäude haben eine Klimaanlage, und die meisten Venezianer sind am Strand oder in den Bergen. Die typischen Sommerfestivals finden gewöhnlich außerhalb des historischen Zentrums statt.

Konzerte beginnen relativ spät um 20.30 oder 21 Uhr. Das Abendessen ist heilig. Wenn Sie statt eines Preises »Auf Einladung« lesen, brauchen Sie nicht aufzugeben. Man bekommt oft überraschend einfach Einladungen. Fragen Sie in Ihrem Hotel oder rufen Sie an.

Bars & Clubs

Im Folgenden Adressen für das Nachtleben, gehen Sie aber nicht davon aus, dass Sie eine Kreditkarte benutzen können. Irische Pubs scheinen hier, wie in unzähligen Städten in aller Welt, eine Heimat fern der Heimat gefunden zu haben.

Al Paradiso Perduto, Cannaregio 2540 (Fondamenta della Misericordia), Tel. 041 720 581, Vaporetto 1, N nach San Marcuola, 4.1, 4.2, 5.1, 5.2 nach San Alvise oder Guglie. Sehr eigenwillige Musikmischung im »Verlorenen Paradies«, das Restaurant und Kneipe ist; ebenso individuelles Publikum, vor allem Studenten.

Casinò di Venezia, Cannaregio 2040 (Calle Vendramin), Tel. 041 529 7111, Vaporetto 1, N bis S. Marcuola. Im Palazzo Vendramin-Calergi, in dem Wagner starb, befindet sich Venedigs Casino.

Da Codroma, Dorsoduro 2540 (Fondamenta Briati), Tel. 041 524 6789, Vaporetto 1, 2, 3, 4.1, 4.2, 5.1, 5.2, 6, N bis Piazzale Roma, 1, 2, 5.1, 5.2, 6, 8, 10, 16, N nach Zattere, 2, 6, 8, N nach San Basilio. Livemusik von Blues über Jazz bis zu ethnischer Musik; in einer altmodischen Kneipe, die nicht überkandidelt ist.

Fiddler's Elbow Irish Pub, Cannaregio 3847 (Campiello Testori, Strada Nova), Tel. 041 523 9930, Vaporetto 1, N zur Ca' d'Oro. Irisches Personal, Guinness, im Sommer draußen irische Musik.

Margaret Duchamp, Dorsoduro 3019 (Campo Santa Margherita), Tel. 041 528 6255, Vaporetto 1 bis Ca' Rezzonico. Keine Livemusik, aber die topaktuellen Platten für das sehr schicke Publikum.

Piccolo Mondo, Dorsoduro 1056/A (Calle Contarini Corfù), Nähe Accademia, Tel. 041 520 0371, Vaporetto 1, 2, N bis Accademia. Winzig kleine und einzige Diskothek Venedigs. Der Eingang ist leicht zu übersehen. Im ehemaligen Club El Souk wird vorwiegend Musik der 60er und 70er Jahre gespielt. Im Eintrittspreis ist ein Getränk inbegriffen.

Kino

Früher gab es in Venedig viele Kinos, aber ihre Zahl ist drastisch gesunken. Im

Fernsehen und Kino werden nur synchronisierte Filme gezeigt. Beachten Sie, dass der italienische Filmtitel nicht unbedingt eine exakte Übersetzung des Originals ist. In den Sommermonaten ist das Freilichtkino auf dem Campo San Polo ein besonderes Erlebnis.

Cinema Giorgione, Cannaregio 4612 (Rio Terrà dei Franceschi, Santi Apostoli), Tel. 041 522 6298, Vaporetto 1, 2, N bis Rialto, 1, N bis Ca' d'Oro, 4.1, 4.2, 5.1, 5.2, 12, 13, 21, 22, N bis Fondamenta Nuove. Venedigs einziges »ausländisches« Kino, das aktuelle unabhängige Filme in Originalsprache zeigt, meist Englisch oder Französisch. Ausländische Filme mit italienischen Untertiteln.

Cinema Rossini, San Marco 3997/A (Fondamenta Salizzada del Teatro), Tel. 041 523 0322, Vaporetto 1, 2, N bis Rialto. Im Herbst 2012 nach Umbauarbeiten neu eröffnet. Die üblichen Hollywood-Filme.

Oper, Ballett & Klassische Musik

Es gibt in Venedig mehr Musik als nur Vivaldi. Obwohl die Auswahl nicht immer groß ist, kann man auch persische Musik, gregorianische Choräle oder Venedigs Gospel-Ensemble hören. Achten Sie auf Hinweise zu kostenlosen Konzerten von Schulchören aus verschiedenen Ländern.

Die Qualität der Aufführungen ist meist hoch, und wenn das Konzert in einer Kirche oder *scuola* stattfindet, ist allein der Aufführungsort verlockend.

In der Broschüre *Un Ospite di Venezia* finden Sie das jeweils aktuelle Konzertprogramm,

das über die im Folgenden aufgelisteten Angebote hinausgeht. Von Klavierkonzerten über Orgel- und Gitarrenkonzerte bis zu Tanzveranstaltungen reicht das Angebot.

Obwohl Italien große Kirchenmusik hervorgebracht hat, wird sie kaum je aufgeführt, jedenfalls nicht in der Messe, für die sie bestimmt ist. Der Ostermorgen in der Basilika von San Marco ist eine der wenigen Gelegenheiten, einige der für diese großartige Umgebung geschriebenen Stücke zu hören. Tanzaufführungen sind relativ selten. Meist handelt es sich um Gastensembles.

Barockmusik

Es gibt unzählige Aufführungen von Vivaldis *Vier Jahreszeiten* und ähnlichen Barockwerken. Ort und Ensemble mögen sich ändern, der Standard ist aber fast immer hoch, wenn auch nicht herausragend.

Associazione Richard Wagner, Tel. 041 276 0407. Die Kulturvereinigung organisiert Wagner-Konzerte.

Deutsch-Italienische Kulturvereinigung, Cannaregio 4118, Tel. 041 241 0491. Die Vereinigung setzt häufig Konzerte verschiedener deutscher Komponisten im Palazzo Albrizzi an.

Fondazione Giorgio Cini, Isola di San Giorgio, Tel. 041 522 3563, Vaporetto 2, N nach San Giorgio. Die Cini-Stiftung führt häufig Werke aus der Zeit nach Vivaldi auf.

Kirche San Vidal, San Marco 2862/B (Nähe Accademia-Brücke), Tel. 041 277 0593, Vaporetto 1, 2, N bis Accademia. Die Interpreti

Veneziani geben meist ausverkaufte Konzerte in diesem Gebäude, das nicht mehr als Kirche genutzt wird.

Kirche Santa Maria della Pietà, Riva degli Schiavoni, Tel. 041 523 1096, Vaporetto 1, 2, 4.1, 4.2, 5.1, 5.2, N bis San Zaccaria. Karten gibt es in Hotels oder an der Abendkasse. Diese Kirche, klein, aber mit hoher Decke, ist ideal für Vivaldis Musik, und die fröhlichen Bilder von Tiepolo passen perfekt dazu.

Kirche Santa Maria Formosa, Campo Santa Maria Formosa, Tel. 041 988 155, Vaporetto 1, 2, 4.1, 4.2, 5.1, 5.2, N nach San Zaccaria. Heimat des Orchesters Collegium Ducale.

Prigioni Kunstzirkel, Ponte della Paglia, Tel. 041 984 252, Vaporetto 1, 2, 4.1, 4.2, 5.1, 5.2, N nach San Zaccaria. Interessante Konzerte im alten Gefängnis gegenüber dem Dogenpalast mit teilweise ungewöhnlichem Programm.

Scuola Grande di San Giovanni Evangelista, San Polo 2454, Tel. 041 786 764, Vaporetto 1 bis Riva di Biasio. Die Haupthalle ist ein idealer Ort für Pianisten.

Scuola Grande San Teodoro, Campo San Salvador, Tel. 041 521 0294, Vaporetto 1, 2, N bis Rialto. Prachtvolles Gebäude, das einst einer von Venedigs Zünften gehörte.

Oper

Ai Musicanti, San Polo 2580, Campiello de Ca' Zen, Palazzo Zen, Tel. 041 275 9264, Vaporetto 1, 2, 3, 4.1, 4.2, 5.1, 5.2, N bis Ferrovia. Zwei Aufführungen leichter

Opernarien und beliebter italienischer Lieder pro Abend, die von jungen Sängern vorgetragen werden.

La Fenice, San Marco 1965 (Campo San Fantin), Tel. 041 241 8033, Vaporetto 1, 2, N bis San Marco Vallaresso. Nach dem verheerenden Brand von 1996 wurde das weltberühmte Opernhaus im Dezember 2003 wieder eröffnet. Ein Opernabend ist ein unvergessliches Erlebnis.

Theater
Theateraufführungen sind hier fast ausschließlich in Italienisch.

Fondamenta Nuove, Cannaregio 5013 (Fondamenta Nuove), Tel. 041 522 4498 oder 041 523 1988, Vaporetto 4.1, 4.2, 5.1, 5.2, 12, 13, N bis Fondamenta Nuove. Kleines Ensemble mit Liebe zur Avantgarde. Marionettentheater zu Weihnachten und Karneval; achten Sie auf Hinweise auf Aufführungen von *burattini* (Puppen).

Teatro a l'Avogaria, Dorsoduro 1617 (Calle dell' Avogaria), Tel. 041 099 1967, Vaporetto 2, 6, 8, N bis San Basilio. Ein bescheidenes Ensemble, das kleinere Stücke auf die Bühne bringt.

Teatro Goldoni, San Marco 4650 (Calle Goldoni), Tel. 041 240 2011, Vaporetto 1, 2, N bis Rialto. Venedigs führendes Theater: Shakespeare, griechische Tragödien und, natürlich, Goldoni.

Sport
Fußball
Der FBC Unione Venezia spielt jeden zweiten Sonntag im **Stadion Pierluigi Penzo** in Sant' Elena in Castello, Tel.

041 985 100. Eintrittskarten gibt es in den Filialen der Banca Antoniana Popolare Veneta.

Golf
Der Lido rühmt sich eines der besten Golfplätze Italiens, des **Circolo Golf Venezia**, Strada Vecchia 1, in Alberoni, Tel. 041 731 333.

Laufen
Am besten läuft man an den Zattere, auf den Fondamenta Nuove und im Garten des Bereichs Sant' Elena im Stadtteil Castello.

Rudern
Rudern ist der für Venedig angemessene Sport. Viele Ruderclubs haben Kajaks (die sie auch Kanu nennen) und Rennruderboote wie auch venezianische Ruderboote. Sie müssen erst Ihr Können demonstrieren oder ein paar Stunden nehmen. Die Clubs erwarten eine zeitlich begrenzte Mitgliedschaft.
Canottieri Diadora, via Sandro Gallo 136/b, Lido, Tel. 041 526 5742.
Reale Società Canottieri Bucintoro, Dorsoduro 263, Zattere, Tel. 041 520 5630.
Società Canottieri Francesco Querini, Castello 6576/b, Fondamenta Nuove, Tel. 041 522 2039.

Schwimmen
Schwimmen ist im Sommer möglich im Meer am Lido oder an den Stränden von Alberoni hinter Malamocco; alternativ in den Schwimmbädern **Piscina Comunale** auf der Giudecca am Sacco Fisola, 82, Tel. 041 528 5430, und bei Sant' Alvise, Cannaregio 3161, Tel. 041 715 650. Beide im Juli und August geschlossen.

SPRACHFÜHRER
Nützliche Wörter & Redewendungen
Ja *Si*
Nein *No*
Entschuldigen Sie (als Bitte um Erlaubnis) *Permesso*
Entschuldigen Sie (als Bitte um Aufmerksamkeit) *Mi scusi*
Guten Tag (vormittags) *Buon giorno*
(nachmittags) *Buona sera*
Hallo oder Tschüss *Ciao*
Bitte *Per favore*
Danke *Grazie*
Bitte sehr *Prego*
Einen schönen Tag! *Buona giornata!*
Okay *Va bene*
Auf Wiedersehen *Arrivederci*
Gute Nacht *Buona notte*
Es tut mir leid *Mi scusi* oder *Mi dispiace*
hier *qui*
da *lì*
heute *oggi*
gestern *ieri*
morgen *domani*
jetzt *adesso/ora*
später *più tardi/dopo*
sofort *subito*
heute Morgen *stamattina*
heute Nachmittag *questo pomeriggio*
heute Abend *stasera*
offen *aperto*
geschlossen *chiuso*
Haben Sie ...? *Avrebbe ...?*
Sprechen Sie Deutsch? *Parla tedesco?*
Ich verstehe nicht *Non capisco*
Könnten Sie bitte langsamer sprechen? *Potrebbe parlare più lentamente per favore?*
Wo ist ...? *Dov' è ...?*
Ich weiß nicht *Non so*
Kein Problem *Niente*

schade *Peccato*
Das ist es *Ecco*
Hier/dort ist es (maskulin)
  Eccolo, (feminin) *Eccola*
Wie ist Ihr Name?
  Come si chiama?
Mein Name ist ... *Mi chiamo ...*
Auf geht's! *Andiamo!*
Um wie viel Uhr? *A che ora?*
Wann? *Quando?*
Wie spät ist es? *Che ora è?*
Können Sie mir helfen?
  Mi può aiutare?
Ich hätte gern ... *Vorrei ...*
Wie viel kostet es?
  Quanto costa?
Ich brauche ... *Ho bisogno di ...*
Was bedeutet das?
  Che cosa significa?
Schreiben Sie es mir bitte
  auf! *Me lo scriva, per favore!*
Auf Ihr Wohl! *Alla Sua salute!*

SPEISEKARTE

Frühstück *la (prima) colazione*
Mittagessen *il pranzo*
Abendessen *la cena*
Appetithappen *l'antipasto*
Erster Gang *il primo*
Hauptgang *il secondo*
Gemüse als Beilage
  il contorno
Dessert *il dessert/dolci*
Weinkarte *la lista dei vini*
die Rechnung *il conto*
Ich würde gerne bestellen ...
  Vorrei ordinare ...
Ist die Bedienung inklusive?
  Il servizio è incluso?

Antipasto

baccalà mantecato Aufstrich
  aus getrocknetem Kabeljau
capparossoli kleine Muscheln
  mit Knoblauch gedämpft
peoci Muscheln
sardine in saor gebackene
  Sardinen mit süßsauren
  Zwiebeln
seppioline kleiner Tintenfisch

Pastasaucen

all'amatriciana Tomatensauce
  mit Peperoni und Speck
alla carbonara mit Speck,
  Eiern und Pecorino
alla busera Shrimps und
  Tomate
alle vongole
  mit Muschelsauce
al ragù Bolognese-Sauce
bigoli in salsa milde Sardellen
  und Zwiebel
col nero di seppie mit Tintenfischtinte
pasta e fagioli dicke Suppe
  aus Nudeln und Bohnen

Fleisch

anatra Ente
capriolo Bergziege
fegato alla veneziana Leber
  und Zwiebeln
rosbif all'inglese Roastbeef
la bistecca Beefsteak
ben cotta gut durchgebraten
non troppo cotta medium
appena cotta blutig
al sangue sehr blutig
il filetto Filetsteak
il carpaccio dünne Scheiben
  rohen Rindfleischs
il coniglio Kaninchen
il maiale Schweinefleisch
il manzo Rindfleisch
il pollo Huhn
le polpette Fleischbälle
la porchetta kalter Schweine-
  braten mit Kräutern
il prosciutto Schinken,
  crudo roh, *cotto* gekocht
il tacchino Truthahn
la trippa Kutteln
il vitello Kalbfleisch

Fisch & Meeresfrüchte

l'alici/acciughe Sardellen
l'aragosta/astice Hummer
il calamaro Tintenfisch
i gamberetti Shrimps
il granchio Krabbe
il polipo Tintenfisch
le sardine Sardinen

la sogliola Seezunge
il tonno Thunfisch
la trota Forelle
san pietro Petersfisch
branzino Seebarsch
orata Meerbrasse
cefalu Meeräsche
seppie Tintenfisch
griglia mista gegriller Fisch
frittura mista gebackener
  Fisch
baccalà alla vicentina
  getrockneter Kabeljau in
  Tomatensauce
bisato oder *anguilla* Aal
coda di rospo Seeteufel

Gemüse

l'aglio Knoblauch
gli asparagi Spargel
la bietola Mangold
il carciofo Artischocke
la carota Karotte
il cavolfiore Blumenkohl
la cicoria Chicorée
i fagiolini frische grüne
  Bohnen
l'insalata mista/verde
  gemischter/grüner Salat
la melanzane Aubergine
le patate Kartoffeln
il peperoni Paprikaschoten
i piselli Erbsen
i pomodori Tomaten
gli spinaci Spinat
il tartufo Trüffel
le zucchine Zucchini
castraure junge Artischocken
peperonata gedünstete
  Paprika

Obst

l'albicocca Aprikose
l'arancia Orange
le ciliegie Kirschen
le fragole Erdbeeren
la mela Apfel
la pera Birne
la pesca Pfirsich
la pescanoce Nektarine
il pompelmo Grapefruit
l'uva Weintraube

REGISTER

Fett gedruckte Seitenzahlen
verweisen auf Abbildungen.
GROSSBUCHSTABEN
bezeichnen thematische
Oberbegriffe.

BILDNACHWEIS

Umschlagvorderseite: canadastock/shutterstock. com; Umschlagrückseite: S. Borisov/shutterstock. com (l), Peter Zelei/iStockphoto.com (m), T. Lorien/iStockphoto.com (r)

I–IV, TOP 10 Tipps: (1) Mirelle/Shutterstock.com (2) gregobagel/iStock (3) Rechitan Sorin/Dreamstime (4) VDV/Shutterstock.com (5) Banepetkovic/Dreamstime (6) MarkLG/Shutterstock.com (7) Olegslabinskiy/Dreamstime (8) Johnnydevil/Dreamstime (9) Tupungato/Dreamstime (10) Lejoch/Dreamstime

V–VIII, TOP 5 Foto-Tipps: (1) Nora De Angelli, National Geographic Your Shot; (2) Claudia Cavalcanti, National Geographic Your Shot; (3) Davide Vezzoli, National Geographic Your Shot; (4) Craig Hadfield,

National Geographic Your Shot; (5) Michael Filippoff, National Geographic Your Shot

1, AA Photo Library/S. McBride. 2/3, ToolX/iStock. 4, Robert Leon. 9, M. Barnett/Art Directors and Trip Photo Library. 11, Andrea Mangoni/Dreamstime. 12/13, Joe Cornish. 14, Gino Russo/The Travel Library. 15, AA Photo Library/S. McBride. 16/17, Adamo di Loreto/iStock. 18/19, bellena/Shutterstock.com. 20, Brian McGilloway/ Robert Holmes. 21, N. Mackenzie/ Gettyone/Stone. 23, Tessa Traeger. 24/25, Thad Samuel Abell II/ National Geographic Society. 27, Mark Cator/Impact Photos. 28, Palazzo Ducale/Scala, Florenz. 30, Museo Correr/Scala, Florenz. 31, Leonardo Loredan (1463–1521), Doge von Venedig 1501–21, ca. 1501 (Öl auf Holz) von

Giovanni Bellini (ca. 1430–1516), National Gallery, London, UK/Bridgeman Art Library. 32/33, Museo Correr/ Alinari – Fototeca. 35, Archivio Iconografico, S.A./Corbis UK Ltd. 36/37, Ca Rezzonico/Scala, Florenz. 37, Museo del Risorgimento/Scala, Florenz. 38, Archivio Naya/Bohm – Venezia. 39, RnDmS/ Shutterstock.com. 41, M. Barlow/Art Directors and Trip Photo Library. 42, Scuola Grande di San Rocco/Scala, Florenz. 44 Private Collection/Fine Art Photographic Library. 45, James Davis Worldwide. 46, Stockafisso/Shutterstock.com. 47, J. Morris/ Axiom Photographic Agency. 48/49, Images Colour Library. 50, AA Photo Library/S. McBride. 52, Tang Yan Song/Shutterstock.com. 53, AA Photo Library/S. McBride. 54, John Heseltine Archive. 57, javarman3/ iStock. 58, AA Photo Library/S. McBride. 59, AA Photo Library/S. McBride. 60, Mark E. Smith/Franca Speranza Srl. 61, John Heseltine Archive. 62, Inge Morath/ Magnum Photos. 63, AA Photo Library/S. McBride. 64/65, mit4711/iStock. 67, s74/Shutterstock.com. 68, Farabolafoto. 69, D. Cilia/The Travel Library. 70, Sarah Quill/Venice Picture Library. 71, AA Photo Library/S. McBride. 74, TommL/iStock. 76, Inna Felker/Dreamstime. 77, lillisphotography/ iStock. 78, Vlad Ghiea/Dreamstime. 81, G. Gilbert/ Art Directors and Trip Photo Library. 82, J. Blackman/ Art Directors and Trip Photo Library. 83, Simeone Huber/Gettyone/Stone. 84, S. Marco (Museo)/ Scala, Florenz. 85o, S. Marco/Scala, Florenz. 85u, S. Marco/Scala, Florenz. 86, P. Goycoolea/ Hutchison Library. 87, T. Gervis/Robert Harding Picture Library. 89u, franke182/Fotolia. 89o, John Heseltine Archive. 90, H. Rooney/Eye Ubiquitous. 92, Mark E. Smith/ Franca Speranza Srl. 94, lazyllama/ Shutterstock. com. 95, AA Photo Library/S. McBride. 96, AA Photo Library/S. McBride. 97, Popperfoto. 98, J. Morris/ Axiom Photographic Agency. 99, AA Photo Library/S. McBride. 102/103, AA Photo Library/S. McBride. 104, Der heilige Vinzenz Ferrer, ca. 1465, von Giovanni Bellini (ca. 1430–1516), San Giovanni e Paolo, Venedig, Italien/Bridgeman Art Library. 105, Alinari – Fototeca. 106/107, Sylvain Grandadam/Franca Speranza Srl. 107, AA Photo Library/S. McBride. 108, AA Photo Library/S. McBride. 109, Robert Holmes. 111, AA Photo Library/S. McBride. 112, Mimmo Jodice/Corbis UK Ltd. 113, Scuola di San Giorgio degli Schiavoni/Scala, Florenz. 114, Madonna mit Kind von Antonio da Negroponte (15. Jh.), San Francesco della Vigna, Venedig, Italien/ Bridgeman Art Library. 115, Renáta Sedmáková/Fotolia. 116, AA Photo Library/S. McBride. 117, AA Photo Library/S. McBride. 118/119, Museo Storico Navale, Venedig/Scala, Florenz. 119, Sarah Quill/Venice Picture Library. 120, Robert Leon. 121, Mark E. Smith/Franca Speranza Srl. 124, AA Photo Library/S. McBride. 125, Das Martyrium des hl. Laurenzius (Altarbild) von Tizian (Tiziano Vecellio) (ca. 1488–1576), Gesuiti, Venedig, Italien/Bridgeman Art Library. 126, AA Photo Library/S. McBride. 127, Mikael Damkier/Shutterstock.com. 130, Tempelgang Mariens (Öl auf Leinwand) von Tintoretto (Jacopo Robusti) (1518–94), Madonna dell'Orto, Venedig, Italien/Francesco Turio Bohm/Bridgeman Art Library. 131, AA Photo Library/S. McBride. 133, Besuchstage der Nonne von Francesco Guardi (1712–93), Ca' Rezzonico, Museo del Settecento, Venedig/Bridgeman Art Library. 133, Sarah Quill. 134, Circumnavigation/ Fotolia. 135, Sarah Quill/Venedig Picture Library. 136, David Bleja/Fotolia. 137, AA Photo Library/S. McBride. 138/139, AA Photo Library/S. McBride. 139, AA Photo Library/S. McBride. 140, Robert Leon. 141, Carlos Freire/Hutchison Library. 145, AA Photo Library/S. McBride. 146, AA Photo Library/S.

McBride. 147, AKG, London. 148/149, AA Photo Library/S. McBride. 149, AA Photo Library/S. McBride. 150, Mark E. Smith/Franca Speranza Srl. 151, Venedig, Galleria Int. d'arte moderne/ Cameraphoto/AKG, London. 152, AA Photo Library/R. Walford. 153, Richard Philpott/Zooid Pictures. 154, Scala, Florenz. 155, AA Photo Library/S. McBride. 156, Sarah Quill/ Venice Picture Library. 157, AA Photo Library/D. Miterdiri. 158, Selbstporträt Tizians, graviert von William Holl (1807–71) hrsg. von William Mackenzie (ca. 1488–1576) (nach) Private Collection/Bridgeman Art Library. 159, C. Rennie/Art Directors and Trip Photo Library. 160, AA Photo Library/S. McBride. 161, AA Photo Library/S. McBride. 162, John Heseltine Archive. 162/163, Alinari – Fototeca. 165, Vision des hl. Augustinus von Vittore Carpaccio (ca. 1460/5–1523/6), Scuola di San Giorgio degli Schiavoni, Venedig, Italien/Bridgeman Art Library. 166, AA Photo Library/S. McBride. 167, John Heseltine Archive. 168, Selbstporträt von Tintoretto (Jacopo Robusti) (1518–94), Philadelphia Museum of Art, Pennsylvania, PA, USA/Bridgeman Art Library. 169, John Heseltine Archive. 170, AA Photo Library/S. McBride. 171, Robert Holmes. 174/175, AA Photo Library/S. McBride. 176, Sarah Quill/Venice Picture Library. 176/177, Martyrium des hl. Sebastian, 1556 von Veronese (Paolo Caliari) (1528–88), San Sebastiano, Venedig, Italien/Bridgeman Art Library. 181, Galleria dell'Academia, Venedig, AKG, London/Cameraphoto. 182, Fondazione Cini, Venedig/Cameraphoto/AKG, London. 183, Accademia, Venedig/Alinari – Fototeca. 185, Accademia, Venedig/Scala, Florenz. 186, Mark Henley/Impact Photos. 187, Das Gewitter von Giorgione (Giorgio da Castelfranco) (1476/8–1510), Galleria dell'Accademia, Venedig, Italien/Bridgeman Art Library. 188, D. Cilia/The Travel Library. 189o, M. Cator/Impact Photos. 189m, D. Cilia/The Travel Library. 189u, AA Photo Library/D. Miterdiri. 190, John Heseltine Archive. 191, AA Photo Library/S McBride. 192, markobe/Fotolia. 194, vittoriosella/Fotolia. 196, Christus im Garten Gethsemane von Palma Giovane (Jacopo Negretti) (1548–1628), Santa Maria della Visitazione Zitelle, Venedig, Italien/Bridgeman Art Library. 197, Sarah Quill/Venice Picture Library. 199o, Correr Museum, Venedig/Alinari – Fototeca. 199u, Valentina/Farabolafoto. 200, P. Enticknap/ The Travel Library. 201, taniavolobueva/Shutterstock. com. 202, Sailor/Fotolia. 203, Robert Leon. 204, G. de Besanez/Marka. 204/205, M. Cristofori/Marka. 205, D. Donadoni/Marka. 206, Richard Philpott/ Zooid Pictures. 207, John Heseltine Archive. 208, AA Photo Library/S. McBride. 209l, P. Ongaro/Marka. 209r, »Barovier Cup«, blaues Hochzeitsglas mit Braut und Bräutigam, ca. 1460–70, Museo Vetrario, Murano, Italien/ Bridgeman Art Library. 210, Robert Leon. 211, E. Lasagni/Marka. 213, Stuart Black/The Travel Library. 214, James Davis Worldwide. 215, D. Donadoni/Marka. 216, J. Moscrop/Art Directors and Trip Photo Library. 217, N. Doz/Marka. 218, Roberto Soncin Gerometta/Franca Speranza Srl. 219r, Stefano Castelli. 219l, AA Photo Library/D. Miterdiri. 220, Pietro Basilico/Shutterstock.com. 221, Reto Guntli, Zuerich/Franca Speranza Srl. 222, D. Donadoni/Marka. 223, s74/Shutterstock.com. 224, E. Lasagni/Marka. 225, Joe Cornish. 226, M. Cristofori/Marka. 227, Alinari – Fototeca. 228, J. Cornish/Gettyone/ Stone. 229, AA Photo Library/C. Sawyer. 230, E. Rooney/ Robert Harding Picture Library. 231, Mark E. Smith/ Franca Speranza Srl. 232, S. Grant/ Art Directors and Trip Photo Library. 233, D. Donadoni/Marka. 234, Frank/Fotolia. 235, C. Gannon/Art Directors and Trip Photo Library.

In der Reihe NATIONAL GEOGRAPHIC TRAVELER sind bisher folgende Titel erschienen:

ALASKA
AMSTERDAM
ANGKOR
ARGENTINIEN
AUSTRALIEN
BARCELONA
BERLIN
BOSTON UND UMGEBUNG
BRASILIEN
CHINA
COSTA RICA
DEUTSCHE NATIONALPARKS
DUBAI UND DIE VEREINIGTEN ARABISCHEN EMIRATE
FLORENZ UND TOSKANA
FLORIDA
FRANKREICH
GRIECHENLAND
GROSSBRITANNIEN
HAWAII
HONGKONG
INDIEN
IRLAND
ISTANBUL MIT TÜRKISCHER RIVIERA UND KAPPADOKIEN
ITALIEN
JAPAN
KALIFORNIEN
KAMBODSCHA
KANADA
KANADA-NATIONALPARKS
KARIBIK
KOLUMBIEN
KROATIEN
KUBA
LONDON
MADRID
MAROKKO
MEXIKO
MIAMI UND DIE FLORIDA KEYS
NEUSEELAND
NEW YORK
PANAMA
PARIS
PERU
PORTUGAL
PRAG UND TSCHECHIEN
PROVENCE UND CÔTE D'AZUR
RIO DE JANEIRO
ROM
SAN FRANCISCO
SCHOTTLAND
SCHWEIZ
SPANIEN
SÜDAFRIKA
SYDNEY
TAIWAN
THAILAND
USA-NATIONALPARKS
VENEDIG
VIETNAM
WASHINGTON, D.C.
WIEN

Weitere Titel in Vorbereitung

Die National Geographic Society, eine der größten gemeinnützigen wissenschaftlichen Vereinigungen der Welt, wurde 1888 gegründet, um »die geographischen Kenntnisse zu mehren und zu verbreiten«. Sie unterstützt die Erforschung und Erhaltung von Lebensräumen sowie Forschungs- und Bildungsprogramme. Ihre weltweit mehr als neun Millionen Mitglieder erhalten monatlich das National Geographic-Magazin, in dem die besten Fotografen der Welt berichten. Ihr Ziel: *inspiring people to care about the planet,* Menschen zu inspirieren, sich für ihren Planeten einzusetzen.

Die National Geographic Society informiert nicht nur durch das Magazin, sondern auch durch Bücher, Fernsehprogramme und DVDs.

Falls Sie mehr über NATIONAL GEOGRAPHIC wissen wollen, besuchen Sie unsere Website unter *www.nationalgeographic.de*